Schmidt/Thieme • Weine Südafrikas

Johannes Schmidt / Oliver Thieme

Weine Südafrikas

Müller Rüschlikon

Für unsere Familien.

Danksagung: Jasmin Kettenbach, Prof. Karl Bayer, Eric Belly, Newald Marais, Prof. Dr. W.K., Richard Kelly M.W., Gerhard Hofmann, Stefan Kraml, Angelika Fröhlich, Klaus und Uta Heider, Ralph und Annelies Bellstedt.

ISBN 3-275-01249-5

1. Auflage 1997

Lektorat: Martin Kilchmann
Herstellung: Hermann Lambrecht
Satz: tipografiagrafica bellinzona, CH-6702 Claro
Druck und Bindung: Wilhelm Röck, D-74189 Weinsberg

Printed in Germany

Inhaltsverzeichnis

Weinland Südafrika

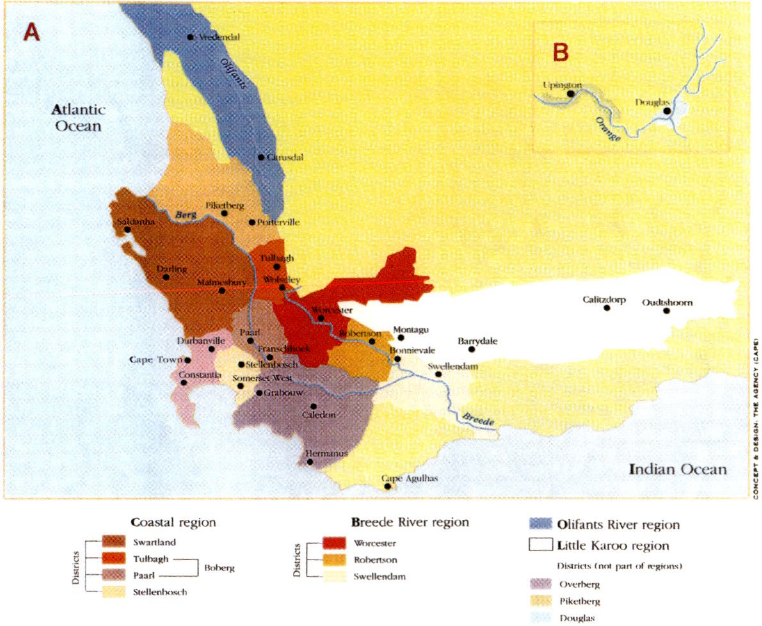

Einleitung

Südafrikas Weine segeln auf einer Erfolgswelle: Weinkenner, die die Kapweine nicht kennen, konnten in den letzten Jahren dazulernen. Und wer sich da schon heimisch fühlt, dem verschlägt es beim Verkosten neuer Jahrgänge häufig den Atem.

Wir hatten schon viel von den südafrikanischen Weinen gehört und probiert, als wir das Land Ende 1996 besuchten, um dort Eindrücke zu erhalten und Fakten für unser Buch zusammenzustellen. Wir wußten, daß man mit Stolz auf die 300jährige Weinbautradition zurückblickt; wir wußten, daß die Kapregion für den Weinbau wie geschaffen und die Technik der Weinerzeugung auf dem neuesten Stand ist. Und trotzdem staunten wir nicht schlecht, denn die Veränderungen sind unübersehbar: Kellereien werden modernisiert und vergrößert, neue Rebflächen erschlossen, alte Weinberge mit neuen Klonen bestockt.

Hinter allem steht die Öffnung der Märkte nach der politischen Wende Anfang der neunziger Jahre. Sie belebte den Export und ermutigte zu Investitionen. Mit dem wirtschaftlichen Aufschwung verstärkte sich auch der Wille vieler Betriebe, Weine zu erzeugen, die einen Vergleich mit den besten der Welt nicht zu scheuen brauchen – was am Kap immer häufiger erreicht wird. Die Weinqualität war schon hoch – nun wurde sie in der ganzen vielfältigen Breite nochmals gesteigert.

Südafrika ist ein herrliches Land. Seine Weite, die Schönheit seiner Landschaften, die Kraft der Natur und das angenehme Klima machen die Reise zum Erlebnis. Ein Ereignis ist immer auch ein Besuch der zahlreichen Weingüter. Jedes hat seinen eigenen Charme und eine eigene Besonderheit. Es mag der geschichtliche Hintergrund des Gutes sein, der im Vordergrund steht – oft ist er mit der

Landesgeschichte eng verbunden, denn der Weinbau ist so alt wie die Besiedelung der Kapregion. Es mag auch sein, daß die fast verschwenderische Einrichtung einer neuen Kellerei den Blick auf sich zieht oder eine schlichte, bescheidene Art der Weinbereitung Beachtung findet. Stets aber wird dem Besucher etwas Neues geboten. Immer wieder wird er überrascht und immer gibt es viel zu entdecken. Die Türen stehen ihm dabei weit offen, und man emp-

Manorhouse, Weingut Vergelegen, Stellenbosch

fängt ihn mit der herzlichen Gastfreundschaft, die für das Land typisch ist.

Wir haben gründlich recherchiert und achtzig Weingüter beschrieben, die unserer Meinung nach die besten Weine des Landes erzeugen. Große renommierte Betriebe sind ebenso berücksichtigt wie kleine aufstrebende. Jedes Weingut hat seine Spezialität, die herauszuarbeiten, wir uns bemühten.

Kap-Weinbaugeschichte

1486 Der Portugiese Batolomeu Diaz umsegelt die Südspitze Südafrikas und nennt sie «Cabo Boa Esperanca» (Kap der guten Hoffnung).

1652 Im Auftrag der Niederländisch-Ostindischen Kompanie landet Jan van Riebeeck mit weißen Siedlern am Kap.

1654 *Die ersten Weinstecklinge (vom Rhein) gelangen ans Kap.*

1655 *Erneut kommen Stecklinge an, diesmal auch aus Böhmen, Frankreich und Spanien.*

1659 *Am 2.Februar wird der erste Wein gekeltert (Zwölf Liter Muskateller).*

1678 Vollendung des Kasteel (Festung), des ältesten noch erhaltenen Gebäudes am Kap.

1691 Van der Stel wird zum Gouverneur ernannt.

1712 *Das Große-Constantia-Anwesen wird nach van der Stels Tod aufgeteilt.*

1761 *Die ersten Weiß- und Rotweine von Constantia werden exportiert.*

1778 *Hendrik Cloete erwirbt Groot Constantia und macht mit seinen großen Süßweinen in Europa Furore.*

1779 Erste kriegerische Auseinandersetzungen zwischen Schwarzen und Weißen.

1805 *Die Engländer besetzen zum zweiten Mal das Kap und beginnen mit der Ausfuhr von Wein im großen Stil. Durch die Kontinentalsperre, die die Einfuhr von französischen Weinen nach Großbritannien behindert, wird das Exportgeschäft gestärkt.*

1833 Die Sklaverei in den britischen Kolonien wird offiziell aufgehoben.

1853 Erste Parlamentswahl.

1861 *Frankreich und Großbritannien schließen Frieden. Die Kontinentalsperre nach England wird aufgehoben und der Export südafrikanischer Weine geht aufgrund schlechter Wettbewerbsfähigkeit stark zurück.*

1881-1882 Erster Krieg zwischen Buren und Briten.

1885 *Südafrika wird von der Reblaus heimgesucht. Resistente, amerikanische Unterlagsreben sorgen in den folgenden Jahren für neuen Aufschwung.*

1892 *Das Weingut Rustenberg Estate füllt als eines der ersten Weingüter seinen Wein auf Flaschen.*

1906 *Die erste Winzervereinigung wird in Tulbagh gegründet.*

1910 Die britischen Kolonien schließen sich mit den Buren-Republiken zusammen und gründen die Südafrikanische Union.

1915 Afrikaans wird nach Englisch zweite Amtssprache.

1918 *Starke Absatzschwierigkeiten und weiterer Preisverfall führen zur Gründung der KWV, einer halbstaatlichen Vereinigung. Durch verstärkte Exporte und Weindestillation sollen Überschüsse abgebaut werden.*

1924 *Die KWV wird ermächtigt, einen Minimalpreis für Destillationsweine festzusetzen.*

1925 *Prof. Izak Abraham Perold kreuzt Pinot noir und Cinsault (Hermitage) und nennt die neue Rebsorte Pinotage.*

1935 *Gründung der Stellenbosch Farmers'Winery (SFW).*

1935 *Südafrikas Erzeuger verpflichten sich vertraglich, den Gebrauch von französischen Weinbezeichnungen zu unterbinden. Dadurch gewinnen sie bald einen Vorsprung gegenüber den Amerikanern und Australiern, die erst später bemerkten, daß sich der Wein unter dem eigenen Namen besser verkauft.*

1937 *Nederburg füllt seinen ersten Wein auf Flaschen: Chenin blanc und Cape Riesling.*

1940 *Die KWV legt einen Mindestpreis für Wein fest.*

1948 Die National Partei gewinnt die Wahl. Beginn der Apartheidpolitik.

1955 *Gründung des Forschungsinstituts für Rebenkunde und Weinbau nahe Stellenbosch.*

1959 *Einer der ersten Pinotage Weine (Bellevue Estate) erzielt auf der Kapausstellung den ersten Preis.*

1961 Südafrika wird Republik und tritt aus dem Commonwealth aus.

1971 *Eröffnung der ersten Weinstraße, der Stellenbosch Wine Route.*

1972 *Nach starker Vergrößerung der Anbaufläche wird ein System von kontrollierten Herkunftsbezeichnungen eingeführt. Anbaugebiete sind in Regionen, diese in Distrikte und weiter in Gemarkungen («wards») eingeteilt.*

1973 *Gesetz über die Weine mit Ursprungsbezeichnung (Wine of Origin). Von insgesamt 6000 Erzeugern werden etwa 70 als «Estate» (Landweingut) zugelassen.*

1975 *Erste Weinauktion auf Nederburg. Meerlust füllt seinen ersten Rubicon ab.*

1979 *Die Unternehmensstruktur der südafrikanischen Weinwirtschaft wird neu geordnet durch Gründung der Wine and Distillers Ltd.*

1981-
1982 *Hans-Joachim Schreiber, einer der größten Investoren am Kap, erwirbt die Weingüter Stellenzicht und Neethlingshof.*

1983 *Gründung der CIWG (Cape Independent Winemakers Guilt).*

1984 Coloureds und Asiaten erhalten Wahlrecht. Dies führt zu blutigen Auseinandersetzungen, da die schwarze Bevölkerungsmehrheit ausgeschlossen bleibt.

1986 Allgemeiner Ausnahmezustand: Verschärfte Pressezensur; Wirtschaftssanktionen aus dem Ausland nehmen zu.

1989 Frederik Willem de Klerk wird neuer Staatspräsident.

1990 De Klerk hebt das Verbot von politischen Organisationen auf. Außerdem werden alle politischen Häftlinge aus ihrer Haft entlassen. Nelson Mandela ist frei !
Nach genau 100 Jahren wird wieder ein «Vin de Constance» (der 1986er) vom Weingut Klein Constantia auf den Markt gebracht.

1991 Weitgehende Aufhebung der Apartheidgesetze.

1992 Nobelpreisverleihung an Mandela und de Klerk.
Abschaffung des Quotensystems (durch die KWV kontrollierte Anbaubegrenzung). Dies führt zu einem gewaltigen Anstieg bei der Anpflanzung von hochwertigen Rebsorten.

1993 *Der Weltmarkt ist wieder vollständig geöffnet. Von 4900 Erzeugern sind nun 100 als Estate zugelassen.*

1994 Bei den ersten allgemeinen freien Wahlen geht der ANC (African National Congress) als klarer Sieger hervor.
Abschaffung des Minimalpreises. Dadurch wird die Weinwirtschaft klarer und effizienter und es kann beim Weinexport besser reagiert werden.

1997 *Im letzten Jahrzehnt hat sich die Ausfuhr verzehnfacht und beträgt nun 8,6% der Produktion.*

Klimatische und geologische Voraussetzungen

Wein wird in Südafrika in der Provinz West-Kap angebaut. Hier sind die natürlichen Voraussetzungen für den Weinbau ideal. Als winterfeuchtes Gebiet unterscheidet sich das im äußersten Südwesten gelegene Kapland klimatisch deutlich von der ständig feuchten Ostküste, dem trockenen Nordwesten oder dem sommerfeuchten, östlichen Binnenhochland. Im Umkreis von knapp 300 Kilometern um Kapstadt herrscht maritimes Klima, gekennzeichnet durch

Blick von den Weinbergen des Weingutes Bouchard Finlayson auf die Walker Bay

das Niederschlagsmaximum im Südwinter und die Trockenzeit im Südsommer. Die einzige Ausnahme ist das Weinbaugebiet Orange River, in dem kontinentales Klima herrscht.

Über 80 Prozent des Regens fällt von Mai bis September und kann weder bei der Weinblüte im November, noch während der Ernte im Februar und März Schaden anrichten. Die mittleren Jahresniederschläge variieren zwischen 900 mm in Küstennähe und 170 mm im Landesinnern. Bei gutem Wasserspeichervermögen der Böden kann meist auf Bewässerung verzichtet werden; bei Fehlen von Wasserreservoirs (Flüsse, Quellen, Tiefbrunnen) ist Bewässerung allerdings nicht möglich oder wegen langer Leitungen sehr kostspielig.

Die Weinbauregion Südafrikas liegt zwischen dem 31. und dem 35. Grad südlicher Breite und hat damit die gleiche Entfernung zum Äquator wie Tripolis, Beirut oder Casablanca auf der Nordhalbkugel. Von Oktober bis April ist der Himmel praktisch wolkenlos. Über 3000 Sonnenscheinstunden jährlich kommen der gesamten Vegetation zugute.

Für den Weinbau günstig ist zudem der mildernde Einfluß des Atlantischen und des Indischen Ozeans.

Der große Anteil der Meeresfläche wirkt sich ausgleichend auf tägliche und jährliche Temperaturschwankungen aus. Nordwärts die Westküste entlang driftet der Benguelastrom und behält auch im Hochsommer seine kühlen 15 Grad Celsius bei, was schon so manchen Badegast verwundert hat, jedoch wesentlich zum gemäßigten Klima der Südspitze Afrikas beiträgt. Die Tageshöchstwerte der Temperatur liegen selten über 35 Grad Celsius, können während der Erntezeit aber höher liegen (40 Grad Celsius) und bei mangelndem Niederschlag sowie ungünstigen Bodenverhältnissen vereinzelt zu notreifem Lesegut führen.

Oft sorgt jedoch eine frische Brise, vor allem in vermehrt genutzten Höhenlagen bis über 1000 Meter, für Abkühlung. Sie senkt zudem die Luftfeuchtigkeit, was das Aufkommen von Pilzerkrankungen hemmt. Auch Niederschläge wirken abschwächend auf hohe Temperaturen.

Kühle nächtliche Temperaturen während der Reifeperiode verringern die Veratmung von tagsüber gespeicherten Zuckerstoffen. Frost tritt jedoch kaum auf. Von Winzern gefürchtet ist der «Kapdoktor», der «bloody south-eastern». Der stürmische Süd-Ost-Wind bringt es zwischen November und Februar fertig, Weinberge zu entlauben. Doch selten richtet er großen Schaden an.

Ihrer Entstehung nach lassen sich die Böden des Kaplandes in vier Gruppen einteilen:

1. Alluviale Sandabsätze in den Flußtälern. Sie bestehen aus Material, das durch einen Fluß transportiert und abgelagert worden ist. Die meisten alluvialen Böden enthalten Schluff, Sand und Kies und sind sehr fruchtbar.

2. Lehmige Böden der Malmesbury-Schieferformation. Der warme, weiche, krümelige Boden besteht aus etwa gleichen Teilen Ton, Sand und Schluff und weist Anteile von Schiefer auf. Auch er ist fruchtbar.

3. Granitverwitterungsböden, die an der Oberfläche sandig, im Untergrund tonig ausgebildet sind. Das feinkörnige plastische Tonmaterial hat hervorragendes Wasserspeichervermögen. Der Sand an der Oberfläche besteht aus kleinen Teilchen verwitterten Gesteins und Mineralien. Er speichert wenig Feuchtigkeit, bildet aber eine warme, leichte Bodenschicht, aus der das Wasser gut nach unten abläuft und die als phylloxerafrei angesehen werden kann, das heißt der Reblaus schlechte Lebensbedingungen bietet. Mit dem nachfolgenden Bodentyp bringt dieser die ausdrucksvollsten Weine hervor.

4. Tiefgründige Verwitterungsböden der Tafelberg-Sandsteinformation. Das einem Verwitterungsprozeß unterworfene Sedimentgestein ist aus Partikeln mit der Korngröße von Sand zusammengesetzt und reich an Mineralien. Die Tiefgründigkeit dieser Böden wirkt sich günstig auf die Versorgung der Reben mit Nährstoffen aus.

Die letzten beiden Bodenarten haben zwar eine mäßige Fruchtbarkeit, doch sie sind für den qualitätsorientierten Weinbau besser geeignet.

Rebflächen, Erntemengen und Rebsorten

Insgesamt hat die Rebfläche 1996 eine Größe von 105608 Hektar (1995: 103325 Hektar) und entspricht somit etwa der Weinbaufläche Deutschlands. Weiße Sorten machen einen Anteil von 82,2 Prozent aus, rote Sorten 17,8 Prozent.

Die Erntemenge beträgt 1996 10,13 Millionen Hektoliter (1995: 9,66 Millionen). Davon werden 67 Prozent zu Wein, 13 Prozent zu Brandy, 14 Prozent zu Industriealkohol und 6 Prozent zu Mostkonzentrat verarbeitet.

Blick auf Hermanus

Angaben in Prozent der gesamten Rebfläche. (w)=weiß, (r)=rot.

Rebsorte	1980	1988	1996
(w) Chenin blanc	27,8	33,2	27,7
(w) Sultana	7,4	9,0	11,0
(w) Colombard	4,4	8,0	10,7
(w) Hanepoot	7,5	6,4	5,6
(r) Cabernet Sauvignon	2,7	2,8	4,9
(w) White French	15,6	8,4	4,1
(w) Sauvignon blanc	0,2	3,2	4,7
(r) Cinsault	12,6	6,7	4,3
(w) Chardonnay	–	0,9	4,5
(w) Cape Riesling	1,6	3,6	3,5
(r) Pinotage	2,9	2,1	3,3
(w) Clairette blanche	3,5	3,0	1,9
(r) Merlot	–	0,5	1,9
(r) Shiraz	0,7	0,7	1,1
(w) Weißer Riesling	0,3	1,0	0,8
(w) Sémillon	2,7	1,2	0,9
Sonstige weiße	8,8	7,8	6,8
Sonstige rote	1,3	1,5	2,3

Quelle: KWV, SA Wine Industry Statistics Nr. 21, 1997.

Der Weinbau Südafrikas

Die günstigen naturgegebenen Voraussetzungen für die Weinherstellung hat man schon zu nutzen versucht, als die Besiedlung des Landes noch in den Kinderschuhen steckte. Sorgfältiger Weinbau führte bereits im 17. Jahrhundert zu Traubengut, dessen hohe Qualität Grundlage der damals legendären Constantiaweine war.

In seiner weiteren Entwicklung profitierte der Weinbau stets von Erfahrungen, die Siedler aus ihrer Heimat mitbrachten, so ab 1688 durch hugenottische Winzer, die nach Aufhebung des Edikts von Nantes Frankreich verlassen mußten und ihr Wissen mit nach Südafrika nahmen.

Bis zum heutigen Tag geben Einwanderer aus der ganzen Welt immer wieder wichtige Impulse. Die deutsche Sprache ist dabei oft zu hören, doch gibt es ebenso Kellermeister und Weinbauspezialisten aus Ungarn, Rumänien, Italien, Neuseeland, Belgien und anderen Ländern mehr. Ihr Einfluß wirkt sich auf die hohe Qualität und die Vielfalt der Kapweine aus: Kaum eine Weinbaunation erzeugt momentan eine so große Reihe von Weintypen wie Südafrika. Viele der eingeführten Rebsorten gedeihen auf ihrem jeweiligen Terroir am Kap ebenso gut wie in ihrer Heimat im Burgund, in Bordeaux und der Champagne, an der Rhône und an der Loire, am Douro und Jerez, sogar wie in Italien und in Deutschland. Stolz ist man auch auf die eigene südafrikanische Rebsorte Pinotage. Sie ist eine Kreuzung von Pinot noir und Cinsault und bringt hervorragende, charakteristische Rotweine hervor.

In den vergangenen zwanzig Jahren wurde die Erzeugung und Verbreitung von Pflanzgut stark verbessert. Der «Wine Improvement Act» schuf die gesetzlichen Grundlagen zur Kontrolle von Rebschulen und Muttergärten und sorgt dafür, daß nur leistungsfähige, virusfreie Klone sämtlicher Rebsorten zur Vermehrung freigegeben und gepflanzt werden. Importierte Reben kommen zunächst in Quarantäne. Die Folge sind homogene Rebanlagen mit gleichmäßigem Wuchs und gutem Ertrag.

In vielen Weinbergen stehen noch die alten Klone, und einige Erzeuger wollen sich nicht von ihnen trennen. Neue Cabernet Sauvignon-Spielarten zum Beispiel haben zwar den Vorteil früherer Reife. Die Weine sind trotz höherer Erträge sehr fruchtbetont, häufig mit Minzearomen, die an australische Weine erinnern. Jedoch scheint ihnen ab und zu die Tiefe und die würzig-mineralische Art der alten Klone zu fehlen.

Trotz allem ist die Kombination von Klonen mit dem geeigneten Standort optimiert worden und mit diesem Vorgang auch die gesamte Bewirtschaftung: Der Weinbau Südafrikas gehört heute zu den fortschrittlichsten der Welt. Die vielen in diesem Buch beschriebenen qualitätsorientierten Betriebe halten sich an neue Erkenntnisse und setzen diese entschlossen um. Sie legen ebenso großen Wert auf die Erziehungsart und einen umweltgerechten Pflanzenschutz wie auf den Einsatz moderner Technik bei der Bewässerung oder bei der Lese. Große Aufmerksamkeit wird auch der Laubbehandlung geschenkt (canopy management). Speziell seit 1992 mit der Aufhebung des vielkritisierten Quotensystems (Anbaubegrenzung) sind viele Rebsorten auf neuen Standorten in Erprobung.

Grundlegendes Fachwissen vermitteln die Universität Stellenbosch und die Fachhochschule Elsenburg, an denen ein praxisnahes weinbauliches Studium möglich ist. Einige Erzeuger profitierten von einem Studium oder einer Ausbildung im Ausland. Überdies fand schon immer – auch während der politischen und wirtschaftlichen Isolation Südafrikas – ein reger Austausch mit Weinbauexperten anderer Nationen statt.

Weitere Hilfe bietet die große *Ko-Operatiewe Wijnbouwers Vereeniging, KWV*, an. Sie stellt Sachverständige zur Verfügung, die ihr Know-how stundenweise an Winzer mit weinbautechnischen Fragen weitergeben.

Nicht alle Schwierigkeiten beim Weinbau jedoch lassen sich mit standardisiertem Wissen beheben. Immer kommt es auch auf die persönlichen Erfahrungen und den eigenen Einsatz an. Zwei extreme Beispiele: Abrie Bruwer vom Springfield Estate bohrte Löcher in den felsigen Grund, um seine Reben pflanzen zu können. Und um sich vor gefräßigen Pavianen zu schützen, stellte man in Constantia Elektrozäune auf. Auch dies gehört zum Weinbau Südafrikas.

Blick vom Weinberg Cloetes', Somerset West

Newald Marais
Kellermeister bei Nederburg

Die Kellertechnik Südafrikas

Fundament der südafrikanischen Kellerwirtschaft ist eine gut entwickelte und hochmoderne technische Ausrüstung. Selbst während der Jahre der Isolation Südafrikas vom Weltmarkt setzten die Weinmacher ihre Erkundungsreisen in die Weinbaunationen der Erde fort, um in der kellertechnischen Entwicklung weiter auf dem laufenden zu bleiben. Nach der kürzlichen Öffnung des Weltmarkts erhöhte die südafrikanische Weinindustrie ihre Investitionen in hohem Maße. Damit hält sie Schritt mit den übrigen Erzeugern qualitativ hochwertiger Weine.

Die Bereitung von Weißwein

Das Entrappen und Mahlen weißer Trauben vor dem Pressen ist noch immer die gängige Praxis am Kap, obwohl von einigen kleineren Kellereien auch die Ganztraubenpressung durchgeführt wird. Schon beim Mahlen wird Schwefeldioxid zugeführt, um Oxidation zu vermeiden. Die Schwefelwerte können aufgrund des guten Gesundheitszustands der Trauben in Südafrika im allgemeinen recht niedrig gehalten werden.

Gleich nachdem die Trauben entrappt und gemahlen sind, wird in praktisch allen Kellereien die Maische zügig heruntergekühlt. Um den Charakter der Rebsorten besser herauszustellen, erlaubt man einen kurzen Kontakt mit den Schalen: Maximale Aromen- und minimale Phenolextraktion wird angestrebt. Dabei sollten die Temperaturen zwischen 12 und 15 Grad Celsius liegen.

Zur Saftgewinnung werden Membranpressen eingesetzt, um

auf schonende Weise hochwertige Moste zu erhalten. Vereinzelt sind noch andere, zum Teil kontinuierliche Pressen im Einsatz. Diese werden aber bis Ende dieses Jahrhunderts durch moderne Systeme ersetzt sein. Der Most, der zu Beginn des Preßvorgangs bei niedrigerem Druck abläuft, ist für die höhere Weinqualität bestimmt. Die letzte Fraktion endet meist als Destillat.

Die Klärung des Mostes wird durch Enzyme oder Schönungsmittel wie Bentonit, Kieselsol oder Hausenblase erreicht. Der Klärvorgang dauert 24 bis 48 Stunden. Dabei sind Temperaturen zwischen 10 und 13 Grad Celsius optimal. Nur selten wird mechanisch geklärt (Separator), doch einige größere Kellereien machen Gebrauch von dieser Technik.

Ein großer Schritt in Richtung Qualitätswein wurde getan, als der deutsche Bierbrauer Johann Graue in den späten dreißiger Jahren (damals war er Besitzer Nederburgs) die temperaturregulierte Gärung am Kap einführte. Heute werden die meisten Weißweine bei 14 bis 15 Grad Celsius vergoren. Eine große Auswahl an lokal produzierten Reinzuchthefen findet ihren Einsatz bei der Vergärung und prägt jeden Weintypus individuell. Nach der Gärung wird der Wein zwei- bis dreimal abgestochen, wobei mit dem letzten Abstich eine Schönung durchgeführt wird. Es folgt eine Filtration oder Klärung durch den Separator. Erst jetzt werden eventuell fertige Weine miteinander verschnitten.

Im vergangenen Jahrzehnt wurde der Ausbau besonders von Chardonnay und Sauvignon blanc im 225 Liter- (Barrique) und 300 Liter-Eichenholzfaß sehr populär. Auch amerikanische Eiche wird neben französischer verwendet. Im Geschmack sollten die Aromen des Holzes nur hintergründig in Erscheinung treten und den rebsortentypischen Aromen den Vortritt lassen.

Beim Chardonnay kann ein biologischer Säureabbau die Komplexität und Stabilität erhöhen. Meist wird eine Bakterienkultur zugegeben, um die Milchsäuregärung einzuleiten.

Verwendet man rote statt weiße Trauben und beläßt diese ebenfalls nur kurz auf den Schalen, erhält man Roséwein.

Die Bereitung von Rotwein

Nach dem Entrappen und Mahlen (nur sehr wenige Erzeuger vergären Rotweintrauben im ganzen) liegt die Entscheidung beim Kellermeister, welcher Stil der Weinbereitung durchgeführt wird. Am häufigsten ist die Vergärung im Edelstahltank und das täglich ein- bis zweimalige Umpumpen der gärenden Maische über den Tresterhut. Auch gibt es oben geöffnete Gärbehälter, bei denen der Tresterhut manuell oder maschinell in die Maische gestoßen wird. Bei sehr feinfühligem und vorsichtigem Gebrauch ist der drehbare Gärtank (Rototank) erfolgreich im Einsatz. Bei den genannten Methoden wird beabsichtigt, ein Höchstmaß an Farb- und Aromastoffen aus den Beerenschalen zu extrahieren, ohne dabei einen zu gerbstoffreichen Wein zu erhalten.

Die Gärtemperaturen variieren meist zwischen 22 und 28 Grad Celsius, können aber auch höher liegen. Im Normalfall bleibt der Rotwein auf den Schalen bis er trocken ist. Einige Erzeuger gestatten einen bis zu 14 Tage längeren Kontakt.

Heute ist auch Rotwein recht beliebt, der jung, frisch und ohne Barriqueausbau zu genießen ist. In diesem Fall trennt man den Most von den Schalen bevor die Gärung beendet ist.

Setzt die Milchsäuregärung nicht spontan ein, wird sie mit Hilfe von Bakterienkulturen eingeleitet und möglichst zügig direkt nach der alkoholischen Gärung durchgeführt. Zwei- bis dreimal wird der Rotwein innerhalb der ersten sechs Monate abgestochen. Meist filtriert oder separiert man ihn dann, bevor man ihn zum Reifen in Holzfässer füllt.

Obwohl große, bis 6000 Liter fassende Gebinde noch oft Verwendung finden, gewinnt das Barrique immer mehr an Bedeutung. Die Lagerzeit in großen und kleinen Holzfässern beträgt meist 6 bis 24 Monate – je nach Stil des Rotweins. Durch die Lagerung in Barriques findet eine natürliche Stabilisierung statt, so daß nach dem Verschnitt meist keine Eiweißschönung oder Weinsteinstabilisierung notwendig ist.

Die Stabilisierung und Abfüllung der Weine

Im allgemeinen werden die Weine mit Bentonit geschönt, um Eiweißstabilität zu erlangen. Es folgt eine Filtration. Die Weinsteinstabilisierung wird durch Abkühlung des Weins auf minus 10 Grad Celsius und anschließendes Absitzenlassen für fünf bis acht Tage erreicht. Danach werden die Kristalle durch Filtration vom Wein getrennt.

Die neueste Technologie besteht darin, dem Wein während der Kühlung Weinsteinkristalle zuzufügen, an denen sich die übrigen Kristalle festsetzen. Der Trennungsvorgang erfolgt durch sogenannte «hydro cyclone» und Filtration. Es ist ein sehr weinfreundlicher Prozeß.

Sterilschichten- und Membranfiltration vor der Kaltsterilfüllung und moderne Füll- und Verpackungstechniken sichern die endgültige Qualität in der Flasche.

Teil des Weingutes Springfield, Robertson

Prof. Dipl.-Kfm. Karl Bayer
Diplom-Betriebswirt Eric Belly

Die südafrikanische Weinwirtschaft

Das Weinland Südafrika verfügt von den sogenannten Ländern der «Neuen Weinwelt» über eine lange Weinbautradition. Dies ist in Europa weitgehend unbekannt. Bereits im Jahre 1659, also sieben Jahre nach der Gründung des ersten Stützpunktes der niederländischen Ost-Indien-Kompanie durch Jan van Riebeeck, wurde dort der erste Wein gekeltert; dennoch gerieten südafrikanische Weine erst in den letzten Jahren verstärkt in das Bewußtsein europäischer Konsumenten. Diese Weine erfreuen sich einer immer größer werdenden Kundenakzeptanz. Von vielen Gründen – historisch gewachsenen und politischen – sollen nur zwei beispielhaft angeführt werden:

1. Neben den kundigen Verbrauchern für Weine aus den klassischen europäischen Weinbauländern tritt gerade in den letzten Jahren vermehrt ein neuer Konsumententyp auf. Er ist zwischen 25 und 45 Jahre alt, weltoffen, dem Neuen gegenüber aufgeschlossen und ist meist viel und weit gereist. Daher wecken gerade Weine aus den sogenannten exotischen Weinbauländern seine Neugier. Die meist fruchtigen, trockenen, aber weniger säurebetonten Weine entsprechen speziell seinen Vorstellungen. Hilfreich hierbei ist sicher, daß Südafrika mit den klassischen europäischen Rebsorten und einem beispielhaften Preis-Leistungsverhältnis auf diese Konsumentenschicht trifft. Dieser Verbrauchertypus kann mit diesen Weinen einen demonstrativen Konsum in seinem sozialen Umfeld ausleben.

2. Ein sicher bedeutendes Exporthemmnis war für lange Jahre die weltweite politische Isolierung Südafrikas durch seine Apartheidpolitik. Mit der Ächtung und Beseitigung der gesellschaftlichen

Trennung der schwarzen, farbigen und weißen Bevölkerungsgruppen 1993 konnte das von der internationalen Staatengemeinschaft verhängte weltweite Handelsembargo aufgehoben werden. Seither erlebt Südafrika einen beispiellosen Weinexportboom. Im Jahre 1991 wurden nur 0,23 Millionen Hektoliter ausgeführt. 1995 war es mit 0,71 Millionen mehr als eine Verdreifachung. Allein nach Deutschland waren es fünf Millionen Liter, fünfmal mehr als 1990. Wegen des hohen Qualitätsstandards und des günstigen Preis-Leistungsverhältnisses sind südafrikanische Weine in der gehobenen Gastronomie stark gefragt. Sie treten damit in direkte Konkurrenz zu den wesentlich teureren italienischen und französischen Weinen und ermöglichen dem Gastronomen einen bedeutend höheren Deckungsbeitrag.

Inzwischen ist die Nachfrage nach den Kapweinen weltweit so gestiegen, daß es zu ernsthaften Lieferengpässen kommt. Die Erzeugerseite versucht, den Boom durch Ausweitung der Flächen nachhaltig zu nutzen. Neue, international tätige Konzerne steigen in die südafrikanische Weinproduktion ein und wollen an dieser positiven Entwicklung partizipieren. Zur Zeit liegt Südafrika mit einer durchschnittlichen Gesamtproduktion von zehn Millionen Hektoliter – 3,4 Prozent der Weltweinproduktion – hinter Deutschland auf dem siebten Rang. Die Weinanbaufläche betrug 1995 103325 Hektar, das heißt zirka 1,3 Prozent der weltweiten Anbaufläche.

Mit der Produktionsausweitung möchte man vor allem die Exportnachfrage befriedigen; denn die Inlandsnachfrage stagniert seit 1980 mit einem Pro-Kopf-Verbrauch von knapp unter neun Liter (8,82 l in 1995). Es dürfte eine Reihe von Gründen (zum Beispiel die Zusammensetzung der Bevölkerungsstruktur) hierfür verantwortlich sein. Ein nicht unbedeutendes Moment stellt der Wertverfall des Rand dar und das damit verbundene gesunkene, frei verfügbare Einkommen, das für die Nachfrage von nicht lebensnotwendigen Produkten und Nahrungsmitteln von größter Relevanz ist.

Gemessen am Pro-Kopf-Verbrauch der wichtigsten Verbraucherländer (zum Beispiel 1994: Frankreich 62,5 Liter, Luxemburg 60,5 Liter, Italien 58,5 Liter) müßte statistisch in Südafrika noch ein großes Absatzpotential vorhanden sein. Es hängt sehr viel davon ab, ob die gesellschaftspolitische Integration der schwarzen und farbigen Bevölkerungsgruppen und zugleich ein wirtschaftlicher Aufschwung gelingt, der zu größerem Wohlstand in allen Bevölkerungsgruppen führt. Dies wäre eine wichtige Voraussetzung für die Weinwirtschaft, mit Erfolg ihre Anteile von 14 Prozent (1995) auf dem Markt für alkoholische Getränke zu Lasten des Biermarktes (45,6 Prozent) auszuweiten. Hilfreich wäre sicher auch die Aufhebung der insgesamt 16 704 in Südafrika lizensierten Verkaufsstellen, in denen nur Wein verkauft werden darf. Jedoch wird eine schnelle Aufhebung solcher Verkaufsstellen aus naheliegenden Gründen noch eine lange Zeit auf sich warten lassen.

Trotz dieser augenscheinlichen Probleme auf den inländischen Märkten nahm die südafrikanische Weinwirtschaft niemals Subventionen in Anspruch. Dies wird aufgrund der augenblicklichen und zukünftigen Exporterfolge auch wohl so bleiben. Der verstärkt wieder aufgenommene Wissenstransfer mit anderen Weinbauländern gewährleistet die Orientierung an den Vorstellungen und Bedürfnissen der Konsumenten in aller Welt. Die Weinwirtschaft Südafrikas ist dabei, sich für die nächsten Jahre zielorientiert auf die steigende Nachfrage aus dem In- und Ausland einzustellen.

Landschaft bei Somerset West

Die Weinbaugebiete

Constantia

Das kleinste aller Weinbaugebiete Südafrikas ist gleichzeitig das historisch bedeutsamste und erlebt in den letzten Jahren eine Renaissance des einstigen Ruhms.

Hier, auf der grünen Kaphalbinsel im Süden Kapstadts, wurden schon 1655 unter Kommandant Jan van Riebeeck, Gründer der Kolonie, die ersten aus Europa gelieferten Reben gepflanzt. Simon van der Stel, ab 1679 neuer Kommandant der Niederländisch-Ostindischen Kompanie, schaffte, daß ihm ein Gut von der damaligen Größe Amsterdams zugewiesen wurde. Er nannte es Constantia und kultivierte es sorgfältig. Besonderen Wert legte van der Stel auf die Pflege der Weinberge und verhalf dem mustergültig ausgebauten, süßen Muskateller noch im 17. Jahrhundert zu hohem Ansehen.

Nach seinem Tod 1712 wurde Constantia aufgeteilt. Der Urenkel eines Siedlers aus Krefeld, Hendrik Cloete, erwarb 66 Jahre später das mittlerweile heruntergewirtschaftete Gut Groot Constantia, investierte Geld und Mühe und führte es zur zweiten Blüte. Die Cloete-Weine zählten zum besten, was in Europa erhältlich war. Beim Verkosten alter Bouteillen aus dem 18. und 19. Jahrhundert ist das noch heute erkennbar.

Auch diese Hoch-Zeit der Constantia-Weine ging vorüber. In den letzten Jahren zeigen jedoch die wenigen, zeitweilig vernachlässigten Betriebe der Kaphalbinsel, welches Qualitätsniveau mit entsprechendem Engagement erreicht werden kann.

Die natürlichen Voraussetzungen scheinen nirgends besser zu sein. Von Experten wird das Terroir als für den Weinbau speziell geeignet angesehen. Das Klima ist neben dem Elgins und dem der Walker Bay das kühlste des Landes. Umgeben von der Hout Bay im Westen und der False Bay im

Osten werden trotz intensiver Sonneneinstrahlung die Temperaturen gekühlt. An sonnigen, heißen Nachmittagen spendet der 600 Meter hohe Constantiaberg Schatten, an dessen Hängen ein Teil der Rebgärten angelegt sind. Eine dadurch verlängerte Wachstumsperiode kommt der Traubenqualität zugute. Dank 800 bis 1000 mm Niederschlag jährlich (größtenteils im regnerischen Winter) kann auf Bewässerung verzichtet werden. Das Wasserspeichervermögen der allgemein tiefgründigen, relativ kühlen Böden ist gut. Typisch ist die rote Erde mit Granitursprung. In tiefer liegenden Tälern herrscht der Sandsteinverwitterungsboden des Tafelbergs vor.

Ein Besuch der Kellereien dieser paradiesischen Landschaft ist unbedingt empfehlenswert. Die Besichtigung des ehrwürdigen Herrenhauses der «großen alten Dame» Groot Constantia und einen Einblick in den interessant aufgebauten Keller Klein Constantias sollten Sie sich ebensowenig entgehen lassen wie Buitenverwachting, einen der Topbetriebe des Landes, sowie das neue Projekt Steenberg, zu dem ein Golfplatz und ein Luxushotel gehören. Gehen Sie nahe dem Eingang Groot Constantias nicht am «Old Cape Farmstall» vorüber. Er ist eine Schatztruhe für Feinschmecker.

Stellenbosch

Das Weinbaugebiet, das die gleichnamige Universitätsstadt umgibt, liegt zwischen Paarl im Norden und der False Bay im Süden, nur fünfzig Kilometer von Kapstadt entfernt. Inmitten einer beeindruckenden, «Boland» genannten Berglandschaft mit fruchtbaren Tälern und zahlreichen Stauseen befindet sich Südafrikas Weinhauptstadt Stellenbosch. Weltweit steht ihr Name für guten Wein vom Kap.

Stellenbosch verfügt über etwa 15 Prozent der gesamten Weinbergsfläche. Ein großer Teil der besten Weingüter des Landes mit einer breit gefächerten Produktepalette liegt hier nahe beieinander. Auf vielen sehr unterschiedlichen Böden wird jeder Weinstil erzeugt – vom trockenen Sauvignon blanc bis hin zum wuchtigen Cape-Portwein.

Im Westen finden sich vermehrt Terroirs mit Tafelbergsandstein, im Osten und Norden Urgesteinböden, entlang des Eerste-Rivers fruchtbarstes Schwemmland. Unterschiedliche Standorte weisen zum Teil beträchtliche Temperaturdifferenzen auf. Höheren, kühleren Rebgärten auf über 600 Meter Höhe wird dabei mehr und mehr der Vorzug gegeben.

Im allgemeinen sind die klimatischen Gegebenheiten äußerst günstig: Strahlend blauer Himmel während der Vegetationsperiode bei oftmals durch die False Bay, aber auch durch den Atlantik gemilderten Temperaturen. Extremwerte werden kaum erreicht.

Gegründet 1687 von Simon van der Stel, ist Stellenbosch nach Kapstadt die älteste europäische Siedlung Südafrikas. Seit der ersten Besiedelung wurde Weinbau betrieben. Der Kommandant ließ Eichen anpflanzen, die noch heute gemeinsam mit vielen liebevoll restaurierten historischen Bauwerken das Stadtbild prägen. Da van der Stel Geselligkeit liebte, pflegte er an seinen Geburtstagen ein Wettschießen auf hölzerne Papageien zu veranstalten. Das Fest am heutigen Papageienberg war stets ein kulinarisches Ereignis.

Seit 1918 besitzt die schmucke Eichenstadt eine Universität mit 40000 Studenten, an der auch ein Weinbau- und Önologie-Studium möglich ist. Ebenso kann man sich an der zehn Kilometer entfernten Fachhochschule Elsenburg weinbaulich ausbilden lassen.

Eine angenehme Atmosphäre, viele Museen, hervorragende Kost und Logis und die zentrale Lage inmitten einer herrlichen Landschaft: Das charmante Stellenbosch ist der ideale Ausgangspunkt für Reisen zu den meisten Weinbaugebieten.

Paarl

Mit 88000 Einwohnern ist das 1717 gegründete Paarl die größte Stadt im Landesinnern der Kapprovinz. An seiner über elf Kilometer langen Hauptstraße reihen sich zahlreiche historische Häuser. Interessierte Besucher können in der Stadt am Paarlberg, einem Granitfelsen, der im Sonnenlicht wie eine Perle (afrikaans «Paarl») glänzt, die älteste noch genutzte Kirche des Landes besichtigen. Paarl beherbergt den Hauptsitz der KWV. Mit 19 Hektar Produktionsfläche ist sie die größte Kellerei der Welt.

Das Gebiet deckt ein Fünftel der südafrikanischen Weingärten ab und besitzt eine große Dichte ausgezeichneter Weingüter. Trotz etwas höheren Jahresdurchschnittstemperaturen (21 Grad Celsius,

Weingut Plaisir de Merle, Franschhoek

Constantia 19 Grad) gelingen vielen Erzeugern exzellente Rot- und Weißweine. Für den Weißweinanbau sind die sandigen Böden am Berg River vorteilhaft. Viele höhere Lagen weisen Malmesbury-Plattenschiefer auf und begünstigen den Anbau von roten Sorten. Um die Stadt Paarl selbst dominieren granitische Böden. Öfter als in küstennahen Regionen muß bewässert werden. Das Gebiet befindet sich darüber hinaus auf den gleichen Breitengraden wie die Sherry-Region Spaniens und eignet sich für die Sherry-Produktion. Gute Sherry-Erzeugnisse bringt die KWV auf den Markt.

Nur 3500 Einwohner zählt das malerisch gelegene Franschhoek. Es gehört zum Anbaugebiet Paarl, präsentiert sich aber als eigenständige Gemarkung («ward») mit günstigeren klimatischen Verhältnissen. Neben dem Vorzug eines kühleren, feuchteren Klimas kann das von der imposanten Drakenstein-Gebirgskette umgebene Städtchen auf erstklassige Restaurants und seinen Namen stolz sein. Er verweist auf den bedeutenden weinbaulichen Einfluß französischer Hugenotten, die sich vor über 300 Jahren hier niederließen und dem Weinbau entscheidende Impulse gaben.

Die Erzeuger Franschhoeks in der «französischen Ecke» galten als Spezialisten für die Rebsorten Sauvignon blanc (L'Ormarins Estate) und Sémillon (Eikehof), behaupten sich inzwischen aber auch mit raffinierten Schaumweinen (Cabrière Estate) und gehaltvollen Rotweinen (La Motte).

Overberg (Walker Bay, Elgin)

Im großflächigen Distrikt Overberg östlich der False Bay haben sich besonders das hochgelegene Elgin und die küstennahe Gemarkung Walker Bay in der Nähe von Hermanus mit qualitativ wertvollen Weinen profiliert. Hamilton Rußell Vineyards und Bouchard Finlayson zum Beispiel profitieren von den idealen klimatischen Verhältnissen der Walker Bay. Die anspruchsvolle Rebsorte Pinot noir fühlt sich da zu Hause wie im Burgund; daneben gedeihen mit die besten Chardonnay- und Sauvignon blanc-Trauben Südafrikas. Die Zusammensetzung der Böden variiert, in den höheren Lagen dominiert Bokkeveld-Schiefer.

Häufig tauchen Buckelwale, Glattwale und Delphine bei Hermanus, eine Fahrstunde von Kapstadt entfernt, in der Walker Bay auf. Einige, glücklich zu schätzende Kapstädter haben in dem verträumten Ferienort ein Häuschen. Elgin dagegen ist ein vielen noch unbekanntes Wein- und Obstbaugebiet im Landesinneren, zehn Kilometer östlich der False Bay zwischen den Ortschaften Somerset West und Caledon. Die Temperaturen sind der Höhenlage wegen kühler. Neil Ellis bezieht von hier bestes Traubengut für die Erzeugung von Chardonnay- und Sauvignon-blanc-Weinen.

Durbanville

Der kleine Distrikt Durbanville befindet sich nordöstlich von Kapstadt; seine Rebgärten liegen am Fuße der Tygerberg Hills. Wie diejenigen Constantias werden auch sie von den expandierenden Vororten der Großstadt bedrängt. Neben Wein prägen Getreidefelder das Landschaftsbild. Die Gemeinde Durbanville ist eine der ältesten am Westkap. Schon lange erzeugt man hier auf Altydgedacht Estate und Bloemendal Estate guten und eigenständigen Wein. Das gesamte Potential der Lagen wird jedoch noch nicht genutzt. Rote Granitverwitterungsböden in Höhenlagen und tiefer liegende, aus Sandsteinsedimenten des Tafelbergs entstandene Böden haben ein gutes Wasserspeichervermögen. So kommt man mit 450 mm Niederschlag im Jahr gut zurecht. Vom Südatlantik und der False Bay nur wenige Kilometer entfernt, beträgt die durchschnittliche Temperatur in der Region nur 19 Grad Celsius.

Worcester

Zwischen den Weinbauregionen Paarl und Robertson gelegen, reicht der Jahresniederschlag Worcesters von 200 mm im östlichen bis 720 mm im westlichen Teil.

Der Brandvleidam der 70000 Einwohner zählenden Stadt Worcester versorgt viele Farmer mit Wasser. Ein Großteil der Reben steht auf den Alluvialböden des Breede-River-Einzugsgebietes, zu dem auch das Tal des Hexrivers und einige kleinere Flüsse gehören. Auf den Verwitterungsböden des Bokkefeld-Schiefers, auch «Karooböden» genannt, findet man weitere Rebflächen.

Die große, warme und fruchtbare Region besitzt einen Anteil von 20 Prozent an der gesamten Weinbaufläche des Landes. Die vielen Co-Ops (Genossenschaften) haben sich vor allem auf die Produktion von ansprechenden trockenen Weißweinen und hervorragenden, teils gespriteten Süßweinen eingestellt. Die auf dem Weg nach Robertson liegende Nuy-Cooperative ist so gut, daß ihre Absicht, anspruchsvollere Rotweine zu erzeugen, sicher umgesetzt werden kann.

Breede River bei Bonnievale, Robertson

Robertson

Früher schien das oasenartige, fruchtbare Gebiet am Breede River, angrenzend an die Karoo-Halbwüste, nur für Branntweine, Sherry und süße Muskateller geeignet zu sein (Weltevrede Estate). Später erkannte man, daß die sandigen, kalkreichen Schwemmböden entlang des Flußes und auch die kargeren Karoo-Schieferböden besonders guten Chardonnay hervorbringen können (De

Wetshof Estate). Robertsons Anteil an der gesamten Weinbaufläche umfaßt etwa 10 Prozent.

Das Weinbaugebiet verfügt über eine relativ große Anzahl sich voneinander unterscheidender Terroirs und besitzt deshalb stolze elf Gemarkungen. Notwendig ist wegen den relativ hohen Temperaturen eine Beregnung der Weinbergsflächen, was dann aber sogar die Erzeugung von guten Schaumweinen (Graham Beck Winery) und Rotweinen (Springfield Estate) ermöglicht.

Die zweistündige Fahrt von Kapstadt nach Osten lohnt sich unbedingt. Im September bezaubern die blühenden Obstbäume. Das Gebiet ist arm an Tourismus und reich an Gastfreundlichkeit. Robertson ist bekannt für die Pferdezucht. Empfehlenswert ist auch ein Besuch des Künstlerdorfs Greyton.

Klein Karoo

Die Klein Karoo ist eine große, trockene Fläche im Osten des Westkaps mit oasenartig grünen Tälern. Weinbau ist nur mit Bewässerung möglich, die Niederschläge unterschreiten 200 mm pro Jahr. Sandigen Schwemmlandböden an Flußbänken wird der Vorzug gegeben. Genoßenschaften dominieren, doch bilden die Cape-Portweine einiger Privatkellereien das hochwertigste Erzeugnis der Region (Boplaas Estate, Die Krans Estate). Zudem kommen süffige und preiswerte Dessertweine und saubere Tafelweine aus dieser Region.

Tulbagh

32 Giebelhäuser aus dem 18. und 19. Jahrhundert schmücken das Städtchen Tulbagh, das von einem imposanten, im Winter schneebedeckten Gebirgspanorama umgeben ist. Nach einem heftigen Erdbeben 1969 wurden die Häuser der Kerkstreet sämtlich liebevoll restauriert. Die Weinqualität dieser Region ist passabel. Interessanter ist ihr Sherry. Eine Fahrt vorbei an den lupiniengesäumten Weizenfeldern und die grenzenlos gastfreundliche Art der ländlichen Bevölkerung machen einen Besuch zum Vergnügen.

Swartland

Nach dem ersten Regen, meist im August oder September, verwandelt sich das große, fruchtbare Wein- und Weizenanbaugebiet an der Westküste in ein endloses Blumenmeer.

Während der Vegetationsperiode der Rebstöcke ist es trocken und heiß. Oft muß bewässert werden.

Sandstein des Tafelbergs und verwitterter Malmesbury-Plattenschiefer mit einigen «geologischen Fenstern» granitischen Ursprungs stellen für die Versorgung der Reben geeignete Böden dar.

Winzergenossenschaften erzeugen fast ausschließlich leichte Weißweine, Dessert- und Branntweine, aber auch preiswerte rote Tafelweine. Im Herzen der Region gelegen, etwa 50 Kilometer von Paarl entfernt, beeindruckt das Allesverloren Estate mit hohem Qualitätsniveau. Gemeinsam mit Tulbagh hat Swartland einen Anteil von etwa 12 Prozent an der gesamten Weinbergsfläche.

Olifants River

Ein landschaftlich äußerst reizvolles Gebiet, das sich entlang des Flusses Olifant von Citrusdal (140 Kilometer nördlich von Stellenbosch) bis hinauf zur Mündung in den Atlantik bei Lutzville erstreckt. Das Klima ist warm und trocken, die Böden sehr fruchtbar. Die Produktion wird größtenteils von Genossenschaften übernommen. Beachtenswert ist der höchste weinbaulich genutzte Standort des Landes: Ein 1150 Meter hoher Rebgarten inmitten der imposanten Cedarberge. Vredendal ist der Name der größten Kooperative am Kap. Sie verarbeitet jährlich über 50000 Tonnen Trauben zu einfachen und sauberen Weinen.

Orange River

800 Kilometer nördlich von Kapstadt ist das Weinbaugebiet am Orange River das einzige mit kontinentalem Klima, geprägt von Sommerregen (200 mm) und kalten, trockenen Wintern. Die Reben auf den fruchtbaren Schwemmlandböden werden teilweise

durch Überfluten bewässert. Ernteerträge von 500 Hektoliter (!) pro Hektar sind möglich. Sie dienen vor allem der Produktion von einfachem Tafelwein, Branntwein, Mostkonzentrat und Industriealkohol.

Bewertung der Weine

Alle Weine wurden mehrfach einzeln und im Vergleich verkostet. Die meisten Degustationen machten wir in Südafrika in der zweiten Jahreshälfte 1996.

*	Passabler, korrekter Wein
**	Zuverlässiger, empfehlenswerter Wein
***	Guter Wein
****	Hervorragender Wein
*****	Begeisternder Wein
(***)	Faß- und Tankproben, keine endgültige Bewertung.

Preiskategorien

(A)	bis 8 DM/sFr.
(B)	8 bis 13 DM/sFr.
(C)	13 bis 20 DM/sFr.
(D)	20 bis 30 DM/sFr.
(E)	30 bis 40 DM/sFr.
(F)	40 bis 50 DM/sFr.
(G)	über 50 DM/sFr.

Preise für 0,75 Liter Flaschen.
Preisabweichungen bei einzelnen Händlern möglich.

Allesverloren Estate

Weinbaugebiet: *Swartland*
Erste Abfüllung: *1972 Tinta barocca, 1974 Cabernet Sauvignon*
Rebfläche: *150 Hektar*
Besitzer/Leitung: *Danie und Fanie Malan*

Das einzige als Estate eingetragene Weingut im Distrikt Swartland hat eine lange Weinbautradition und besticht mit ausgezeichnetem Cabernet und Shiraz, gutem Tinta barocca und üppigem Cape-Port.

Seit 1806 wird hier Wein erzeugt, seit fünf Generationen von der Familie Malan. Das Klima ist relativ warm und trocken, doch wird auf Bewässerung verzichtet, und die Erträge werden niedrig gehalten. Tief hinein in den kiesigen, von Schiefer und Sandstein durchsetzten Boden reichen die Wurzeln der Reben und holen sich, was sie benötigen. Danie Malan hat sich von seinen alten virusbefallenen Pontac-Reben getrennt und diese durch die klassische Portweinsorte Touriga nacional ersetzt. Doch er glaubt, daß guter Qualitätswein nicht von Reben erzeugt werden kann, die jünger als sieben Jahre sind, da diese dann physisch noch nicht voll entwickelt sind. Betreffend der Ausnutzung des Sonnenlichts kommt es ihm ebenso auf die Zeilenrichtung an wie auf die Gestaltung der Laubwand. Besonders wichtig in dieser heißen Region ist dabei die Beschattung der Traubenzone durch das Blätterwerk.

«Die offenen Gärbehälter», so Malan, «versperren mir nicht die Sicht und ich habe besseren Zugriff zum Wein». Sein Cabernet wird nach der Gärung zum weiteren Schalenkontakt für zwei Wochen in geschlossene Edelstahltanks gelegt; sein Cape-Port bleibt vier Wochen auf den Schalen.

Der Name Allesverloren ist auf die schlechte Erfahrung eines früheren Besitzers zurückzuführen: Heimgekehrt aus Kapstadt, fand er seine Farm in Schutt und Asche liegend vor.

Besuchszeiten:	*Montag bis Freitag:*	*8.30 Uhr bis 12.30 Uhr*
		14.00 Uhr bis 17.00 Uhr
	Samstag:	*9.00 Uhr bis 13.00 Uhr*

Anschrift: *Allesverloren Estate*
Box 23, Riebeeck West 6800
Telefon: *02246/320 oder 327*
Fax: *02246/444*
Anfahrt: *Von Malmesbury etwa 18 Kilometer Richtung Riebeeck Kastel. Links, weitere fünf Kilometer Richtung Riebeeck West.*

Weinangebot in Kisten à 12 Flaschen: 38 000 Kisten insgesamt.

Cabernet Sauvignon** (C) **'92** mit angenehmer Holznote, aber noch hartem Tannin. Leicht süßlich im Abgang. Reif ab 1998. **'87** mit guter Fruchtsubstanz und sehr würzig. Hält sich sicherlich noch weitere fünf Jahre. Vorzüglich ist jetzt der **82er***, der sich förmlich aufbaut im Mund und lange anhält.

***Shiraz** (C) Hier überzeugen die Jahrgänge 1990 und 1989, die auch noch gut reifen können. Zum jetzigen Genuß sind besonders der **86er** und der **82er** zu empfehlen.

***Cape (Port)** (D) Noch sind die Trauben der Touriga Nacional-Rebstöcke nicht gut genug für diesen Jahrgangsport, aber auch ohne diese Rebsorte zu beinhalten, überzeugen z. B. der **90er** und der **89er** mit feinen Schokolade- und Kaffeearomen in der Nase. Beide sind sehr komplex und bieten einen hervorragend langen Nachhall.

Bezugsquellen: 6, 22, 23, 26, 40, 46, 57, 66

Alto Estate

Weinbaugebiet:	*Stellenbosch*
Erste Abfüllung:	*1933 Alto rouge, 1982 Cabernet Sauvignon*
Rebfläche:	*100 Hektar*
Besitzer:	*Bergkelder*
Leitung:	*Hempies du Toit*

Rufen Sie an bei Hempies du Toit, dem liebenswürdigen Kraftpaket und einstigen Rugby-Nationalspieler, bevor sie die alte Farm am Helderberg besuchen. Auf Wunsch wird er Ihnen frische Proteen schneiden, die prächtigen Nationalblumen Südafrikas. Er wird Sie auch auf den rechten Pfad zum Gipfel der Anhöhe bringen, von dem aus man einen Blick bis zum Tafelberg erleben kann.

Im Weinberg und im Keller zeigt der stämmige Bursche seit vielen Jahren Fingerspitzengefühl. Entscheidungen trifft er aus dem Bauch heraus. «Der Wein ist ein empfindsames Naturprodukt», stellt er fest, «man weiß nie, was passiert. Halte Deine fünf Sinne zusammen und manövriere ihn sanft in die richtige Richtung», rät Hempies. Die Natur tut dann das Ihrige: Aus den tiefgründigen Verwitterungsböden der hoch gelegenen, unbewässerten Anlagen holen sich die Reben Nährstoffe zur Bildung ihrer starken Fruchtaromen. Diese werden durch schonendes Umpumpen der gärenden Maische in temperaturkontrollierten Edelstahltanks aus Fruchtfleisch und Beerenhäuten extrahiert und bleiben durch den Verzicht auf Filtration weitgehend unbeeinträchtigt. So kommt Ihnen ein langer Ausbau im mächtigen Barrique-Keller Bergkelders nur zugute. Alto ist eines von zwölf Estates (Landweingüter), die von Bergkelder vermarktet und technologisch unterstützt werden. Von dem Dutzend Partnerbetriebe Bergkelders gehören drei der großen Weinfirma selbst: Uitkyk, Le Bonheur und Alto.

Bei unserem Besuch genießen wir einen weichen Tropfen des unverkäuflichen 86er Shiraz-Cape-Portweins, von dem Hempies du Toit im nächsten heißen Sommer 5000 Liter auch für den Verkauf erzeugen möchte.

Besuchszeiten:	*Montag bis Freitag:*	*9.00 Uhr bis 17.00 Uhr*
	Samstag:	*9.00 Uhr bis 12.30 Uhr*

Anschrift: *Alto Estate*
Box 184, Stellenbosch 7600
Telefon: *021/881 3884*
Fax: *021/881 3884*
Anfahrt: *Von Stellenbosch etwa acht Kilometer die R44 Richtung Somerset West, links in die WR9 und nach etwa zwei Kilometern rechts.*

Weinangebot in Kisten à 12 Flaschen: Cabernet Sauvignon 9100,
Alto Rouge 28150 .

***Alto Rouge** (C) Jeder Jahrgang wird etwa 18 Monate in französischen Barriques ausgebaut – meist ein Verschnitt aus Cabernet Sauvignon, Cabernet Franc, Merlot und Shiraz. **'91** Dunkles Granatrot. Würzig-pfeffriges Bouquet, mit Nüssen und Tabak. Im Ansatz schmeichelnd, mittelschwerer Körper. Reichlich schwarze Beerenfrucht, sehr kräftig und komplex. Noch recht feste Tannine, trotzdem schon mit Genuß zu trinken. Potential bis etwa 2000.

****Cabernet Sauvignon** (D) Dieser Wein wird etwa 24 Monate lang in Barriques ausgebaut und reift dann anschließend vier Jahre in der Flasche, bevor er in den Verkauf kommt. **'89** Dunkles Ziegelsteinrot. Voller Körper mit viel trockenem Tannin und reichlich Holzaromen. Zu genießen ab 2000. **'87** In der Nase Schokolade, Toast und Trockenfrüchte. Ausgewogen, volle üppige Frucht, langer, würziger Nachhall mit reifen, immer noch lebendigen Tanninen - «versteckt» sein Alter. Auf dem Höhepunkt in etwa drei Jahren. **'78** Feine Kirschnase. Sehr komplex am Gaumen. Zart, aber immer noch mit guter Substanz und festen Tanninen. **'76** Leicht süßlich, vollreif. Für sein Alter erstaunlich!

Bezugsquellen: 6, 22, 40, 45, 66

Altydgedacht Estate

Weinbaugebiet:	*Durbanville*
Erste Abfüllung:	*1985 Chenin blanc, Bukettraube*
Rebfläche:	*110 Hektar*
Besitzer:	*Familie Parker*
Leitung:	*Keller: Oliver Parker Weinberg: John Parker*

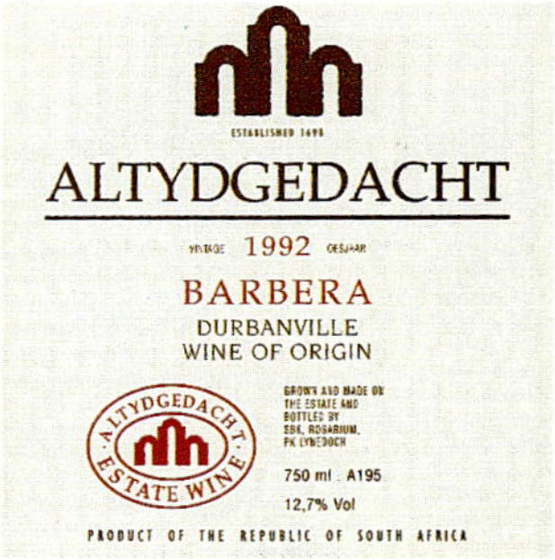

Mit diesem Namen verbinden wir eigenständige, harmonische Weine, die von einem Weingut stammen, das uns mit seinem unverändert gebliebenen, alten Charme und seiner paradiesischen Gartenanlage bezaubert hat.

Vor 300 Jahren schon wurde die Niederländisch-Ostindische Kompanie mit frischen Erzeugnissen dieser Farm versorgt. Fast ebenso weit reicht auch die Produktion von Wein zurück: 1705 errichtete man den Keller, in dem heute zwar temperturkontrollierte Edelstahltanks stehen, der ansonsten aber völlig erhalten geblieben ist. Die alte Ablaufrinne für Wein ist nicht mehr in Gebrauch – wohl aber die zwölf imponierenden, 90jährigen, großen Holzfässer, in denen so mancher Rotwein reift.

Oliver Parker vertritt mit seinem Bruder John die fünfte Generation seiner Familie, die die 434 Hektar große Altydgedachtfarm mit Vieh, Getreide, Obst und Wein bewirtschaftet. An der urigen Werkbank im Probierraum schenkt er uns ein Glas seines Barberas ein, den einzigen des Landes. In früheren Zeiten wurde diese aus Italien stammende Traubensorte in Südafrika wegen guter Säurewerte und Farbgebung gerne für die Portweinerzeugung angepflanzt. Als in den sechziger Jahren das allgemeine Interesse an Likörweinen nachließ, war Parker der einzige, der sich gegen das Aushacken der alten Reben entschied.

So ist die Sorte Barbera, ob solo oder im «Tintoretto» mit der Syrah verschnitten, nicht groß, aber doch originell. Man sollte sie sich, ebenso wie das Weingut selbst, nicht entgehen laßen.

Besuchszeiten:	*Montag bis Freitag:*	*9.30 Uhr bis 17.30 Uhr*
	Samstag:	*9.00 Uhr bis 13.00 Uhr*

Anschrift: *Altydgedacht Estate*
Box 213, Durbanville 7550
Telefon: *021/96 1295*
Fax: *021/96 8521*
Anfahrt: *Von Kapstadt die N1 Abfahrt Durbanville, von der R302 in die Tygerberg Valley Road. Auf der linken Seite.*

Weinangebot in Kisten à 12 Flaschen: 6000 Kisten insgesamt,
3300 rot, 2700 weiß.

***Sauvignon blanc '96** (B) 13%vol. Erfrischend fruchtiger Sauvignon mit Aromen nach Gras und tropischen Früchten. Kräftig im Abgang.

****Chardonnay '96** (C) 13,3%vol. 25% für zwei Monate in französischen. Barriques. Fruchtigkeit (reife Aprikosen) steht hier im Vordergrund, das Holz dient der Komplexität. Kein Machtprotz, sondern eher fein und delikat.

****Barbera '92** (C) 18 Monate in neuen amerikanischen Barriques. Dunkles Purpur. Mittlerer fruchtiger Körper. Reife Himbeere und Kirsche. Recht hohe Säure und dadurch sehr lebendig. Jetzt trinkreif, aber durchaus für weitere drei Jahre lagerfähig.

****Pinotage '94** (C) 12 Monate in amerikanischen Barriques. Dunkles Purpur mit violetten Reflexen. Sehr ausgewogen und harmonisch. Stark holzgeprägt, aber dazu passend. Insgesamt recht leicht.

*****Cabernet Sauvignon** (C) **'92** 70% für 18 Monate in neuen französischen Barriques. Stammt von etwa 25 Jahre alten Rebstöcken (Buschwein, alte Klone). Dunkles Purpur. In der Nase grüne Paprika, Pfefferminze. Mittlerer Körper mit weichen Gerbstoffen. Sehr zugänglich gemacht. **'86** Ganz ohne Barriqueausbau. Dunkles Ziegelrot. Schon leicht oxidativ, aber die Säure hält den Wein. Insgesamt mittelgewichtig. Guter Abgang.

Bezugsquellen: 24, 33, 62

Avontuur

Weinbaugebiet: *Stellenbosch*
Erste Abfüllung: *1987 Cabernet Sauvignon, Grand Vin Blanc*
Rebfläche: *60 Hektar*
Besitzer: *Tony Taberer*
Leitung: *Jean-Luc Sweerts*

Mit dem in Zaire geborenen Belgier Jean-Luc Sweerts hat der Rennpferdezüchter Tony Taberer einen veritablen Könner eingestellt. Ideen und der zielgerichtete Idealismus des Kellermeisters verhalfen dem zwischen Stellenbosch und Sommerset West liegenden Weingut, wenige Jahre nach der ersten Abfüllung, zu Ertrag und Ansehen.

Sweerts kopierte die Machart des von einem kalifornischen Erzeuger in gebrauchten Rotweinbarriques ausgebauten Weißweins, den er «Le blush», zu deutsch «Schamröte» nennt. Die zarte Rosafärbung hat vor allem im Ausland seine Liebhaber. Der fruchtige Avon Rouge fand schnell viele Nachahmer, die den Vorteil nutzten, einen weichen und frühreifen Wein rasch vermarkten zu können. Auf den Wein zu «hören», heißt das Rezept des philosophisch angehauchten Eigenbrötlers. Er überläßt die Gärung teilweise den natürlich auf den Trauben vorkommenden Hefen und verwendet – anders als die meisten Erzeuger am Kap – Reinzuchthefen lediglich bei extraktarmen Mosten, da diese häufig schlecht angären.

Jean-Luc Sweerts sieht im kühleren, niederschlagstärkeren Gebiet des Helderbergs natürliche Vorteile und ist nicht der einzige, der diese Meinung vertritt: Die neuerliche Ansiedlung einiger Topbetriebe wie Stellenzicht, Grangehurst, Longridge und Vriesenhof sprechen für sich. Den Weinen des Terroirs mangelt es auch bei hohem Reifegrad nicht an lebendiger Säure und Eigenständigkeit. Jean-Luc Sweerts hat den Vorsitz der neuen Wein-Route, die er 1995 selbst ins Leben rief. Mit dem Motto «vom Wein zur See» bekräftigen die Winzer dieser Region ihren berechtigten Anspruch auf ein günstiges von der False Bay gemildertes Klima.

Besuchszeiten:	*Montag bis Freitag:*	*9.30 Uhr bis 16.30 Uhr*
	Samstag:	*9.00 Uhr bis 13.00 Uhr*
Anschrift:	*Avontuur Estate*	
	Box 1128, Somerset West 7130	
Telefon:	*021/855 2310*	
Fax:	*021/855 4600*	
Anfahrt:	*Von Somerset West die R44 Richtung Stellenbosch, nach etwa 4 Kilometern rechts.*	

Weinangebot in Kisten à 12 Flaschen: 30000 Kisten insgesamt, 18000 weiß, 12000 rot, Chardonnay, Blanc de Blancs, Pinotage, Merlot, Cabernet Sauvignon.

****Le Blush '91** (C) «Pink»-Chardonnay, vergoren in einjährigen Rotweinfässern und zu 30% in neuen Barriques. Nur 500 Kisten. Ungewöhnliches, helles Pinkgelb. Süßliches Vanille-Bouquet. Auf dem Gaumen ein ewiges Hin und Her zwischen leichtem Rosé und kräftigem Chardonnay: Nicht langweilig.

******Le Chardon Chardonnay '95** (C) 13%vol. 1000 Kisten. Helles Gelbgold. Geröstetes Holz, Nüsse und Butter in der Nase. Konzentrierte, volle Frucht, fast etwas cremig. Feine Säure, sehr gut strukturiert. Alles paßt zusammen. Hält bis 2000.

****Cabernet Franc '96** (B) Pikant-würziges Aroma. Viel Himbeerfrucht. Glatt und ausgewogen. Für den sofortigen Trinkgenuß.

****Avon Rouge '96** (B) Merlot-Cabernet Sauvignon. Zwei Monate Barrique. Jetzt schon trinkreifer, süffiger, sehr fruchtiger Rotwein im Primeur-Stil – allerdings genügend Rückgrat bis 1999.

****Pinotage '95** (B) Würzige, grüne Pfeffernote, kräftig, ausgewogen. Sehr glatte Tannine, reife Brombeeren und Pflaumen. Jetzt optimal.

*****Avon Brut** MCC (C), Chardonnay 60%, Pinot Noir 40%. 6g/l Restzucker. Feiner Hefecharakter. Recht hohe Säure, leicht und trocken.

Bezugsquellen: 5, 51

Backsberg Estate

Weinbaugebiet:	*Paarl*
Erste Abfüllung:	*1970 Chenin blanc, Pinotage, Hanepoot*
Rebfläche:	*180 Hektar*
Besitzer:	*Sydney Back Familie*
Leitung:	*Hardy Laubser*

Backsbergs Geschichte ist die Erfolgsstory dreier Generationen der Back Familie. 1916 erstand Charles Back das Gut und begann mit der Weinerzeugung – zunächst für die staatliche KWV und den englischen Markt. Zusammen mit seinem Sohn Sydney wurde in harter Arbeit Umfang und Güte der Produktion fortlaufend erhöht. 1975 schließlich trat Michael, der Enkel des Gründers, in den Betrieb ein.

Sydney Back zählte zu den südafrikaweit respektierten Pionieren der Branche. Vor vielen Jahren pflanzte er den ersten Chardonnay am Kap. 1991 installierte er eine komplett automatisierte Fünf-Hektoliter-Pot-Still aus Cognac und begann, aus dünnem, saurem Wein (!) erstklassigen Brandy zu brennen. Dieser ensteht ganz nach französischem Vorbild: Bei einem potentiellen Alkoholgehalt von nur neun bis zehn Prozent werden die Trauben gelesen und ohne Schwefelzugabe vergoren. Anschließend ruht der Wein bei niedrigen Temperaturen für einige Zeit auf der Feinhefe, mit der zusammen er dann destilliert wird. Nach vier Jahren der Reife in Limousin-Eichenholzfässern kann man die goldfarbene Spirituose kaum noch von einem guten Cognac unterscheiden.

Für die Bewirtschaftung der großen Rebfläche ist Sydney Backs Sohn und Erbe Michael maßgeblich verantwortlich. Er läßt sich bei der Erprobung eines völlig neuartigen Erziehungssystems vom australischen Weinbauguru Dr. Richard Smart beraten. Kellermeister und für die Branntweinherstellung zuständig ist Hardy Laubser – immer auf dem Sprung die Qualität zu verbessern.

Besuchszeiten:	*Montag bis Freitag:*	*8.30 Uhr bis 17.30 Uhr*
	Samstag:	*8.00 Uhr bis 13.00 Uhr*

Anschrift: *Backsberg Estate, Box 1, Klapmuts 7625*
Telefon: *021/875 5141* Fax: *021/875 5144*
Anfahrt: *Von Paarl die R45 Richtung Franschhoek, nach etwa fünf Kilometern rechts in die WR1, nach vier Kilometern rechts.*

Weinangebot in Kisten à 12 Flaschen: Insgesamt 100000 Kisten, 60000 rot, 40000 weiß.

***Chardonnay** 15 Jahre alte Rebstöcke. **'95** (C) 80% acht Monate in französischen Barriques (20% neu). Zur Hälfte mit biologischem Säureabbau. Reicher, voller Körper, sehr kräftig und komplex, fast cremig. Feine Zitrusfrüchte (Lemone). Angenehme Säure, süßliche Holznote im langen Nachhall.

***Merlot '94** (B) Hauptsächlich gebrauchte Barriques (10% neu). Dunkles Purpur. Konzentriertes Bouquet mit Minze, Pflaumen, leichten Kokosnußaromen. Am Gaumen reife Kirschen und weiche, ansprechende, lebendige Tannine. Trinkreif in ein bis zwei Jahren.

***Cabernet Sauvignon** (B) **'94** Tiefdunkles Rubin. Würzig-rauchiger Eindruck. Noch adstringierende Tannine. Verschlossen, aber wohl strukturiert. Braucht noch zwei bis drei Jahre Flaschenreife.

****Klein Babylonstoren '93** (C) Cabernet Sauvignon 55%, Merlot 45% – 1994 auch Cabernet Franc. Rebsorten 12 Monate getrennt in Barriques (10% neu) ausgebaut, dann gemeinsam weitere sechs Monate. Dunkles, dichtes Rubinrot. Duft nach Pflaumenmus, geröstetem Holz. Reichlich reifes, sattes Tannin. Tiefer Wein. Noch sehr verschlossen und bestimmt in zwei bis drei Jahren vorzüglich.

*****Sydney Back Estate Brandy** (F) Chenin blanc. Vier Jahre in Limousin-Barriques. 40%vol. 1. Abfüllung Mai 1995, nur 2000 Kisten. Helle, brillante Bernsteinfarbe. Außergewöhnlicher Duft: Fruchtkuchenaroma, Aprikosen, Pflaumen, Vanille, sehr komplex. Im Geschmack sehr weich, voll und geschmeidig, keine Spur kantig. Im sehr langen Nachhall reife Kirschen und Marzipan. Hervorragend.

Bezugsquellen: 10, 30, 41, 58

Beaumont Wines

Weinbaugebiet: *Overberg, Walker Bay*
Erste Abfüllung: *1993 Pinotage, 1995 Chardonnay*
Rebfläche: *44 Hektar*
Besitzer/Leitung: *Raoul und Jayne Beaumont*
Keller: *Niels Verburg*

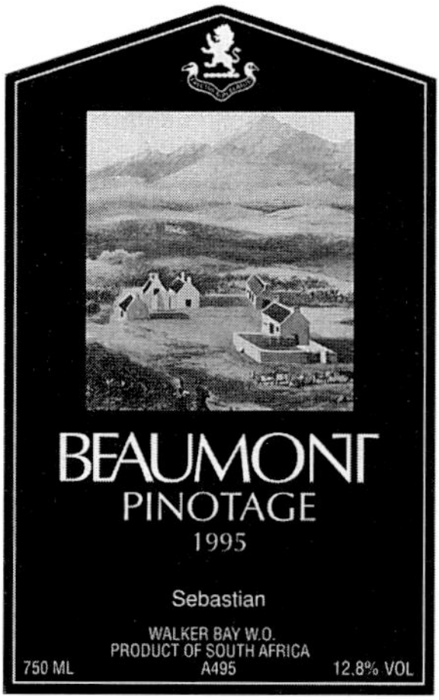

In einem wieder instandgesetzten alten Keller auf einer Farm mit historischer Vergangenheit – sie war im 18. Jahrhundert Stützpunkt der Niederländisch-Ostindien Kompanie – versuchen sich Raoul und Jayne Beaumont neuerlich selbst mit dem Ausbau ihres Weines, anstatt wie bisher das gesamte Traubengut an umliegende Farmer zu verkaufen.

Das Klima nahe der False Bay ist kühl und maritim. Das Weingut liegt auf den östlichen Hängen der Houw Hoek Mountains. Hier dominieren Schieferböden mittlerer Tiefe, die reich an Mineralien sind. Nahe des Bot Rivers gibt es fruchtbare Schwemmlandböden.

Was mit Hilfe des versierten Weinmachers Niels Verburg aus den Vorteilen dieses Standortes gemacht wird, ist mehr als ermutigend. Der Önologe bereiste Neuseeland, Australien und Chile, wo er ebenso zu neuen Erkenntnissen gelangte wie bei einem Frankreichaufenthalt, der hauptsächlich der Erzeugung von Chardonnay, Sauvignon blanc und Chenin blanc gewidmet war.

Stolz verweist die Mannschaft von Beaumont auf den Pinotage und den Chenin blanc, in Südafrika «Steen» genannt. Die Erzeugung von Steen nahm man als Herausforderung an. Von den besten, zum Teil ältesten Partien der Weinberge wurden sehr reife Trauben geerntet. Den Wein ließ man für einige Zeit auf der Hefe und baute ihn kurz in neuem Holz aus. Am Ergebnis wird deutlich, daß die weit verbreitete und meist zu sehr einfachem Tafelwein ausgebaute Rebsorte Chenin blanc auch für die Erzeugung erstklassiger Weißweine geeignet ist.

Das Sortiment der Beaumontweine wird mit Chardonnay und Sauvignon blanc, bald auch mit Shiraz und Semillon erweitert werden, auf die alle wir sehr gespannt sind.

Besuchszeiten:	*Montag bis Freitag:*	*9.00 Uhr bis 12.30 Uhr*
		13.30 Uhr bis 16.30 Uhr
	Samstags nach Vereinbarung.	
Anschrift:	*Beaumont Wines*	
	Box 3, Bot River 7185	
Telefon:	*02824/494 50*	
Fax:	*02824/497 33*	
Anfahrt:	*Von Somerset West die N2 Richtung Bot River.*	

Weinangebot in Kisten à 12 Flaschen: Chenin blanc 3000, Sauvignon 1000, Chardonnay 450, Pinotage 2000.

Sauvignon blanc '96 Der erste hier hergestellte Sauvignon. Recht gehaltvoll mit eigenständigem Charakter. Im Nachhall angenehm würzig.

***Pinotage '95** Zur Hälfte in neuen und einjährigen französischen Barriques. Dunkles Rubin. In der Nase sehr fruchtig, reife Bananen. Am Gaumen schon sehr zugänglich und trotz seiner Jugend gut zu trinken. Wird aber in jedem Fall in den nächsten ein bis drei Jahren zu mehr Komplexität gelangen. **'94** Nicht ganz so alkoholreich (11,5%vol.), sehr feines Bouquet nach reifen Beeren. Jetzt trinkreif.

Bezugsquellen: Bisher keine Vertretung in Europa.

Blick auf einen Teil der Overbergregion

Bellingham Wines

Weinbaugebiet:	*Franschhoek*
Erste Abfüllung:	*1950 Riesling, 1957 Shiraz*
Rebfläche:	*100 Hektar*
Besitzer:	*Graham Back*
Leitung:	*Charles Hopkins*

Als Bellingham in die Hände des Industriellen Graham Back kam, wurde Charles Hopkins zum Kellermeister befördert. Die neue Führung des altehrwürdigen, vom guten Ruf zehrenden Betriebes brachte 1990 frischen Wind in das alte Gemäuer von 1693.

Die «big six» waren der Schlüssel zum Erfolg: Neue Klone der sechs Rebsorten Cabernet Sauvignon, Merlot, Shiraz, Pinotage, Chardonnay und Sauvignon blanc – überall gefragt und anderswo längst im Ertrag – zogen auch in Bellinghams Weinberge ein, deren Potential Charles Hopkins nun gut auszuschöpfen versteht. Reisen - vorzugsweise nach Saint-Emilion (Hopkins schätzt vor allem die Châteaux Cheval Blanc und Ausone) – sowie jährliche Kellermeistertreffen im Herbst bilden den Mann weiter. Von den Neuseeländern lernte er etwa die Methoden des reduktiven Ausbaus. Diese zielen beim Wein durch Zugabe von Ascorbinsäure (Vitamin C, ein Konservierungsstoff) oder das Unterbinden von Luftkontakt auf die Erhaltung von Frische und Frucht ab.

Graham Back setzte neben dem großen, nach ihm benannten Weingut in Robertson auch mit Bellingham auf das richtige Pferd. Bald sicherlich erbringt die herangewachsene neue Generation der mit Bedacht gewählten Rebklone Qualitäten, die in der oberen Liga der südafrikanischen «big six» anzusiedeln sind.

Besuchszeiten:	*Montag bis Freitag:*	*9.00 Uhr bis 17.00 Uhr*
	Samstag:	*10.00 Uhr bis 12.30 Uhr*
Anschrift:	*Bellingham Wines*	
	Box 134, Franschhoek 7690	
Telefon:	*021/874 1011*	
Fax:	*021/874 1690*	

Anfahrt: *Die R45 Richtung Franschhoek, etwa ein Kilometer nach Einfahrt l'Ormarins rechts.*

Weinangebot in Kisten à 12 Flaschen: Etwa 270000 Kisten, 81000 rot, 189000 weiß.

****Sauvignon blanc '96** (B) 12000 Kisten. Sehr fruchtiger, grasiger, Sauvignon mit knackiger, erfrischender Säure.

****Shiraz '95** (B) Dunkles Rubin. In der Nase Pfeffer und Erdbeeren. Sehr fruchtig und ausgewogen mit trockenem Nachhall. Potential bis 1998.

****Merlot '94** (C) 65% neues Holz. Mittleres Rubin. Recht holzgeprägte Nase. Weiche, glatte Tannine machen ihn schon jetzt optimal trinkbar.

****Cabernet Sauvignon '95** (C) Ähnlich wie der Merlot jetzt zum Trinken geeignet, allerdings mit Reserven für drei bis vier Jahre.

*****Cabernet Franc '95** (C) Charles Hopkins Lieblingssorte. Nicht filtriert. Nur 500 Kisten. Dunkles Purpur mit bläulichen Reflexen. Feine Vanille-Kirschnase. Im Geschmack mittelgewichtig, erdig-mineralisch, mit feinen Barriquenoten. Guter Nachhall. Insgesamt noch verschlossen und geprägt von hartem Tannin. Trinkreif etwa 1998.

Bezugsquellen: 8, 24, 33, 65

Bergkelder

Weinbaugebiet: *Stellenbosch*
Erste Abfüllung: *1968 Stellenryck Cabernet Sauvignon, Fleur du Cap Chenin blanc, Kupferberger*
Rebfläche: *Zugekauftes Traubengut*
Besitzer: *Distillers Corporation*
Leitung: *Kellermeister: Callie van Niekerk*

Die Tochtergesellschaft der Distillers Corporation, die über 60 Prozent des südafrikanischen Brandymarkts kontrolliert, hat zugleich Elemente von Weingut, Großhändler und Kooperative.

Neben dem breiten Spektrum an Weinen zuverlässig hoher Qualität, die gänzlich hier erzeugt werden, übernimmt das Unternehmen die Beratung und Vermarktung von zur Zeit zwölf namhaften Estates, teilweise auch ihren Holzfaßausbau und die Abfüllung. Der gigantische Holzfaßkeller mit über 14000 Barriques sowie der 1968 in die Flanke des Papagaai-Berges gegrabene «Bergkeller» können während einer Führung inklusive Diavortrag und Weinprobe bewundert werden. Zum guten Kundenservice der Firma gehört außerdem das Lagern privat erstandener Weine unter idealen Bedingungen, die Subskription und das zeitweilige Angebot älterer Jahrgänge in verschiedenen Flaschengrößen.

Vom überdimensionalen Vakuumdrehfilter bis hin zur automatisierten Rütteltechnik bei der Schaumweinherstellung steht Produktionsleiter Hannie Heyl und Kellermeister Callie van Niekerk alle Technologie zur Verfügung. Gemeinsam mit einem 17köpfigen Kellerteam nutzen sie die Auswahl an Trauben von 29 Farmern und die Tankkapazität von über zehn Millionen Litern, um einfache, saubere Tischweine, aber auch feine Klassiker zu produzieren. Bergkelder versorgt darüber hinaus alle Partnerbetriebe mit eigenen Pfropfreben.

Besuchszeiten: *Montag bis Freitag: 8.00 Uhr bis 17.00 Uhr*
Samstag: 9.00 Uhr bis 13.00 Uhr
Anschrift: *Die Bergkelder, Box 184, Stellenbosch 7599*
Telefon: *021/887 2440*
Fax: *021/887 5769*
Vinoteque: *021/883 9533*
Internet: *http://www.bergkelder.co.za*

E-mail: *vinoteq@bergkelder.co.za.*
Anfahrt: *An der Hauptstraße R310/R304 in Stellenbosch.*

Weinangebot in Kisten à 12 Flaschen: 1350000 insgesamt, 350000 rot, 1000000 weiß.

***__Fleur du Cap Merlot '94__ (C) Dunkles Purpur. Mittlerer Körper mit festem Tannin. Schon jetzt ausgewogen und gut strukturiert. Ein sehr zugänglicher Wein. Auf dem Gipfel in etwa zwei Jahren.

***__Fleur du Cap Cabernet Sauvignon__ (C) Bis zu 24 Monate in neuen und gebrauchten Nevers-Barriques. **'92** Dunkles Rubin. Typische Cabernet-Nase mit rauchigen Tönen. Im Geschmack fast ein wenig rauchig, reife Kirsche. Gerbstoffreich und sicherlich charmanter in 3–4 Jahren.

****__Stellenryck Cabernet Sauvignon '92__ (C) Etwa 24 Monate in Nevers-Barriques. Schwarzrubin. In der Nase schwarze Johannisbeere und grüne Paprika. Am Gaumen noch hart und ungestüm, aber sehr komplex mit feinen Pfeffernoten und langem Finish. 1998-2004.

***__J.C.Le Roux Chardonnay '90__ (D) MCC 62 Monate auf der Flaschenhefe. 8g/l Restzucker, 12%vol. Interessante, blumige Nase, mit Kräuteraromen. Trocken, nussig. Reine reife Frucht.

****__J.C.Le Roux Pinot Noir '88__ (D) MCC Pinot Noir mit 80°Oe gelesen. 10% Chardonnay. 65 Monate auf der Flaschenhefe. Im Dezember 1994 degorgiert. 7g/l Restzucker. Sehr feine, elegante Nase mit Hefe/Beerenaroma. Im Geschmack sehr fruchtig, nussig, mit lebendiger Säure. Langanhaltend.

****__Pongracz Brut '92__ (D) MCC 60% Pinot Noir, 40% Chardonnay. 41 Monate auf der Flaschenhefe. 11,5g/l Restzucker, 11,5%vol. In der Nase Bisquits und Beerenfrüchte. Trotz des recht hohen Restzuckers keineswegs süß, sondern durch gute Säure ausgewogen. Das feine Mousseux wird begleitet von angenehmen Hefe- und Äpfelnuancen und sorgt für einen langen Nachhall. Wahrlich Champagner-Charakter!

Bezugsquellen: 6, 18, 21, 30, 38, 40, 45, 46, 48, 52, 66

Beyerskloof

Weinbaugebiet: *Stellenbosch*
Erste Abfüllung: *1989 Cabernet Sauvignon, 1995 Pinotage*
Besitzer: *Beyers Truter, Johann und Paul Krige*
Leitung: *Beyers Truter*

Geplant war 1989 eine «Feierabendbeschäftigung» für Beyers Truter, die nur 2000 Kisten Cabernet Sauvignon jährlich abwerfen sollte. Auf einer kleinen Farm bei Stellenbosch wollte der gefeierte Rotweinspezialist Kanonkops bestes eingekauftes Traubengut von alten Reben zu besonders dichten, wuchtigen und sehr haltbaren Rotweinen ausbauen. Was er auch tat. 1995 kamen allerdings, nachdem die Besitzer Kanonkops, Johann und Paul Krige, Hauptteilhaber der Unternehmung geworden waren, 35000 Kisten Pinotage hinzu.

Beyerskloofs Rotweine verkaufen sich vor allem in Großbritannien gut. Teils werden Trauben bester Lagen, teils fertige Weine eingekauft und von Truter neben den auf Kanonkop produzierten auf Beyerskloof vinifiziert und verschnitten.

Die Art des Pinotage ist zugänglicher geworden. Weniger Gerbstoff und früher Genuß ist das Motto. Zurückhaltung beim Barriqueausbau und eine sanfte Fermentation sind dabei von Bedeutung. Truter verwendet – anders als auf Kanonkop – Rotortanks bei der Vergärung der Beyerskloof-Weine. Die liegenden, runden Tanks kann man in Drehung versetzen, um Trester und Most zu durchmengen. Dabei besteht die Gefahr, daß zuviel Tannin extrahiert wird und der Wein hart und bitter wird. Doch Beyers Truter hat alles im Griff.

Besuchszeiten: *Montag bis Sonntag: 9.00 Uhr bis 12.00 Uhr*
Anschrift: *Beyerskloof*
Box 107, Koelenhof 7605
Telefon/Fax: *021/882 2135*

Anfahrt: *Von Stellenbosch etwa sieben Kilometer die R304 Richtung Koelenhof/Kapstadt, auf der linken Seite.*

Weinangebot in Kisten à 12 Flaschen: Pinotage 35000, Cabernet Sauvignon 2000 .

******Pinotage '96** (C) Von im Durchschnitt 30 Jahre alten Reben. Zur Hälfte für acht Monate in Nevers-Barriques. Dunkles Purpur. In der Nase starkes Himbeer- und Bananenaroma. Im Ansatz weiche, angenehme Tannine, die ihn schon jetzt genießen lassen. Sehr fruchtbetont, leicht süßlich. Von mittlerem Körper, aber trotzdem mit Kraft und Substanz, die ihm eine weitere Entwicklung ermöglichen.

******Cabernet Sauvignon '94** (D) 25 Monate in neuen Eichenholzfässern. 14%vol., 3g/l Restzucker. Tiefes, dunkles Schwarzrubin. Komplexe Nase mit feinen Barriquenoten. Am Gaumen voll, fast etwas fett. Sehr saftige Frucht, die gut mit dem reichlich vorhandenen Holzaroma in Einklang steht. Im langen Abgang machen sich die jungen, noch harten, aber sehr feinen Tannine bemerkbar. Hervorragendes Reifepotential von mindestens zehn Jahren. Der **95er** Jahrgang soll als Verschnitt auch Merlot enthalten.

Bezugsquellen: 5, 7, 33, 40

Blaauwklippen

Weinbaugebiet:	*Stellenbosch*
Erste Abfüllung:	*1975 White und Red Landau, Late Vintage*
Rebfläche:	*100 Hektar*
Besitzer:	*Graham Boozaier*
Leitung:	*Jacques Krüger*

Aus dem Schoß von Stellenboschberg und Helderberg, die zwischen Stellenbosch und dem weiter südlich an der False Bay gelegenen Somerset West scherenförmig auseinanderklaffen, strömt der Blaauwklip River hinab und mündet etwa zehn Kilomerter weiter westlich in den größeren Eerste River. Zuvor jedoch passiert der kleine Fluß ein Weingut und gibt ihm dabei seinen Namen: Blaauwklippen ist eines der betagten, noch im 17. Jahrhundert von Gouverneur Simon van der Stel an auserwählte Siedler übertragenen Besitztümer. Heute ist es mit seinem ausgestellten Farmgerät, der historischen Kap-Küche und einer beachtlichen Sammlung von alten Fahrzeugen (zwei Landauer Originale !) ebenso Museum wie Weingut und gibt ein beliebtes Ausflugsziel ab – Kutschfahrt und Mittagessen inklusive.

Hier kann man Weine verkosten, die so eigenständig wie anständig sind. Besonderes Vergnügen bereitet der Zinfandel mit seinem unverkennbaren Brombeeraroma. Die kalifornische Rotweinsorte, die oft auch weiß gekeltert wird, ist noch immer rar am Kap, obwohl sie auf Blaauwklippen seit über 15 Jahren schöne Resultate bringt. Bei voller Reife zeigt sich der Zinfandel alkoholreich und säurebetont, hat viel Frucht und wenig Tannin. Jacques Krüger vergärt die Trauben bei extrem hohen Temperaturen (35–40 Grad Celsius) und beläßt den jungen Wein anschließend bis zu vier Wochen auf den Schalen. Dies verleiht ihm, zusammen mit einem langen Ausbau in gebrauchten Barriques, Substanz und Weichheit zugleich. Krüger ist der Nachfolger von Walter Finlayson, der heute mit dem Weingut Glen Carlou Erfolge feiert.

Besuchszeiten:	*Montag bis Freitag:*	*9.00 Uhr bis 17.00 Uhr*
	Samstag:	*9.15 Uhr bis 13.00 Uhr*
Anschrift:	*Blaauwklippen*	
	Box 54, Stellenbosch 7600	

Telefon: *021/880 0133*
Fax: *021/880 0136*
Internet: *http://www.active.co.za./blaauwklippen/*
Anfahrt: *Von Stellenbosch die R44 Richtung Somerset West, nach vier Kilometern links.*

Weinangebot in Kisten à 12 Flaschen: 35000 Kisten insgesamt.
17500 rot, 17500 weiß. Sauvignon blanc, Semillon, Chardonnay, Muscat Ottonel, Shiraz, Zinfandel, Cabernet Sauvignon; Port.

***Zinfandel '93** (C) 12,7%vol; 3,4 g/l Restzucker. 34 Monate in gebrauchten amerikanischen und französischen Barriques. Helles Rubin. Brombeerbetontes Bouquet. Mittlerer Körper mit rundem Tannin. Sehr fruchtig und fast etwas süßlich. Ein süffiger und ungemein gefälliger Wein ohne Ecken und Kanten. Hält sich bis etwa 2000.

****Cabernet Sauvignon** (C) **'92** 36 Monate in großen jugoslawischen Fäßern und französischen Barriques. Dunkles Granat. In der Nase Pfefferminze- und Tabakaromen. Reichlich Cabernetfrucht. Konzentrierter als die vorherigen Jahrgänge. Das recht feste Tannin macht ihn noch wenig zugänglich. *** **'91** 32 Monate in französischen Nevers-Barriques. 2g/l Restzucker. Dunkles Ziegelrot. Mittelgewichtig, aber mit satter Frucht (reife Pflaumen) ausgestattet. Nicht ganz so üppig wie der 92er, aber durchaus Substanz für weitere drei Jahre.

Cabriolet '94 (C) 11%vol, 1,6 g/l Restzucker. Cabernet Sauvignon 40%, Merlot 40% und Pinotage 20%. Tiefdunkles intensives Rubin. Die drei Rebsorten sind sehr gut miteinander vermählt. Ein Wein mit ausgeprägter Würze und stattlichen Gerbstoffen, die noch zwei bis drei Jahre Reife benötigen.

Cape Vintage (Port) '92 (C) Zinfandel 90%, Pontac 10%. Drei Jahre in alten Fässern gereift. 20,16%vol; 70,7g/l Restzucker. Dunkles Mahagoni. Sehr oxidativ ausgebaut. Unbedingt zum jetzigen Trinkgenuß – hier bedarf es keiner Lagerung. Angenehm rauchiger Nachhall mit Kaffee- und Röstaromen.

Bezugsquellen: 29, 59

Bloemendal

Weinbaugebiet:	*Durbanville*
Erste Abfüllung:	*1987 Sauvignon blanc, Cabernet Sauvignon*
Rebfläche:	*150 Hektar*
Besitzer/Leitung:	*Jackie Coetzee*

Jackie Coetzee bewirtschaftet im kühlen Durbanville eine stolze Rebfläche von 150 Hektar. Das spezielle Klima (mit Constantia und Walker Bay/Elgin gehört es zum kühlsten des West-Kap) sorgt zusammen mit dem Terroir (meist relativ schwere Lehmböden) für gute Säurewerte des Mostes. Die meisten Weine profitieren davon: Im Geschmack haben sie Biß und wirken erfrischend. Zum Teil muß die Säure sogar künstlich herabgesetzt werden – was selten ist am Kap.

Jackie Coetzee selektioniert aus der großen Produktion jährlich sechzig Tonnen Trauben für den eigenen Wein; der große Rest wird verkauft. Was den Weinausbau betrifft, ist Jackie ein Selfmademan. Mit wenigen kleinen Fässern begann er zu experimentieren, machte seine Erfahrungen und hatte Erfolg. Inzwischen ist ein Cape-Portwein ebenso in seinem Programm wie trockene Rot- und Weißweine. Die Bloemendal-Weine ähneln in ihrer Erscheinung denen der nachbarlichen Altydgedachtfarm. Coetzee produziert darüber hinaus noch einen guten Schaumwein. Drei Jahre bleibt dieser auf der Hefe, bevor er handgerüttelt wird.

Besuchszeiten:	*Montag bis Freitag:*	*9.00 Uhr bis 17.30 Uhr*
	Samstag:	*9.00 Uhr bis 13.00 Uhr*
Anschrift:	*Bloemendal* *Box 466, Durbanville 7550*	
Telefon:	*021/96 2682*	
Anfahrt:	*Von Kapstadt die N1 Abfahrt Durbanville, von der R302 weiter in die Race Course Road Richtung Milnerton, auf der linken Seite.*	

Weinangebot in Kisten à 12 Flaschen: Merlot 2000, Cabernet Sauvignon 700, Sauvignon blanc 1000, Bloemen blanc 500, Schaumwein 2000 .

***__Sauvignon blanc '96__ (B) Feiner Sortencharakter. In der Nase Gras und Stachelbeeren. Leicht, trocken und sehr fruchtig mit lebendiger Säure, die den nötigen Biß gibt. Zu trinken bis Anfang 1998.

**__Merlot '94__ (B) Fünf Monate in gebrauchten amerikanischen Holzfässern. Mittleres Granat. In der Nase Minze und Gewürze. Recht kräftig, aber aufgrund seiner angenehmen, weichen Tannine früh trinkreif.

**__Cabernet Sauvignon '93__ (C) Ein Jahr in amerikanischen Holzfässern. Hier wie beim Merlot mit feiner Minzenote im Bouquet. Robuste, kräftige Tannine machen ihn noch etwas unzugänglich. Insgesamt von mittlerem Körper und weniger fruchtbetont, aber trotzdem klassisch. Stammt noch von den alten Cabernet-Klonen.

***__Brut '92__ (C) MCC Ausschließlich Chardonnay. 36 Monate auf der Flaschenhefe. 8g/l Restzucker. Am Gaumen feinperlig, trocken, mit nussigen Aromen. Säurebetont, aber dadurch langanhaltend und sicher für ein paar Jahre haltbar.

Bezugsquellen: 24

Boplaas Estate

Weinbaugebiet: *Klein Karoo*
Erste Abfüllung: *1982 Sauvignon blanc, Tinta barocca*
Rebfläche: *57 Hektar*
Besitzer/Leitung: *Carel Nel*

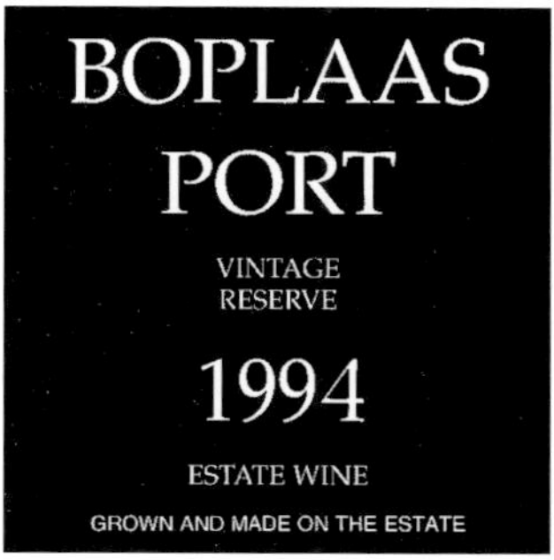

Karge Böden aus einer Mischung angeschwemmter Ablagerungen, mit hohem Kalkgehalt und gutem Wasserabzug, warme Sommertage mit einer kühlen Brise an jedem Nachmittag, Niederschlag je nach Bedürfnis, denn es muß bewässert werden – all das wird dem Cape-Portwein, der hier beim Karoo-Örtchen Calitzdorp gedeiht, in die Wiege gelegt: Beste Voraussetzungen, die sehr an Portugals Douroregion erinnern und den Rebsorten Tinta Barocca und, neu hinzugekommen, Touriga nacional sehr zugute kommen.

Seit 150 Jahren baut man Wein auf dem Boplaas Estate an. Bereits 1860 exportierte man Brandy nach London. Das ehemals mit dem benachbarten Die Krans Estate verbundene Weingut erzeugt neben dem vorzüglichen Cape-Port auch anständige Tafelweine und hat sich mit dem neu erschlossenen Ruiterbosch-Gut gerade unlängst in ein erheblich kühleres Klima nahe der Mossel Bay vorgewagt. Die Ruiterbosch-Weine werden ebenfalls in Calitzdorp ausgebaut.

Danie Nel war ein großer Förderer des Cape-Ports. Viele seiner Ideen – auch die, aus der Klein-Karoo die Douro-Region Südafrikas zu machen – gaben der Weinindustrie wichtige Impulse. Seine Cape-Ports wurden ab 1982 mit über 30 Goldmedaillen ausgezeichnet. Seit einigen Jahren leitet Danie Nels Sohn Carel den Betrieb. Enge Kontakte zu einem Familienunternehmen in Portugal führen zu regem Austausch von fachlichem Know-how.

Besuchszeiten:	*Montag bis Freitag:*	*8.00 Uhr bis 17.00 Uhr*
	Samstag:	*9.00 Uhr bis 16.00 Uhr*
	Sonntag:	*11.00 Uhr bis 16.00 Uhr*

◄ *Weingut Bloemendal, Durbanville*

Anschrift: *Boplaas Estate*
Box 156, Calitzdorp 6660
Telefon: *04437/333 26*
Fax: *04437/337 50*
Im Dezember traditionelle Kap-Küche (nur mit Reservierung).
Anfahrt: *Kurz vor Calitzdorp auf der rechten Seite.*

Weinangebot in Kisten à 12 Flaschen: 18000 Kisten insgesamt.
Alle Portweine stammen bisher ausschließlich von der Tinta Barocca.

***__Cape Ruby (Port)__ (C) Verschnitt aus mehreren Jahrgängen. 18%vol., 84g/l Restzucker. Sehr fruchtig und pikant mit gut unterlegtem Holzaroma – einfach zu trinken.

***__Cape Vintage (Port) '94__ (D) Zwei Jahre in alten Holzfässern. 19%vol., 76g/l Restzucker. Konzentrierter und voller als der Ruby, aber auch sehr fruchtbetont. Im Nachhall Schokoladentöne. Wird mit ein paar Jahren Lagerung besser.

*****__Cape Vintage Reserve (Port) '94__ (E) Von 25 Jahre alten wurzelechten Rebstöcken. Zwei Jahre in alten Pipes. 18,5%vol., 91g/l Restzucker. Sehr dichte, fast schwarze Farbe. In der Nase sehr intensiv: Beerenfrüchte, Kaffee und Schokolade. Am Gaumen wunderbar reich mit viel Schmelz und außerordentlicher Tiefe. Der lange, würzig-pfeffrige Abgang ist geprägt von viel lebenserhaltendem, trockenem Tannin. Schon jetzt attraktiv, aber eine Sünde, ihn zu trinken, denn er hat noch so viel mehr zu bieten. Vielleicht trinkreif in 15 oder 20 Jahren. Mit Anton Bredells Cape Vintage Reserve (Port) '94 die absolute Spitze der Cape-Ports !

Bezugsquellen: 33, 62, 64

Boschendal Estate

Weinbaugebiet: *Paarl*
Erste Abfüllung: *1976 Chenin blanc, 1978 Cape Riesling*
Rebfläche: *480 Hektar*
Besitzer: *Anglo American Konzern*
Leitung: *Graham Beck*

«Boss en daal», zu deutsch «Wald und Tal», liegt mit seinem ehrwürdigen, restaurierten Herrenhaus, umgeben von Pinien und alten Eichen, zwischen dem Simonsberg und den Groot Drakenstein Bergen. Die gute Küche des Restaurants oder ein Picknick im Freien laden zur Mittagszeit ein. Bei einem kühlen Glas Wein vergeht der Nachmittag erholsam und ruhig.

Hinter dieser friedlichen Kulisse brodelt es. Trotz boomender Nachfrage treibt der Eigentümer, der Anglo-American-Konzern, zu dem auch Vergelegen gehört, die weinbau- und kellertechnische Entwicklung im Unternehmen voran und feilt an seiner Effizienz. Draußen im Weinberg läuft das Zukunftsprogramm seit 1990: Man expandiert die Rebfläche und konzentriert sich dabei auf wenige noble Rebsorten. In Abstimmung auf die Größe der einzelnen Weinbergsparzellen ist eine Batterie von fünfzig Edelstahltanks geplant, in denen der Most jeder einzelnen Lage separat ausgebaut werden kann. Die insgesamt 1000 Tonnen fassenden Behälter sollen, von der Decke des Kellers hängend, raumsparend angeordnet werden, so daß man sich frei unter ihnen bewegen kann.

Wenige Wochen vor der 1996er Ernte eintreffend, mußte sich der neue Kellermeister, Mike Graham, zügig mit der komplexen Organisation des großen Betriebes vertraut machen. Darüber hinaus schwebte ihm ein am Kap einzigartiger Faßkeller mit vier unterschiedlichen Temperaturzonen vor – diese Idee wird ebenfalls verwirklicht. Das Gespür und die Erfahrung des früheren Bergkelder-Mitarbeiters (er war dort Spezialist für Schaumwein und für den Rotweinausbau) lassen Gutes erwarten.

Besuchszeiten: *Montag bis Samstag: 8.30 Uhr bis 17.00 Uhr*
Anschrift: *Boschendal Estate Winery, Groot Drakenstein 7680*

Telefon: *021/874 1031*
Fax: *021/874 1864*
Von Nov. bis April Picknickkörbe; Buffet im Restaurant (beides nur mit Reservierung unter 021/ 874 1252) und kleinere Speisen im Le Café.
Anfahrt: *Von Franschhoek etwa 12 Kilometer die R45 Richtung Paarl, dann links auf die R310, nach einem Kilometer auf der linken Seite.*

Weinangebot in Kisten à 12 Flaschen: 280000 Kisten insgesamt, 245000 weiß, 35000 rot.

Alle hier beschriebenen Weine sind aus der Jean Le Long Reserve Collection:

Sauvignon blanc '96 (C) Selektion aus den besten Trauben. In der Nase verhalten. Am Gaumen leicht und stark säurebetont. Öffnet sich erst nach einiger Zeit im Glas und zeigt würzige, grasige Aromen. Sollte besser noch ein wenig liegen, um an Härte zu verlieren.

****Chardonnay Réserve '95** (D) 13%vol. Helles Goldgelb. In der Nase feine Barriquenoten, die im Geschmack angenehm zurückhaltend auftreten und sehr gut in die Frucht eingebunden sind. Extraktreich mit fein abgestimmter Säure. Unheimlich finessenreich und lebendig mit langem Abgang. Bravo!

****Boschendal Brut '92** (C) MCC Je 50% Pinot Noir und Chardonnay. 7g/l Restzucker. Obwohl gleiche Rebsortenanteile ist der Pinot Noir deutlich spürbar und gibt dem Wein die nötige Polsterung. Seine Fruchtigkeit, die feinen Hefearomen und eine angenehmes Mousseaux mit trockenem Nachhall machen ihn sehr attraktiv.

***Shiraz Reserve '93** (C) Der erste seit 1981. 13%vol. 12 Monate in zu 30% neuen Barriques. Komplett von alten Rebstöcken. In der Nase Beeren- und Pfeffernoten. Im Geschmack fruchtbetont und von mittlerer Statur. Der ****94er** ist zu 75% aus der neuen Anlage, zeigt sich sehr konzentriert und von guter Komplexität.

Bezugsquellen: 25, 30, 48, 66

Boschkloof

Weinbaugebiet: *Stellenbosch*
Erste Abfüllung: *1996 Sauvignon, Chardonnay*
Rebfläche: *12 Hektar*
Besitzer: *Reenen Surter*
Leitung: *Jacques Borman*

Wir räumen diesem kleineren Weingut beste Aussichten ein, zumal ein echter Könner an der Weinerzeugung beteiligt ist: Jaques Borman von La Motte Estate hat sich nach Feierabend für seinen Schwiegervater ins Zeug gelegt und 1996 den ersten Jahrgang Boschkloofs ausgebaut. «Etwas für meine Söhne !» – Borman besänftigt diejenigen, die befürchten, er könnte seine Weinerzeugung in Franschhoek vernachlässigen: «Das mache ich ganz nebenbei!»

Der rüstige Radiologe Reenen Surter war zu dem Schluß gekommen, genug Bestrahlung abbekommen zu haben, sich eine Farm zu kaufen und eine kleine Kellerei zu errichten, um der Weinbereitung nachzugehen. Der Mann seiner Tochter wurde dabei sein Partner und bester Berater.

Schon die Wahl des Standortes traf man gut: Die Stellenboschkloof-Gegend ist auch die Heimat von Jordan Vineyards und dem Overgaauw Estate. Niemand zweifelt am baldigen Erfolg der Unternehmung. Auf Qualität hat man es abgesehen. Der kleine Keller ist praktisch eingerichtet, mit neuer Balgpresse, die von den höherliegenden Edelstahltanks direkt beschickt werden kann. In der Mitte des Raumes stapeln sich Barriques. Wie auch auf Veenwouden macht man hier von Mendocino-Eichenholzfässern Gebrauch. Das aus Nordkalifornien stammende Holz ist für seine dichte Faserstruktur bekannt und besonders hochwertig.

Besuchszeiten: *Nach Vereinbarung*
Anschrift: *Boschkloof*
Box 1340, Stellenbosch 7599
Telefon: *021/881 3032*
Fax: *021/881 3293*

Anfahrt: *Von Stellenbosch etwa 12 Kilometer die 310/R306 Richtung Kuils River, auf der linken Seite.*

Weinangebot in Kisten à 12 Flaschen: 3800 Kisten insgesamt.

Sauvignon blanc '96 Erfrischend, trocken, von mittlerem Körper mit feiner Säure.

Chardonnay '96 Zur Hälfte in französischen und amerikanischen Eichenholzfässern. Grüngold. Recht holzbetonte Nase. Im Geschmack ausgewogen und harmonisch mit feinen Röstaromen im Nachhall.

Merlot '96 Tiefdunkles Purpurrot. In der Nase Kräuter. Am Gaumen mittelgewichtig, aber gut strukturiert. Bereits früh trinkbar.

***Cabernet Sauvignon '96** Tiefes dichtes Rubin mit violetten Reflexen. In der Nase würzig. Am Gaumen körperreich, mit viel Fruchtsubstanz und reifem, aber noch festem Tannin. Wird sich gut entwickeln.

Bezugsquellen: Bisher noch keine Vertretung in Europa.

Bouchard Finlayson

Weinbaugebiet:	*Overberg, Walker Bay*
Erste Abfüllung:	*1991 Sauvignon blanc und Blanc de Mer*
Rebfläche:	*10 Hektar*
Besitzer:	*Peter Finlayson und Paul Bouchard*
Leitung:	*Peter Finlayson*

Wenn Peter Finlayson nicht gerade zu Fuß durch den Kruger National Park hoch im Norden des Landes wandert – eine Sportart, die bei kühnen Naturburschen recht beliebt ist, ansonsten aber nur von Buschmännern ausgeübt werden sollte – erzeugt er nach französischem Vorbild einige der feinsten Weine Südafrikas.

Geeignete Böden mit lehmigem Untergrund tragen dazu bei, prächtigen Chardonnay und Pinot noir nach Manier der Burgunder und auch Sauvignon blanc erzeugen zu können. Mit dem milden, frostfreien und windgeschützten Klima nahe der Küste bei Hermanus (an der sich zwischen Juni und November die Wale tummeln) ist eine natürliche Voraussetzung gegeben. Vor allem aber bürgt der Önologe Finlayson für die Qualität der Weine. Dank vielen in Burgund gewonnenen Erkenntnissen erzielt er beste Ergebnisse. So verwendet er eine traditionelle Technik und mischt zehn Prozent vom Hefelager des Vorjahres unter den jungen Chardonnay, der dann im Faß zu einem raffinierten Wein heranreift.

1989 wurde Peter Finlayson – damals noch Kellermeister des exklusiven Weinguts Hamilton Russell – vom Diners Club für seinen 86er Pinot noir zum «Weinmacher des Jahres» ausgezeichnet. Nach dem Schritt in die Selbständigkeit vor fünf Jahren, erarbeitete er sich, im Joint Venture mit dem Burgunder Handelshaus Bouchard Ainé et Fils, Wein für Wein Lob und Respekt.

Besuchszeiten:	*Montag bis Freitag:*	*10.00 Uhr bis 17.00 Uhr*
	Samstag:	*9.30 Uhr bis 12.30 Uhr*
Anschrift:	*Bouchard Finlayson*	
	Box 303, Hermanus 7200	
Telefon:	*0283/235 15*	
Fax:	*0283/223 17*	

Anfahrt: *Von Somerset West die N2 bis Botriver, die R43 Richtung Hermanus, kurz vor Ortseingang links auf die R320 Richtung Caledon, etwa sechs Kilometer.*

Peter Finlayson vom Weingut Bouchard Finlayson, Hermanus

Weinangebot in Kisten à 12 Flaschen: Chardonnay: Walker Bay 100, Overberg/Kaaimansgat 3500, Oak Valley 100. Sauvignon: Overberg 3500, Oak Valley 100. Blanc de Mer: 3500. Pinot Noir: Walker Bay 1600. Merlot Oak Valley: 200 .

******Sauvignon blanc Overberg '96** (C) Helles Grüngelb. Im Bouquet grüner Pfeffer. Am Gaumen cremige Fülle, etwas honigartig. Feine, lebendige Säure. Klare, strukturierte Frucht (reife Stachelbeeren, aber auch tropische Früchte). Langanhaltend.

*******Chardonnay Overberg '96** (D) Zur Häfte für drei Monate in französischen Barriques. 13,7%vol. In der Nase Birnen und exotische Fruchtaromen. Sehr voll, viel Substanz, cremig-sahniger Charakter. Feine Hefe- und Haselnußkomponenten, ausbalancierte Säure, dezente Holznote – köstlich! Hält sich mindestens bis 2002.

******Blanc de Mer '96** (B) Verschnitt aus Kerner (35%), Weißer Riesling (30%), Pinot blanc (17%), Gewürztraminer (10%) und Chardonnay (8%). 13,2%vol. Voll, würzig, weich, ausgewogen, aber noch deutlich spürbare Gerbstoffe (!). Im Nachhall feine Edelfäule. Verschlossen voraussichtlich bis Mitte 1997.

*****__Pinot noir Walker Bay '95__ (D) Von neuen Klonen aus dem Burgund (PN 113). Lange Maischestandzeit von etwa 17 Tagen. 13,2%vol. Dunkles intensives Granatrot. Duftet nach Sauerkirschen und Bittermandeln. Am Gaumen sehr dicht und konzentriert. Reichlich Frucht (Kirschen und Brombeeren), aber auch Nuancen von Kaffee und Schokolade. Die kräftigen Tannine machen den jungen Wein derzeit noch etwas unzugänglich, aber sein langer Nachhall läßt eine großartige Zukunft erahnen. Geben Sie diesem Wein noch drei Jahre Reifezeit, damit er sich bis dahin voll entfalten kann (dann ist er fabelhaft!).

Bezugsquellen: 7, 10, 28, 29, 33, 37, 54

Buitenverwachting

Weinbaugebiet:	*Constantia*
Erste Abfüllung:	*1985 Riesling, Sauvignon blanc*
Rebfläche:	*110 Hektar*
Besitzer:	*Christine Müller – Lars Maack*
Leitung:	*Keller: Herman Kirschbaum*
	Weinberg: Francois Baard

Die Renaissance der Constantia-Weine verdankt sich entscheidend dem Weingut Buitenverwachting (gesprochen Beitenverwachting), dessen neue Leitung unkonventionell und akurat zugleich bei der Sache ist.

Gewisse Dinge scheint das sympatische Führungsteam mehr, andere weniger ernst zu nehmen. Sich verständlicherweise wohlfühlend auf der grünen Kaphalbinsel, verantwortlich für Weine, die zur absoluten Spitze gehören, ziehen Herman, Francois und Lars ausufernde Weinproben korrekten Interviews bei weitem vor – was wir uns natürlich gefallen lassen.

Nüchtern und pflichtbewußt bleibt Buitenverwachting jedoch, wenn es um die Klasse seiner Weine und das Wohlbefinden seiner Mitarbeiter geht: So schuf man, nach dem Erwerb der heruntergewirtschafteten Farm 1981, ein vorbildliches Arbeiterdorf, in dem es an nichts fehlt für die Familien der schwarzen Angestellten (Kindergarten, kleine Ambulanz, Gesellschaftsräume, usw.).

Rebmeister Francois Baard führt einen kompromißlosen Qualitätsweinbau durch und setzt auf ökologische Prinzipien, was am Kap selten ist. Einer Hektar mit Stallmist aus der eigenen Molkerei gedüngten, tiefgründigen, roten Erde verlangt er durchschnittlich nur fünf Tonnen Trauben ab. Der niedrige Ertrag erhöht dabei wesentlich die Aromenkonzentration. Herman Kirschbaum denkt nicht daran, auch nur eine Spur dieser Aromenfülle zu verschwenden, sondern versteht es blendend, mit Hilfe der ausgereiften Technologie der hochmodernen Kellerei das geschmackliche Potential der Buitenverwachting-Weine ganz auszureizen.

Das Restaurant des Anwesens ist jedem Feinschmecker in Südafrika ein Begriff. Reservierung empfehlenswert.

Besuchszeiten:	*Täglich:*	*9.00 Uhr bis 17.00 Uhr*
Anschrift:	*Buitenverwachting* *Box 281, Constantia 7848*	
Telefon:	*021/794 5190*	
Fax:	*021/794 1351*	
Restaurant:	*Dienstag bis Freitag Mittag- und Abendessen.* *Samstag nur Abendessen. Im August geschlossen.* *(021/794 3522)*	
Anfahrt:	*Von der M41 (Constantia Rd.), auf die M42 (Spaanchemat), auf die Klein Constantia Rd., nach zwei Kilometern links.*	

Weinangebot in Kisten à 12 Flaschen: 50000 Kisten insgesamt, 37500 weiß, 12500 rot.

****Buiten Blanc '96** (B) Sauvignon blanc 84%, Chenin blanc 10%, Pinot gris 6%. Florale und fruchtige Noten in der Nase. Am Gaumen fruchtbetont mit reichlich Pfirsich-Charakter. Paßt durch seine Fülle (hoher Extrakt!) und feine Säure auch zu kräftigerem Essen.

*******Sauvignon blanc '95** (C) Sehr lange Maischestandzeit (mind. 84 bis 90 Stunden). Neun Monate auf der Hefe gelegen. Absolute Spitzenklasse im Sancerre-Stil mit viel Stoff und einer erfrischenden Säure! So extraktreich und voll, daß Herman rät, ihn erst ab Ende 1997 zu trinken. Potential für 10 Jahre! Der **96er** zeigt sich ähnlich konzentriert mit reifen Feigen- und StachelbeerAromen und langem Abgang.

******Chardonnay '95** (C) Zu 60% in neuen und gebrauchten Barriques. Im Bouquet aber auch im Geschmack recht holzbetont, aber keineswegs unangenehm, sondern sehr fein. Karamel- und Nußaromen. Endet langanhaltend. Braucht Entwicklungszeit. Der **94er** und der **93er** sind jetzt köstlich, können aber noch zwei bis drei Jahre liegen. Der **89er** (noch von Jean Daneel, jetzt Morgenhof) ist immer noch entwicklungsfähig.

*******Cabernet Sauvignon '92** (C) (nur 500 Kisten) 13,5%vol. Zu 100% in neuen Barriques ausgebaut. Schwarzrubin. In der Nase intensive Cabernet-Frucht. Zartbitterschokolade. Am Gaumen sehr konzentriert und dicht mit raffinierter Struktur. Das neue Holz kommt noch recht stark durch, aber dafür ist ja genügend Frucht vorhanden. Äußerst reife, trockene Tannine, die eine feine Länge und Tiefe entfalten. Im Finale viel Schmelz. Insgesamt ein verschlossener «Riese» mit ausgezeichetem Reifepotential. Etwa ab 2000 trinkreif.

*******Christine '92** (C) Cabernet Sauvignon 84%, Rest Merlot und Cabernet franc. Zu 100% in neuen Barriques ausgebaut. Dunkles Rubin. In der Nase reife schwarze Johannisbeere, Zedernaroma, rauchig. Dichter und konzentrierter als der Cabernet Sauvignon, von fast cremiger Textur. Das Holz ist noch besser in den Wein integriert. Dabei ein wenig Fruchtsüße. Feinkörnige, aber immer noch feste Gerbstoffe und eine feine Säure lassen auf eine große Zukunft schließen. Gehört zu den attraktivsten Rotweinen Südafrikas!

*****Brut Vintage '90** (C) MCC Chardonnay 60%, Pinot noir und Pinot gris je 20%. 5 Jahre auf der Flaschenhefe. Im April 96 degorgiert. 7g/l Restzucker. Sehr trocken mit feinem Mousseux. Fast etwas schmeichelnd. Insgesamt unheimlich lebendig mit viel Zitrusfrische. Im August 96 erfolgte eine zweite Degorgierung mit 15g/l Dosage. Diese zeigt ein angenehmes Fruchtbonbon- und Pfirsicharoma.

******Noblesse (Noble Late Harvest) '95** (C) (vorher nur in 91 und 87) Weißer Riesling gelesen bei 140 Grad Öchsle. Ein Monat in gebrauchten Barriques vergoren und ausgebaut. 89g/l Restzucker, 9g/l Säure. Brillantes Goldgelb. Ausladende Fruchtfülle, gepaart mit guter Säure (nicht zugesetzt!), die ihm die nötige Frische und einen feinen Abklang verleiht.

Bezugsquellen: 14, 21, 26, 55, 56, 60

Herman Kirschbaum und Francois Baard, Weingut Buitenverwachting, Constantia

Cabrière Estate

Weinbaugebiet: *Franschhoek*
Erste Abfüllung: *1984 Pierre Jourdan*
Rebfläche: *22,8 Hektar*
Besitzer/Leitung: *Achim von Arnim*

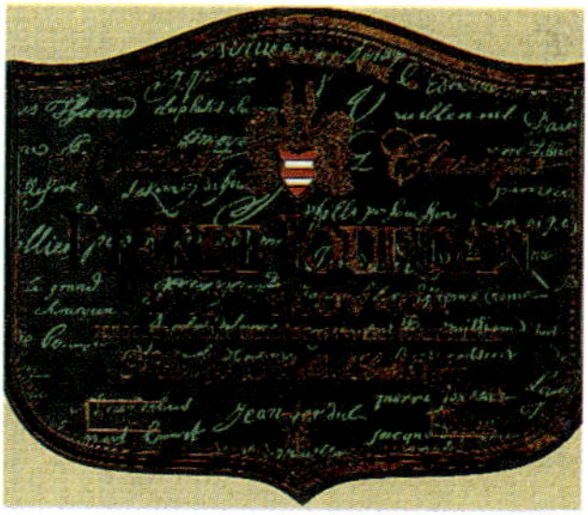

Schaumwein, Clos Cabrière und Achim von Arnim – drei untrennbare Begriffe kulinarischer Kultur der Kapregion. Sie bilden eine Einheit, seit von Arnim sich, nach erfolgreicher Tätigkeit bei namhaften südafrikanischen Kellereien (Le Bonheur, Bergkelder, Boschendal) selbständig machte und im malerischen Franschhoek den ersten von Chardonnay und Pinot noir gekelterten Schaumwein des Landes produzierte.

Der energievolle Lebemann gab seinen streng nach dem Champagnerverfahren ausgebauten Weinen den Namen jenes Hugenotten, der 1694 das Land am Olifantshoeg besiedelte: Pierre Jourdan. Genau 300 Jahre später eröffnete er den eindrucksvollen, in die Flanke des Franschhoekpaßes gegrabenen neuen Keller «Haute Cabrière». Das Lesegut kann durch das Dach eingebracht werden und bewältigt seinen Weg ohne Transportschnecken oder Pumpen, sondern allein durch Ausnutzung des natürlichen Gefälles, auf schonendste Art.

Nach einiger Zeit der Lagerung in der Flasche entwickeln die völlig trockenen weißen und lachsfarbenen Sekte mehr und mehr Rasse. Zum Gaudi der Besucher des Estates pflegt sie Achim von Arnim, ein ehemaliger Geisenheim-Student, nach alter, überschäumender Manier seiner preußischen Vorfahren mit dem Säbel zu öffnen.

Die Schaumweine sowie der majestätische, einzigartige Spätburgunder aus jungen, sehr dicht gepflanzten Pinot-noir-Reben (10 000 Stöcke pro Hektar) können im stimmungsvollen Gourmetrestaurant des neuen Kellergebäudes verkostet werden.

Besuchszeiten:	*Montag bis Freitag:*	*9.00 Uhr bis 13.00 Uhr*
		14.00 Uhr bis 17.30 Uhr
	Samstag:	*10.00 Uhr bis 12.30 Uhr*
Anschrift:	*Clos Cabrière, Box 245, Franschhoek 7690*	

Telefon:	*021/876 2630*
Fax:	*021/876 3390*
E - mail:	*cabrière@iafrica.com*
Restaurant:	*Montag bis Sonntag: 12.00 Uhr bis 15.00 Uhr* *Oktober bis April auch Freitag und Samstag abends.*
Anfahrt:	*Von Paarl oder Stellenbosch die R45 nach Franschhoek, letzte Straße vor dem Hugenottendenkmal rechts.*

Weinangebot in Kisten à 12 Flaschen: Haute Cabrière Chardonnay/Pinot Noir 10000, Haute Cabrière Pinot Noir 3000, Schaumwein insgesamt etwa 10000, P.P.Ratafia 1000, Fine de Jourdan (Brandy) 250.

*****__Pierre Jourdan Blanc de Blancs '93__ (D-E) MCC 100% Chardonnay, aber nur in Jahrgängen, in denen er so gut ist, daß er ohne Pinot noir auskommt. 40% für vier Monate in 205-Liter-Fässern, Argonne-Eiche, 4g/l Restzucker. Feine Mousseux, nussig, toastig, angenehme Zitrusfrüchte. Sehr komplex und elegant. Seidiger Abgang und langer, rauchiger Mandel-, Vanille-Nachhall.

*****__Pierre Jourdan Brut Sauvage__ (D-E) MCC **'93** Chardonnay 60%, Pinot noir 40%, nur die ersten 200 Liter der Pressungen, keine Dosage, etwa 1g/l Restzucker. Paßt vorzüglich zu Austern, Hummer und anderen Krustentieren! Für Liebhaber sehr trockener Schaumweine! Jugendlich, kräftig. Angenehmer Minzeton. Sehr feinperlig, langanhaltend. **'91** Im Bouquet reife Birnen. Trocken, mineralisch, cremig mit kompakter Säure. Sehr gut strukturiert mit viel Charakter. Zeigt Nuancen von Maracuja und anderen exotischen Früchten. Langer, nussiger Nachhall. Für sein Alter ungemein vital. Hier zeigt sich, daß Schaumwein nicht nur jung getrunken werden muß!

****__Pierre Jourdan Cuvée Belle Rose '93__ (D-E) MCC Ausschließlich Pinot noir, 5g/l Restzucker Fünf Tage karbonische Mazeration der ganzen Trauben. Lachsfarben. Am Gaumen voll und kräftig, fruchtiger als die anderen P.J.'s., aber trotzdem raffiniert. Sahniger Abgang.

Haute Cabrière Pinot noir (E) Haute Cabrière ist die Lage, 1991 bestockt mit Pinot-noir-Klonen aus dem Burgund (PN 52). Sechs Monate in französischen Barriques, 40% neu, hauptsächlich Tronçais-Eiche. Faßprobe:

(*****) **'96** Purpur- bis Rubinrot. Feine Burgundernase. Reichlich Kirsche und Brombeere. Zeigt sich im Mund schon sehr ansprechend, mit sehr feinen, aber festen Tanninen. Extraktreich. Holz perfekt integriert. Wird von Jahr zu Jahr besser! **** **'95** Mittleres Rubinrot. Charakteristischer Pinot noir-Duft von roten Beerenfrüchten und Bittermandeln. Ausgewogen und harmonisch bei mittlerem Körper. Alles paßt zusammen.

****__Petit Pierre Ratafia__ (E) 20% vol., der einzige Ratafia Südafrikas. Tiefes Gelb. In der Nase eine Mischung aus tropischen Früchten, gebrannten Nüssen, Vanille, Tabak, und Holz. Ansprechender, voller Körper mit viel Substanz, sehr weich und charmant. Klingt lange nach. Als Aperitif oder besonders zu Pasteten oder exotischen Desserts empfohlen.

Bezugsquellen: 10, 12, 24, 37

Cloete Wines

Weinbaugebiet:	*Stellenbosch*
Erste Abfüllung:	*1994 Sauvignon blanc*
Rebfläche:	*2,5 Hektar*
Besitzer/Leitung:	*Peter Bairnsfather Cloete*

Beim Namen Cloete hören Kenner südafrikanischer Weine die Glocken läuten: Der Enkel Jacob Cloetens aus Köln, Hendrik Cloete, führte die Weine vom Kap der Guten Hoffnung im 18. Jahrhundert mit dem Kauf der Groot Constantia Farm zu internationalem Ansehen. 200 Jahre später meldet sich der große Name zurück: Peter Bairnsfather Cloete erzeugt Weißwein, der Fachjournalisten aufhorchen läßt.

Daß sich einige Erzeuger in Gemarkungen mit eigenständigen und vorteilhaften Standortbedingungen von anderen Erzeugern abgrenzen möchten, kann man verstehen. Ob auf den Etiketten südafrikanischer Weine in Zukunft mehr und mehr Gemarkungsbezeichnungen (wie Simonsberg oder Helderberg) oder gar

Lagenbezeichnungen zu finden sein werden, ist ungewiß. In schlauer Voraussicht gab Peter Bairnsfather Cloete jedoch seinen existierenden und geplanten Einzellagen schon jetzt die Namen seiner Frau und seiner Tochter: Christina und Alexandra.

Der 94er Jahrgang von nur 2,5 Hektar Sauvignon blanc ist überzeugend genug. Trotz hoher Erträge von 105 Hektoliter pro Hektar beim 96er hat man allen Grund dem sich im Wachstum befindlichen Weingut zu vertrauen, denn die Weine werden dem klangvollen Namen Cloete durchaus gerecht.

Besuchszeiten:	*Nach Vereinbarung*
Anschrift:	*Cloete Wines*
	Box 78, Somerset West 7129
Telefon:	*024/852 5933*
Fax:	*024/852 5938*
	Es stehen zwei kürzlich renovierte Cottages zur Verfügung.
Anfahrt:	*Von Stellenbosch bis Somerset West, links Richtung Zentrum abbiegen, nach etwa zwei Kilometern links in die Lourensford Rd., weitere vier Kilometer geradeaus, Einfahrt Vergelegen.*

Weinangebot in Kisten à 12 Flaschen: Sauvignon blanc 1250.

****Christine Hillside Sauvignon '96** 12,5%vol. So wünscht sich Peter Bairnsfather Cloete seinen Sauvignon: Tendenz Sancerre. Noch jugendlich mit etwas Kohlensäure. Trotzdem schon ausdrucksstark, mit mineralisch-erdigen Noten. Zu trinken bis 1999. Der **'95er** (12,8%vol.) ist nun optimal trinkreif. Er zeigt mehr Sortencharakter, geht stärker in den «Fruchtsalat-Stil» der neuseeländischen Sauvignons. Etwas voller und kräftiger als der 96er.

Bezugsquellen: Wird bisher nur nach England exportiert.

Peter Bairnsfather-Cloete, Weingut Cloete, Somerset West

Adéle Louw, Weingut Clos Malverne, Stellenbosch

Clos Malverne

Weinbaugebiet:	*Stellenbosch*
Erste Abfüllung:	*1986 Cabernet Sauvignon*
Rebfläche:	*11 Hektar*
Besitzer:	*Seymour Pritchard*
Leitung:	*Adéle Louw*

Seymour Pritchard erwarb 1969 die kleine Farm im Devon Valley, auf der zunächst Tafeltrauben im Ertrag standen. Sieben Jahre später versuchte er sich mit dem Anbau von Cabernet Sauvignon, für den die Bodenverhältnisse geeignet schienen. In den ersten Jahren verkaufte Pritchard seine Trauben – bis er bei einem Skiurlaub in den Alpen Jeremy Walker traf. Gemeinsam entschieden sie sich, die Frucht der zehn Jahre alten Reben selbst zu Wein zu machen. Das Ergebnis war vielversprechend, trotz einfachster Technologie: Wenig zweckmäßig wird bis heute eine Traubenmühle verwendet, die zuerst mahlt und anschließend abbeert statt umgekehrt; die Gärung erfolgt in offenen Betonbehältern und gekeltert wird noch immer mit zwei handbetriebenen Korbpressen.

Jeremy Walker verließ nach dem Herbst 91 das damals kleinste Weingut Stellenboschs, um sich auf der Grangehurst Winery selbständig zu machen. Unter der Leitung des Elsenburg-Önologen Guy Webber wurde dann der wahrhaft südafrikanische Verschnitt «Auret» kreiert: Er enthält neben Cabernet Sauvignon und Merlot den landestypischen Pinotage. Diese Rebsorte, die ausschließlich in Südafrika angebaut wird, macht jedes Cuvée zu einem Kap-Original.

Im Herbst 1997 hat sich, nach drei Jahren Praxis im Kellerbereich der Stellenbosch Universität, die junge Adéle Louw an die Arbeit gemacht, um nach ihrem Motto «Wein ist Wissenschaft und Kunst zugleich», den Erfolgskurs fortzusetzen.

Besuchszeiten:	*Montag bis Freitag:*	*8.30 Uhr bis 17.30 Uhr*
	Samstag:	*9.00 Uhr bis 13.00 Uhr*
Anschrift:	*Clos Malverne, Box 187, Stellenbosch 7599*	

Telefon: *021/882 2022*
Fax: *021/882 2518*
Anfahrt: *Von Stellenbosch die R310 Richtung Kuils River, nach drei Kilometern in die Devon Valley Road abbiegen, weitere vier Kilometer.*

Weinangebot in Kisten à 12 Flaschen: Auret 1500, Pinotage Reserve 2600, Pinotage 5000, Devonet 5000, Cabernet Sauvignon 1500, Sauvignon 3340.

Devonet (B) **'96** Cabernet Sauvignon 75%, Merlot 15%, Shiraz 10%. Früh trinkreifer, charmanter, würziger Blend. Am Gaumen Schokolade, Pflaumen, Paprika, Brombeeren. Leichter Holztouch – gut ausbalanciert. **'95** Cabernet Sauvignon 65%, Merlot 35%. Cassis, eingelegte Waldfrüchte, erdig-mineralische Note. Kräftig – trinken bis 1998.

***Pinotage** (B) **'96** 15% Merlot. Dunkles Purpur. Schon sehr ausgewogen. Viel Frucht. Gewürznelke, Lakritze. Gerbstoffreich – braucht noch ein Jahr, um sich zu harmonisieren. **'95** Etwas leichter. Süßlicher Kirschton. Schon trinkreif, hält sich aber noch zwei Jahre.

****Pinotage Reserve '95** (C) Acht Monate französische Neverseiche (10% amerikanisches Holz). Tiefdunkles Purpur. Volle, üppige, reife Kirsche/Pflaume. Dominante, aber feine Tannine. Holz in die Frucht integriert. Reiches Aromaspektrum. Sehr gute Struktur. Im langen Nachhall Vanille, Tabak, Leder. Insgesamt ein sehr komplexer Pinotage, der jetzt schon schmeichelt, aber noch viel erwarten läßt.

Auret (C) Faßprobe: **(****) '96** Cabernet Sauvignon 50%, Pinotage 35%, Merlot 15%. Neun Monate Neverseiche, teils amerikanisches Holz. Sehr dichtes Schwarzrubin. In der Nase würzig-toastig. Viel Stoff und Schmelz. Ein Maul voll Wein und alles in Balance – keine Rebsorte dominiert. Sattes Tannin. Reife Maulbeeren und Brombeeren, Schokolade. Gut strukturiert mit langem Abgang. **** **'93** Dunkles Granat. Duftet nach Minze und Kirschen. Vollmundig und kräftig mit trockenem, noch hartem Tannin. Langanhaltend. Braucht in jedem Fall noch drei bis vier Jahre der Reife, um sich zu öffnen.

Bezugsquellen: 49

Delaire

Weinbaugebiet:	*Stellenbosch*
Erste Abfüllung:	*1985 Rhine Riesling, 1985 Blanc de Noirs*
Rebfläche:	*19,3 Hektar*
Besitzer:	*Masud Alikhani*
Leitung:	*Jan van Rooyen*

«Weinberge des Himmels» nennen Liebhaber die hoch am Helshoogte-Pass gelegenen Rebgärten. Bei Verkostungen und einem Mittagessen im angeschlossenen Restaurant eröffnet sich dem Gast des Weinguts ein grandioses Gebirgspanorama. Am höchsten Punkt des Anwesens schweift das Auge vom Groot Drakenstein-Tal im Osten über den Tafelberg bis hin in die dunstige Ferne der geschwungenen False Bay.

«Der Wein ist die Unterschrift des Weinmachers», sagt der vor allem für einen eleganten Chardonnay verantwortliche Jacques Fourie. Beim Ausbau in französischen Barriques verzichtet er auf die Battonage, das zeitweilige Aufrühren der zu Boden gesunkenen Trubstoffe. Dadurch bleiben Zitrusaromen und die frische Art besser erhalten. Mit dem Sauvignon blanc hatte er ein technisches Problem: Die Kühlung der Tanks versagte. Ein Tag lang gärte er bei über 27 Grad Celsius. Unerwarteterweise wurde der Wein sogar besonders gut. So lernt man dazu!

Fourie führte den Cape-Port auf Delaire ein und nahm umfangreiche Cabernet- und Sauvignon-blanc-Bepflanzungen vor – gute Voraussetzungen für Jan van Rooyen, der ihn ablöst. Denn Fourie geht für einige Zeit ins Ausland um sich fortzubilden.

Neuer Besitzer der wunderschönen Farm neben Thelema am Simonsberg ist der internationale Geschäftsmann Masud Alikhani. Mit ihm kam die nötige Finanzspritze und mit ihr neue Kellertechnik und neunzig neue Barriques.

Besuchszeiten: *Montag bis Samstag:* *10.00 Uhr bis 17.00 Uhr*

Anschrift:	*Delaire*
	Box 3058, Stellenbosch 7602
Telefon:	*021/885 1756*
Fax:	*021/885 1270*
Restaurant:	*Dienstag bis Samstag: 12.00 Uhr bis 14.00 Uhr*
	Von Oktober bis April sind Picknickkörbe erhältlich.
Anfahrt:	*Von Stellenbosch die R310 Richtung Franschhoek, nach etwa fünf Kilometern rechts.*

Weinangebot in Kisten à 12 Flaschen: 6000 Kisten insgesamt, 4000 weiß, 2000 rot. Chenin blanc, Sauvignon blanc, Weisser Riesling, Merlot, Cabernet Sauvignon.

Sauvignon '95 Blumiger, grasiger Duft. Recht leichter, gefälliger Sauvignon ohne Ecken und Kanten. Tankprobe: **'96** Knackige Säure, voller und reifer als der 95er. Angenehme Zirusfrüchte.

Chardonnay '96 Sieben Monate in französischen Barriques. Kein mächtiger Chardonnay, eher elegant und finessenreich. Das Holz ist gut in die Frucht integriert.

Barrique '92 Merlot 62%, Cabernet Sauvignon 38%, 12 Monate in französischen Barriques. In der Nase etwas Karamel und Minze. Am Gaumen recht tannin- und holzbetont. Von mittlerem Körper. Trinkreif etwa 1998. Die Jahrgänge **'93** und **'94** haben mehr Fülle und Konzentration.

In guten Botrytis-Jahren wird vom Riesling ein sehr feiner Süßwein hergestellt: ***La Dorée Noble Late Harvest**

Bezugsquellen: Bisher keine Vertretung in Europa.

Delheim Wines

Weinbaugebiet:	*Stellenbosch*
Erste Abfüllung:	*1949 Muscat, Cabernet, Riesling*
Rebfläche:	*150 Hektar*
Besitzer:	*Spatz Sperling*
Leitung:	*Keller: Philip Constandius*

Sperlinge fliegen in Südafrika umher wie überall auf der Welt. Ein deutscher Spatz aber macht sich mit Witz auf einigen Etiketten Delheims bemerkbar. Warum ? Sie werden es gleich verstehen…

Die ersten Rechte auf den Besitz Delheim wurden 1699 Lorenz Kamfer aus Pommern übertragen. 250 Jahre später sorgte die Frau eines nachfolgenden Besitzers, Del Hoeisen, nach der das Weingut benannt ist, für geschäftlichen Nachwuchs und heuerte ihren Neffen Michael «Spatz» Sperling an. Der reiste ohne viel Geld in der Tasche von Deutschland nach Stellenbosch und leitet nun schon seit vielen Jahren die erfolgreiche Unternehmung. Einfallsreich zeigt sich sein Name auf drei beliebten Etiketten der 18 Weine, die vom leichten Tafelwein bis hin zum langlebigen «Vin de garde» jedem Geschmack etwas bieten.

Ihren Genuß verdanken sie dreierlei: Ein pfiffiger Önologe, Philip Constandius, Liebhaber von Merlot (den er bisher nur als exklusiven Versteigerungswein kreiert), hat die Möglichkeit, im Keller von moderner und funktionell durchdachter Technik Gebrauch zu machen und kann dabei auf eine große Fläche gut bewirtschafteter Weinbergsparzellen am Simonsberg zurückgreifen.

Delheim ist schon wegen seiner Gartenterrasse mit unvermutet grandiosem Ausblick einen Ausflug wert. Den Besuchern werden dort mittags kleine Speisen angeboten. Von Delheim aus starten zahlreiche Mountainbike-Touren.

Besuchszeiten:	*Montag bis Freitag:*	*8.30 Uhr bis 17.00 Uhr*
	Samstag:	*8.30 Uhr bis 15.00 Uhr*
Nov. - Feb.:	*Sonntag:*	*11.30 Uhr bis 15.00 Uhr*
Anschrift:	*Delheim Wines*	
	Box 10, Koelenhof 7605	

Telefon:	*021/882 2033*	
Fax:	*021/882 2036*	
Restaurant:	*Montag bis Samstag:*	*11.30 Uhr bis 14.00 Uhr*
Nov. - Feb.:	*Sonntag:*	*11.30 Uhr bis 14.00 Uhr*
Anfahrt:	*Von Stellenbosch die R44 Richtung Paarl, nach etwa fünf Kilometern rechts, an Muratie vorbei.*	

Weinangebot in Kisten à 12 Flaschen: 83350 Kisten insgesamt, 50000 weiß, 43350 rot.

Sauvignon blanc '96 (B) In der Nase Apfel- und Ananasaromen. Erfrischend lebendige Säure. Wohl ausgewogen.

***Semillon '96** (B) (Erst seit 1995) 11,5%vol. 2g/l Restzucker. Einer der wenigen guten in Südafrika (siehe auch Eikehof). Trockener, runder, eigenständiger Weißwein, der sich gut als Aperitif eignet.

***Cabernet Sauvignon '95** (C) Mit 5% Merlot, sechs Monate in französischen Barriques. In der Nase holzbetont, aber auch Noten von Veilchen und Bananen. Am Gaumen etwas süßlich, trotzdem noch gerbstoffreich und ziemlich unzugänglich. Braucht zwei bis drei Jahre der Lagerung.

***Grande Reserve '93** (C) Cabernet Sauvignon 74%, Merlot 26%, 12 Monate in 6000-Liter- Holzfäßern, danach weitere 12 Monate in französischen Barriques. Dunkles Rubin mit bräunlichen Reflexen. Cassis-Nase. Im Geschmack schon recht zugänglich, sehr mineralisch mit kräftigen, reifen Tanninen. Im Abgang noch holzbetont, aber jetzt schon sehr gut zu Steaks und anderen Grillgerichten.

***Edelspatz Noble Late Harvest '96** (C) Weißer Riesling und Bukettraube. 11%vol., 150g/l Rz, 7,5g/l S. Helles Goldgelb. Intensives Pfirsicharoma. Am Gaumen getrocknete Früchte. Insgesamt mittelgewichtig mit ausreichender Säure. Nicht so opulent wie viele andere Noble Late Harvest.

Bezugsquellen: 16, 58

Blick vom Weingut Delheim, Stellenbosch, auf den Tafelberg

Weingut De Wetshof, Robertson

De Wetshof Estate

Weinbaugebiet:	*Robertson*
Erste Abfüllung:	*1973 Steen dry, 1974 Riesling dry, Steen*
Rebfläche:	*167 Hektar*
Besitzer/Leitung:	*Danie und Lesca de Wet*

Oasengleich begrünt der Breede River sein Tal seitlich der Karoo-Halbwüste. Zwei Autostunden von Kapstadt entfernt, offenbart sich der einzigartige Reiz dieser Region – zur linken karges Hügelland, zur rechten ein bezaubernd fruchtbares Obst- und Weinbaugebiet.

In den siebziger Jahren zweifelte man an der Vision Danie de Wets, in Robertson weniger Alkoholstarkes als Brandy und gespriteten Wein zu erzeugen. De Wet, der eine Zeitlang in Geisenheim studiert hatte, beharrte jedoch auf seiner Meinung und leistete bald Pionierarbeit im Weißweinbereich. Den sehr kalkhaltigen, jedoch durstigen Böden Robertsons stellt er ein ausgeklügeltes, computergesteuertes Tropfbewässerungssystem entgegen, von dem noch einige andere Betriebe in der Gegend wie Springfield oder Graham Beck Gebrauch machen. Technik ist auch die Antwort auf glutheiße Erntetage: Siebzig Prozent der Lese erfolgt maschinell mit Hilfe eines Vollernters, der rasches Einbringen des Traubengutes bei kühlen nächtlichen Temperaturen ermöglicht. Im Keller setzt sich der Fortschritt konsequent und erfolgreich fort. Um eine reintönige, langsamere Vergärung zu fördern, durchlaufen alle Moste einen Separator, in dem ihr Trubanteil durch Zentrifugalkräfte verringert wird. Der Separator erspart vor allem aber zeitraubendes Absitzenlassen in Tanks; durch den zügigen Klärvorgang gewinnt der Kellermeister Tankkapazität.

Zwischen Dezember und März werden die Trauben manchmal unter einer dicken Nebelschicht von der Edelfäule befallen – nützlich für einen feinen Dessertwein. Trotz vieler Verpflichtungen, die sich aus seiner Position im obersten Kontrollgremium der KWV ergeben, findet de Wet genügend Zeit für seine preisgekrönten trockenen und edelsüßen Weißweine.

Besuchszeiten:	*Montag bis Freitag:*	*8.30 Uhr bis 16.30 Uhr*
	Samstag:	*10.00 Uhr bis 13.00 Uhr*

Anschrift: *De Wetshof Estate*
Box 31, Robertson 6705
Telefon: *0234/518 53/7*
Fax: *0234/519 15*
Anfahrt: *Von Robertson etwa 14 Kilometer Richtung Bonnievale, auf der linken Seite.*

Weinangebot in Kisten à 12 Flaschen: 40000 Kisten insgesamt, ausschließlich Weißwein.

****Blanc de Wet '96** (B) Sauvignon blanc 80%, Chardonnay 10%, Cape Riesling 10%. Frisch-fruchtig, Sauvignonbetont mit rassiger Säure. Ein idealer, leichter, trockener Sommerwein für die Terrasse.

Die Chardonnay-Rebstöcke sind im Durchschnitt zwölf Jahre alt.

****Chardonnay Bon Vallon '96** (B) 12,6%vol. Lemonen-Minze-Aroma in der Nase. Stark geprägt durch die 80tägige Lagerung auf der Hefe. Wirkt dadurch sehr mineralisch und säurebetont, mit nussigem Abgang.

*****Chardonnay Finesse (Lesca) '96** (C) 12%vol. Zwei Monate in französischen Barriques. Helles Gelb. Grapefruitnase. Am Gaumen reifer Eindruck, mundfüllend mit leichten Holznuancen. Etwas weniger säurebetont als die anderen De Wetshof-Chardonnays. Zu trinken bis 1998.

*****Chardonnay d'Honneur '95** (C) 13%vol., 2,2g/l Restzucker. Sechs Monate in neuen französischen Barriques. Strohgelb. Im Bouquet Röstaromen. Am Gaumen fruchtbeladen, reichlich Lemonen und Aprikosen. Würziges Mandelfinale. Lagerungspotential bis etwa 2000.

******Chardonnay Bateleur** (D) Danie de Wets persönliche Auswahl der Fässer mit der höchsten Finesse und Komplexität. 1994 gab es keinen. **'95** 12,6%vol., 2,2g/l Restzucker. Acht Monate in neuen französischen Barriques. Helles Goldgelb. Reichlich Zitrusfrüchte in der Nase. Im Mund voluminös, aber dennoch elegant. Das Holz ist zurückhaltender und besser eingebunden als beim d'Honneur. Insgesamt ist der Wein aber noch wenig ausdrucksvoll – besser in einem Jahr. Sehr gutes Reifepotential bis etwa 2002.

Außerdem zu empfehlen der aus botrytisinfiziertem Lesegut gewonnene Weiße Riesling **Edeloes '91 (****)**, 9,8%vol., 114 g/l Restzucker, 11 g/l Säure.

Bezugsquellen: 7, 11, 49, 53

Die Krans Estate

Weinbaugebiet:	*Klein Karoo*
Erste Abfüllung:	*1979 Cape (Port), Tinta barocca, Pinotage*
Rebfläche:	*60 Hektar*
Besitzer/Leitung:	*Boets und Stroebel Nel*

Wen es von Robertson aus noch einmal 200 Kilometer nach Osten verschlägt, sollte sich neben den berühmten Cango Caves (Tropfsteinhöhlen) und den Straußen-, Krokodil- und Gepardenfarmen auch die Weine von Die Krans Estate nicht entgehen lassen. Mit ihnen haben sich Boets und Stroebe Nel schon so manche Goldmedaille verdient.

Boets Nel scheut die Arbeit nicht: Er beendete sein zweites Diplom an der Cape Wine Academy, arbeitete einen Herbst bei Mount Langi Ghiran in Australien, sorgte für neue Etiketten und organisierte als Vorsitzender das Calitzdorp Cape-Port Festival.

Das trockene Land der Klein Karoo muß bewässert werden – 250 mm Niederschlag pro Jahr wären nicht ausreichend. Die heißen Sommer sind jedoch gerade recht, um Sorten wie Tinta barocca für einen der besten südafrikanischen «Ports», Muskateller für gespriteten Jerepigo sowie Hars Levelü und Fernao pires für guten trockenen Weißwein gedeihen zu lassen. Chardonnay und Cabernet Sauvignon werden von Jahr zu Jahr besser, was deutlich macht, daß das Anbaugebiet Klein Karoo sich auch für die Erzeugung anständiger trockener Weine eignet.

Das Weingut liegt eingebettet in Weinberge im malerischen Gamka River Tal. Die Farm wurde 1890 von der Familie Nel erworben. Die Krans war einst Teil vom benachbarten Boplaas Estate, heute bewirtschaftet von Bruder Carel Nel, ebenfalls Portweinspezialist.

Besuchszeiten:	*Montag bis Freitag:*	*8.00 Uhr bis 17.00 Uhr*
	Samstag:	*9.00 Uhr bis 13.00 Uhr*
Anschrift:	*Die Krans Estate, Box 28, Calitzdorp 6660*	
Telefon:	*04437/333 64*	
Fax:	*04437/335 62*	
	Ab 10 Personen ist ein Winzeressen nach vorheriger Vereinbarung möglich.	
Anfahrt:	*Von Calitzdorp die R62 Richtung Oudtshoorn, rechts in die van Riebeeck Street, weiter geradeaus in die Station Street, auf der linken Seite.*	

Weinangebot in Kisten à 12 Flaschen: Chardonnay 2000, Grand Vin Blanc 1000, Cabernet Sauvignon 1500, Pinotage 1000, Cape Ruby (Port) 2000, Cape Vintage (Port) 1000, Cape Vintage Reserve (Port) 500, White Muscadel Jerepigo 1000, Heritage Collection White J. 500 .

****Cabernet Sauvignon '94** Duftet nach Himbeeren und Bananen. Fruchtbetont mit trockenem Tannin. Braucht ein bis zwei Jahre Reifezeit.

****Cape Ruby (Port)** Ohne Jahrgang. Verschnitt aus Tinta barocca (85%) und Shiraz (15%). Ein Jahr in alten Holzfässern. 18%vol., 100g/l Restzucker. Süßlich-fruchtig und ziemlich kräftig. Sollte besser noch ein Jahr liegen bleiben, damit die Gerbstoffe weicher werden.

******Cape Vintage Reserve (Port) '94** Wie Anton Bredell und Carel Nel strebt auch Boets Nel bei seiner Vintage Reserve einen niedrigeren Restzucker- und einen höheren Alkoholgehalt an. Im Vergleich zu den Vintage Reserves von J. P. Bredell und Boplaas Estate ist er fruchtiger und eleganter und nicht ganz so voll und konzentriert. Allerdings auch noch sehr verschlossen mit deutlich festem Tannin.

Bezugsquellen: Wird bisher nur nach Holland (Franet Management, Tel/Fax: 31/2522 32067) exportiert.

Dieu Donné Vineyards

Weinbaugebiet:	*Franschhoek*
Erste Abfüllung:	*1986 Chiara de Lucque, Fait de Foi*
Rebfläche:	*40 Hektar*
Besitzer:	*Familie Maingard*
Leitung:	*Stefan du Toit*

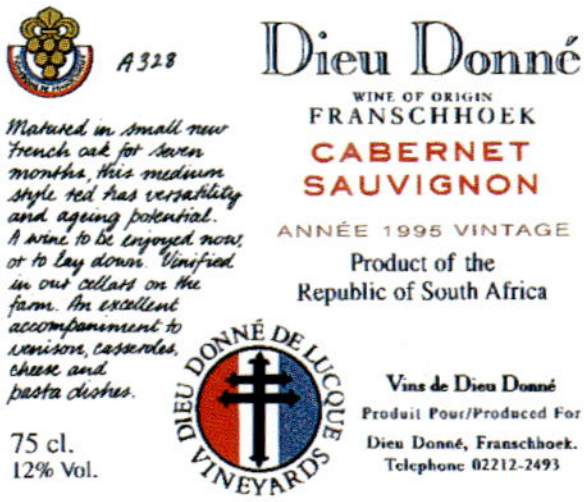

Nach Francois Malherbe, der sich nun ganz seiner eigenen Weinfarm Eikehof widmet, wurde Stefan du Toit neuer Kellermeister dieses schön gelegenen Weingutes in Franschhoek. Der Wechsel ist Teil der Wandlung des Unternehmens, das sich Ende 1997 von einer ganz anderen Seite zeigen wird: Ein Restaurant entsteht und die Kellerei wird in die Flanke des Hügels gegraben.

Damit entsteht ein völlig neues Dieu Donné. Zu ihm gehört auch die 20 Hektar große umlängst erschlossene Rebfläche in der Nähe des L'Ormarins Estate. Hier wurde hauptsächlich Cabernet Sauvignon, aber auch Shiraz, Merlot und etwas Pinotage gepflanzt. Die ersten drei dieser Rebsorten könnten, so du Toit, im zukünftigen Paradewein verschnitten werden. Rebsorten wie Colombard und Chenin blanc werden zudem durch Sauvignon blanc und Chardonnay ersetzt. Die bisherige Produktion von 10000 Kisten soll mindestens auf das Dreifache vergrößert werden – typisch für die momentane Entwicklung des Kapweinbaus.

Der frisch gebackene Weinmacher will auch im Weinstil neue Wege gehen. Sein Chardonnay soll fast ausschließlich in neuen Barriques vergoren werden; der Sauvignon blanc wird konsequent reduktiv ausgebaut. Um den Rotwein müssen wir uns mit Sicherheit keine Sorgen machen: Du Toit war zuvor sieben Jahre für die Rotweinproduktion bei Nederburg zuständig.

Besuchszeiten:	*Montag bis Freitag:*	*9.30 Uhr bis 16.30 Uhr*
	Samstag:	*9.30 Uhr bis 12.30 Uhr*
Anschrift:	*Dieu Donné Vineyards*	
	Box 94, Franschhoek 7690	
Telefon:	*021/876 2493*	
Fax:	*021/876 2102*	

Anfahrt: *Von Franschhoek die R45 Richtung Paarl, rechts in die Uitkyk Street und zwei Kilometer geradeaus.*

Weinangebot in Kisten à 12 Flaschen: 35000 insgesamt, 24500 rot, 10500 weiß.

****Sauvignon blanc '95** (B) 13%vol. Noch im oxidativen Stil ausgebaut: würzig, harzig, von mittlerem Körper. Binnen eines Jahres zu trinken.

*****Chardonnay '95** (B) Sieben Monate in teils neuen Barriques. 13%vol. In der Nase reife Birnen und Röstaromen. Am Gaumen recht kräftig und stark vom Holz geprägt (rauchig-toastig). Angenehmer, langer Abgang.

****Merlot '94** (B) 13%vol. Dunkles Rubin. In der Nase grüne Paprika. Im Geschmack sehr trocken, erdig, mit viel festem Tannin. Braucht zwei bis drei Jahre Reifezeit.

*****Cabernet Sauvignon '94** (C) Zu 75% in gebrauchten französischen und amerikanischen Eichenholzfässern. 12%vol. Dunkles Granat mit leicht bräunlichen Reflexen. Typische Cabernet-Nase: würzig-pfeffrig. Setzt sich im Geschmack fort. Mittelgewichtig mit viel feinem, trockenem Tannin. Gutes Reifepotential.

Bezugsquellen: 24, 40

Eikehof

Weinbaugebiet:	*Franschhoek*
Erste Abfüllung:	*1992 Semillon, 1993 Cabernet, Chardonnay*
Rebfläche:	*33 Hektar*
Besitzer:	*Tielman Malherbe*
Leitung:	*Francois und Elize Malherbe*

Der junge Familienvater Francois Malherbe, dessen Name auf Hugenottenabstammung deutet, hat den Kellermeisterposten bei Dieu Donné an den Nagel gehängt und sich ganz seiner eigenen Farm zugewandt. Vorher hatte er seinen Wein ganz nebenbei in einer alten Scheune erzeugt. Semillon, Chardonnay, Cabernet und frisch gepflanzter Merlot erbringen inzwischen Qualitäten, die weit höher rangieren, als ihr tiefer Preis vermuten läßt.

Der Besitz ist schon über neunzig Jahre in den Händen seiner Familie. Das gleiche Alter haben auch die Semillonreben, von denen Francois Malherbe noch heute Trauben für seinen majestätischen Weißwein erhält. Generell läßt sich sagen, daß alte Reben niedrigere, doch qualitativ hochwertige Erträge erbringen als junge. Oft sind sie allerdings stark von Rebviren befallen, was sich auf ihre Leistung zusätzlich mindernd auswirkt. Das hohe Alter bringt aber auch mit sich, daß mehr altes Holz zum Speichern von Reservestoffen zur Verfügung steht. Außerdem konzentriert die ältere Rebe (sowie die Rebe, die auf kargem Boden gedeiht) ihre Energie- und Nährstoffversorgung auf die Entwicklung der Beeren. Deshalb sind Weine von alten Reben häufig konzentrierter und komplexer im Geschmack.

Eikehof konnte bisher nicht besucht werden. Das soll sich nun aber ändern: Unter den alten Eichen des Anwesens wird Platz für stimmungsvolle Verkostungen geschaffen.

Besuchsszeiten: *Nach Vereinbarung*
Anschrift: *Eikehof*
Box 222, Franschhoek 7690
Telefon/Fax: *021/876 2469*
Anfahrt: *Von Franschhoek etwa fünf Kilometer die R45 Richtung Paarl, links gegenüber dem La Motte Estate.*

Weinangebot in Kisten à 12 Flaschen: Semillon 1000, Chardonnay 1000, Cabernet Sauvignon 1500, in Zukunft auch Merlot.

******Cabernet Sauvignon '95*** (C) Sechs Jahre alte Rebstöcke. Fünf Monate in 300-Liter-Eichenholzfässern. 13%vol. Dunkles Rubin. In der Nase noch verhalten. Im Geschmack schwarze Johannisbeermarmelade und getrocknete Pflaumen. Braucht mindestens noch zwei bis drei Jahre der Reife, damit sich die Tannine glätten und die Frucht sich öffnen kann.

********Semillon '95**** (B) Vier Monate in Burgunderfäßern. Helles Goldgelb. In der Nase Wachs- und Harztöne. Am Gaumen sehr komplex und tief mit erdigen, honigartigen Nuancen. Das Holz ist perfekt integriert und nur im Nachhall in Form von feinen Röstaromen zu spüren. Mit zunehmender Reife gewinnt der Wein an Komplexität – die Honigtöne nehmen zu. Der schönste trockene Semillon des Kaps!

Bezugsquellen: 24

Eikendal Vineyards

Weinbaugebiet:	*Stellenbosch*
Erste Abfüllung:	*1984 Sauvignon blanc, Blanc de Blanc*
Rebfläche:	*85 Hektar*
Besitzer:	*AG für Plantagen*
Leitung:	*Josef Krammer*

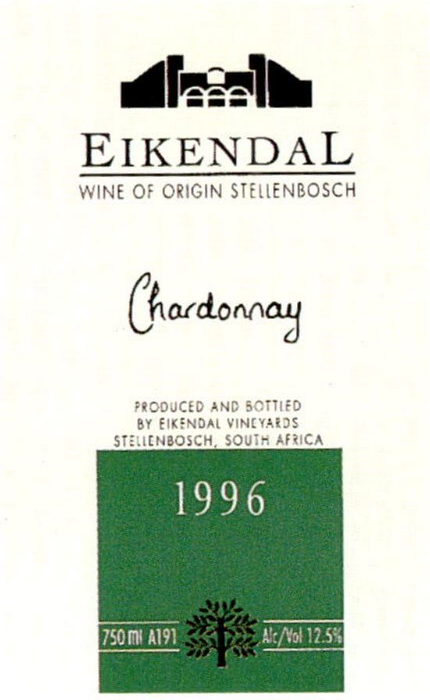

Alte und neue Welt ergänzen sich bestens auf diesem Weingut: Die Weinberge und das im kalifornischen Stil erbaute Kellergebäude werden von einem Österreicher bewirtschaftet. Die Schweizer Küche, aufgetischt im kamingeheizten, großen Restaurant, ist bei Einheimischen sehr beliebt. Wir empfehlen Ihnen, sich einen Tisch für das winterliche Käsefondue mit Glühwein und Tanz zu reservieren und versprechen einen stimmungsvollen Abend in urig-geselliger Atmosphäre.

Josef Krammer ist von sanfter Freundlichkeit und der ruhende Pol des Unternehmens. Vor 25 Jahren schon reiste er ans Kap, war bei Delheim und Villiera beschäftigt und hat seit 1986 den Posten als General Manager and Winemaker auf Eikendal. Seine Weine sind nie enttäuschend, eher karg, aber fein im Geschmack und in ihrer Erscheinung allesamt blitzblank. Gewissenhaft geht er im Keller und auch bei der Rebpflege vor. Nach der Blüte im November erreicht man durch das Vorentspitzen – das Abbrechen der Spitzen von zu weit entwickelten einzelnen Trieben – einen gleichmäßigeren Triebwuchs. Ebenso dient das Ausdünnen von Gescheinen, den Blütenständen aus denen sich die Trauben später entwickeln, der Qualitätsverbesserung. 1990 wurde die Hälfte der Rebfläche am Helderberg mit neuen Klonen bestockt. Das Niveau der Weine steigt jährlich, was bei der Weintaufe jedes Jahr im April auf Eikendal gefeiert wird.

Besuchszeiten:	*Montag bis Freitag:*	*9.00 Uhr bis 17.00 Uhr*
	Oktober bis April	
	Samstag:	*9.00 Uhr bis 12.30 Uhr*

	Mai bis September	
	Samstag:	*10.30 Uhr bis 15.00 Uhr*
	Jeden Sonntag:	*10.00 Uhr bis 15.00 Uhr*
Anschrift:	*Eikendal Vineyards*	
	Box 2261, Stellenbosch 7600	
Telefon:	*021/855 1422*	
Fax:	*021/855 1027*	
	Jeden Sonntag Mittagessen; von November bis April Austern und Sekt. Von Juni bis September jeden Freitag um 19.30 Uhr Schweizer Käsefondue. (Für beides vorherige Reservierung notwendig.)	
Anfahrt:	*Von Stellenbosch etwa zehn Kilometer die R44 Richtung Somerset West, auf der linken Seite.*	

Weinangebot in Kisten à 12 Flaschen: 30000 Kisten insgesamt, 15000 rot, 15000 weiß. Sauvignon blanc, Chardonnay, Chenin blanc, Pinot noir, Merlot, Cabernet Sauvignon, Brut.

***__Chardonnay '96__ (C) Sechs Monate in zur Hälfte neuen französischen Barriques. Helles Gelb. In der Nase verhalten. Am Gaumen mittelschwer, sehr fruchtbetont. Recht viel feines, angenehmes Holz, süßlich–würzig. Ausgestattet mit einer guten Säure (trotz biologischen Säureabbaus). Durchaus lagerfähig.

**__Merlot '94__ (C) Zehn Monate in französischen Barriques (30% neu). Purpurrot. Angenehme Kirschnase. Im Gegensatz zu vorherigen Jahrgängen noch nicht so zugänglich: Die Tannine zeigen sich adstringierend und ziemlich fest. Das Holz ist gut eingearbeitet und sorgt für angenehmen Nachhall. Harmonischer in ein bis zwei Jahren.

Cabernet Sauvignon (C)*** **'94** Stammt zum Großteil von den neuen Klonen. 18 Monate in zu 25% neuen französischen Barriques. Mittleres Rubin. In der Nase feine Holzwürze. Im Geschmack volle und wesentlich intensivere Beerenfrucht als bei älteren Jahrgängen. Das feine Tannin sorgt für einen guten Abgang. Wahrscheinlich der beste Rotwein Eikendals. ** **'93** Hauptsächlich von den alten Klonen. 20 Monate in großen Fässern. Mittelgewichtig mit recht harten Tanninen und weniger fruchtbetont. Sollte besser noch ein Jahr reifen.

****Classique '94** (C) Cabernet Sauvignon 65%, Merlot 35%. 20 Monate in zu 30% neuen Barriques. Dunkles Rubin. Weicher und harmonischer als der reinsortige Cabernet. Jetzt optimal.

*****Chenin blanc Special Late Harvest '96** (B) 49g/l Restzucker. Nur in botrytisreichen Jahren. In der Nase reife tropische Früchte. Ausgesprochen lebhaft, sehr gutes Süße-Säure-Verhältnis, gute Substanz. Langanhaltend.

Bezugsquellen: 5, 30

Fairview Estate

Weinbaugebiet:	*Paarl*
Erste Abfüllung:	*1974 Cabernet Sauvignon, Pinotage, Shiraz*
Rebfläche:	*225 Hektar*
Besitzer/Leitung:	*Charles Back*

Mit lässiger Zielgenauigkeit spuckt Charles Back den verkosteten Wein in den Eimer zu seinen Füßen. Er landet einen Volltreffer nach dem anderen – nicht nur was seine Weine angeht, von denen jährlich tausend Tonnen reißenden Absatz finden – auch mit der Produktion von Ziegen- und Schafskäse liegt er im Trend und offeriert den zahllosen Besuchern eine schmackhafte Auswahl davon. Der Ziegenturm mit Wendeltreppe ist eine vielfotografierte Attraktion des Weinguts.

Back repräsentiert in extremer und vielleicht bester Form einen für Südafrika neuen Weinstil: den Typus Wein der durch vordergründige Frucht und Weichheit schon nach kurzer Zeit charmant und leicht zugänglich ist. Mit Hilfe kreativer und unkonventioneller Methoden tut er alles, um adstringierende Gerbstoffe auszuschließen und das kompakte Beerenaroma hervorzuheben: Die Roten unterzieht er der vor allem im Beaujolais angewandten Kohlensäuremaischung. Bei ihr setzt in einer kohlensäuregesättigten Atmosphäre die Gärung innerhalb ganzer

Beeren ein. Unter dem Eigengewicht der Trauben tritt Saft aus, der Farbe und Frucht, aber nur wenig Tannin aus den Schalen aufnimmt.

Fairviews Weißweine werden sanft mit den Rappen gepreßt. Der Verschnitt von früh- und spätgelesenem Traubengut schafft Rückgrat und Sortencharakter zugleich. Ein breit gefächertes Angebot zum Teil gewagter Blends verspricht unkomplizierten, speziellen Genuß.

Besuchszeiten:	*Montag bis Freitag:*	*8.00 Uhr bis 17.30 Uhr*
	Samstag:	*8.00 Uhr bis 13.00 Uhr*
Dez.-März:	*Samstag:*	*8.00 Uhr bis 17.00 Uhr*
Anschrift:	*Fairview Estate*	
	Box 583, Süd-Paarl 7625	
Telefon:	*021/863 2450*	
Fax:	*021/863 2591*	
Anfahrt:	*Von Paarl die N1 Richtung Kapstadt, nach etwa zwei Kilometern rechts auf die WR3, nach weiteren zwei Kilometern rechts.*	

Weinangebot in Kisten à 12 Flaschen: Insgesamt 112500 Kisten, 74250 rot, 32625 weiß, 5625 rosé.

***Pinotage '95 (C) 13,3%vol. 12 Monate in gebrauchten französischen und amerikanischen Barriques. Dunkles Purpur. Mittlerer Körper mit geschmeidigem weichem Tannin. Charmante, volle Frucht (reife Pflaumen). Im Nachhall angenehme Holznote. Sauber gemachter Pinotage.

**Shiraz '96 (C) 12 Monate in gebrauchten französischen und amerikanischen Barriques. Pfeffer und Paprika in der Nase. Viel reife, süße Frucht, gute Substanz, samtig. Trinkreif – hält sich aber zwei bis drei Jahre.

***Cabernet Franc-Merlot '94 (C) 70 zu 30. 12 Monate in gebrauchten französischen und amerikanischen Barriques. Minzenase. Im Geschmack gefällige, runde Tannine. Stark geprägt vom aromatischen Cabernet Franc. Ausgewogen und lang.

***Tower Red '96 (D) Cabernet Sauvignon 40%, Merlot 40%, Malbec 20%. In neuen Barriques ausgebaut. Tiefdunkles Rubin. Viel Stoff, samtig in der Struktur. Reiches, noch festes Tannin. Etwas Cassis, Schokolade, Nüsse. Das Holz ist schon gut in die kompakte Frucht integriert. Sollte aber besser noch zwei bis drei Jahre liegen bleiben.

****Zinfandel-Cinsault '96** (C) 55 zu 45. Dichtes, kräftiges, alkoholreiches (14,5%), stark holzbetontes Cuvée. Cinsault kaum spürbar.

Cyril Back Reserve '96 Pinotage (D) Jährlich wählt Charles Back zum Andenken an seinen Vater einen Wein außergewöhnlicher Qualität aus. Ab 1997 erhältlich.

Bezugsquellen: 2, 16, 55, 63

Glen Carlou

Weinbaugebiet:	*Paarl*
Erste Abfüllung:	*1988 Merlot, 1989 Chardonnay*
Rebfläche:	*25 Hektar*
Besitzer:	*Finlayson und Donald Hess (CH)*
Leitung:	*Walter und David Finlayson*

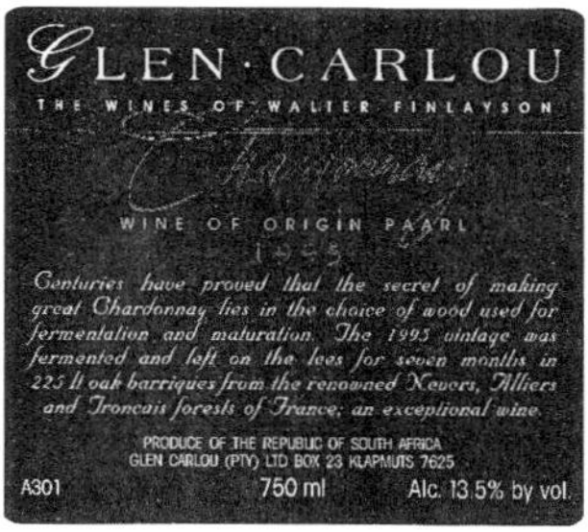

Um die Reihe seiner preisgekrönten Weine in eindrucksvollem Ambiente anbieten zu können, ließ sich Walter Finlayson für das im Vorgebirge des Simonsberges gelegene Weingut Glen Carlou etwas Besonderes einfallen: Der Besucher hat die Möglichkeit von oben in den ein Stockwerk tiefer liegenden Keller zu blicken und bei einem Glas Chardonnay, gemütlich am Geländer lehnend, in aller Ruhe der Arbeit des Winzers zuzuschauen.

Während sein Bruder Peter mit dem französischen Weinhandelshaus Bouchard Ainé et Fils in der Walker Bay ein Joint Venture einging, erlangte Walter durch Kooperation mit dem Schweizer Hess-Konzern finanzkräftige Unterstüt-

zung. 1985 entstand ein ebenso ansehnliches wie funktionelles Wirtschaftsgebäude mit großem Reetdach, wie man es am Kap häufig zu sehen bekommt.

Unter diesem Dach entstehen und reifen die komplexen Weine in kleinen Holzfässern. Ihre Kraft und ihre Finesse verdanken sie dem Terroir – schweren, steinigen Sand- und Granitböden –, dem warmen Klima der Paarl-Region, das die Trauben rasch ausreifen läßt, einer ordentlichen Drahtrahmenerziehung und zweiunddreißig Jahren weinbau- und kellertechnischer Erfahrung des zweimal vom Diners Club zum «Weinmacher des Jahres» ernannten Finlayson. (1981 ausgezeichnet für Zinfandel und 1982 für Cabernet Sauvignon – damals noch auf Blaauwklippen.)

Walter übergibt die Betriebsleitung nun allmählich seinem in Kalifornien und Australien ausgebildeten Sohn David, um sich selbst routiniert dem nächsten Projekt zuwenden zu können.

Besuchszeiten:	*Montag bis Freitag:*	*8.30 Uhr bis 16.45 Uhr*
	Samstag:	*9.00 Uhr bis 12.30 Uhr*
Anschrift:	*Glen Carlou Box 23, Klapmuts 7625*	
Telefon:	*021/875 5528-96*	
Fax:	*021/875 5314*	
Anfahrt:	*Von Paarl die R101 Richtung Kapstadt, nach etwa zwei Kilometern, kurz vor Simonsvlei Coop, links; nach etwa fünf Kilometern rechts abbiegen, nach einem Kilometer auf der linken Seite.*	

Weinangebot in Kisten à 12 Flaschen: Grande Classique 1200, Les Trois 600, Pinot Noir 700, Merlot 1000, Chardonnay 6000, Devereux 500, Cape (Port) 700.

******Chardonnay Reserve '95** (C) Acht Monate in zu 70% neuen Eichenholzfässern (auf der Hefe belassen). Helles Goldgelb. In der Nase und im Geschmack sehr intensive Grapefruit- und Barriquenoten. Viel Fruchtsubstanz. Langer Nachhall. Noch etwas verschlossen – geben Sie ihm noch ein Jahr!

****Pinot noir '95** (C) Dunkles Purpur. Rote Johannisbeeren, Ambra, Leder und Tabak in der Nase. Mittlerer Körper. Lebendige Säure, feine Struktur, sauber. Wird noch an Komplexität gewinnen.

***Merlot '95 (C) Mittleres Rubinrot. Verhaltene Nase. Am Gaumen reichlich hartes, aber edles Tannin. Üppige Maulbeerenfrucht mit angenehm unterlegten Barriquenoten. Noch verschlossen. Es lohnt sich, drei bis vier Jahre zu warten, damit er sich voll entwickelt. Potential für etwa acht Jahre. **'96** Barriqueprobe: sehr fein und tief.

****Grande Classique '93** (D) Cabernet Sauvignon 60%, Merlot 25%, Cabernet Franc 15%. 34 Monate Barrique, 13,2%vol. Dunkles Rubin. Ausgewogenes, klassisches Cuvée. Etwas süßliches Cassis, reife Kirschen, gut integriertes Holz, langanhaltend. Potential bis 2003.

***Les Trois (C) '95** Cabernet Sauvignon 75%, Cabernet Franc 15%, Petit Verdot 10%. Dunkles Granat. In der Nase intensive Beerenfrucht, etwas Vanille. Setzt sich im Geschmack fort. Im Abgang geprägt von hartem, trockenem Tannin, das sich aber in den nächsten zwei Jahren harmonisieren wird. **'93** Cabernet Sauvignon 75%, Merlot 15%, Petit verdot 10%, 14 Monate in gebrauchten Barriques. Jetzt trinkreif.

Sehr komplex, voll und ausgewogen ist der *** **'95er Cape (Port)**, etwa 70g/l Restzucker. Stammt hauptsächlich von Tinta barocca, Tinta roriz, etwas Pinot noir und Cornifesto.

Bezugsquellen: 21, 26, 60, 66

Graham Beck Winery

Weinbaugebiet:	*Robertson*
Erste Abfüllung:	*1991 Chardonnay*
Rebfläche:	*140 Hektar*
Besitzer:	*Graham Beck*
Leitung:	*Pieter Ferreira*

Das Weingut trägt den Namen seines Inhabers, des Rennpferdezüchters Graham Beck, Besitzer von Kohlengruben und von Bellingham Wines. Es liegt auf Beck's Farm Madeba, «Ort des fließenden Wassers», eine über 1850 Hektar große Fläche, deren vielfältige Nutzung für Wein-, Obstbau und Viehwirtschaft ohne die lebenspendenen Flüsse Breede- und Finchriver nicht denkbar wäre. Dreißig Familien leben und arbeiten da in dörflicher Gemeinschaft.

Beim Besuch des ländlichen Robertson fällt uns die avantgardistische Architektur des hellbraunen Hauptgebäudes ins Auge. Im Keller setzt sich der Eindruck fort: Automatisierte Rütteltechnik, computergesteuerte Temperierung der Gärbehälter und Ozonsterilisierung bei der Abfüllung sind Grundlagen der modernen Önologie, angewandt von Pieter Ferreira, der bei Achim von Arnim (Cabrière Estate) den Umgang mit Schaumwein erlernte. Obwohl Ferreira bei der zweiten Vergärung einiger Grundweine als einziger Südafrikaner kleine französische 205-Liter-Holzfässer verwendet, bestreitet er die Absicht, den Champagner kopieren zu wollen. Vielmehr entwickelte er schon nach wenigen Jahren einen eigenen Stil, der durch gelungenes Umsetzen günstiger natürlicher Voraussetzungen viel Beifall unter den Liebhabern von gutem Schaumwein findet. (Auch wenn die im traditionellen Flaschengärverfahren aus Chardonnay und Pinot Nior bereiteten Weine geschmacklich dem Champagner oft täuschend ähnlich sind, darf die Bezeichnung «Méthode Champenoise» nicht mehr verwendet werden. Heute macht man statt dessen von der Bezeichnung «Méthode Cap Classique», MCC, Gebrauch.) Doch kosten Sie auch Graham Becks Stillwein - ein ähnliches Vergnügen!

Besuchszeiten:	*Montag bis Freitag:*	*9.00 Uhr bis 17.00 Uhr*
	Samstag:	*9.00 Uhr bis 13.00 Uhr*

	Mai bis September:	
	Montag bis Freitag:	*10.00 Uhr bis 17.00 Uhr*
	Samstag nach Vereinbarung.	
Anschrift:	*Graham Beck Winery*	
	Box 724, Robertson 6705	
Telefon:	*02351/2650*	
Fax:	*02351/5164*	
Anfahrt:	*Von Robertson etwa acht Kilometer die R60 Richtung Worcester, auf der linken Seite.*	

Weinangebot in Kisten à 12 Flaschen: 30000 weiß, 18000 rot, 24000 Schaumwein.

***Lonehill Chardonnay '95** (C) Ausgebaut in zu 40% neuen französischen Barriques. Die Hälfte des Weines zusätzlich für 120 Tage auf der Hefe belassen. Strohgelb. Vanille- und Zitronenaromen in der Nase. Klarer, sehr sauber gemachter, fruchtbetonter Chardonnay mittleren Körpers. Jetzt schön zu trinken, kann aber auch zwei bis drei Jahre reifen.

***G.B.Brut** (C) ohne Jahrgang, MCC. Je zur Hälfte Chardonnay und Pinot noir. 20% in 205-Liter-Champagnerfässern. 24 Monate auf der Flaschenhefe. 10 bis 15% Anteil vom vorherigen Jahrgang. 7,5g/l Restzucker. In der Nase leichte Hefearomen. Recht große Bläschen, stark schäumend. Trocken und durch den Chardonnay mit einer guten Portion reifer Frucht ausgestattet.

****G.B.Chardonnay Blanc de Blancs '91** (D) MCC 100% Chardonnay. Zur Hälfte in 205-Liter-Champagnerfässern. Insgesamt 40 Monate auf der Flaschenhefe und weitere neun Monate so in der Flasche. 8g/l Restzucker. In der Nase Lemone und starke Röstaromen. Setzt sich im Geschmack fort. Das Holz ist aber sehr gut integriert in die reichlich vorhandene Frucht. Äußerst feines, fast cremiges Mousseux, verbunden mit aromatischen Hefetönen. Einer der großen Schaumweine Südafrikas mit hervorragendem Alterungspotential.

Bezugsquellen: 8, 24

Grangehurst Winery

Weinbaugebiet: *Stellenbosch*
Erste Abfüllung: *1992 Pinotage, Cabernet Sauvignon/Merlot*
Rebfläche: *Zugekaufte Trauben*
Besitzer/Leitung: *Jeremy Walker*

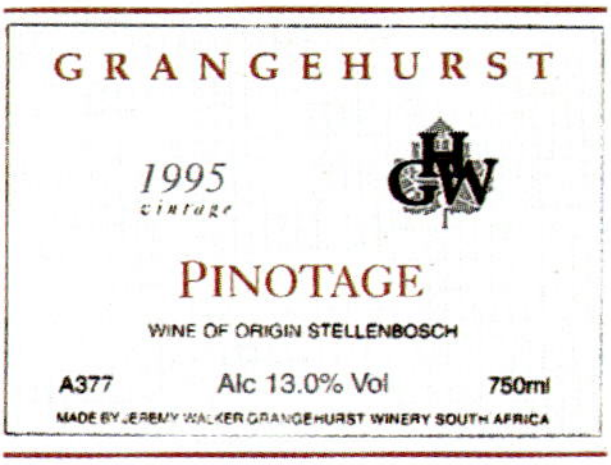

Was gehört dazu, um einen großartigen Wein zu machen? Fachwissen? Jeremy Walker studierte in Stellenbosch. Erfahrung? Walker machte sie auf Clos Malverne, in Frankreich, in Deutschland.

Eine hochmoderne Kellerei? Jeremy beweist das Gegenteil! Seine eher primitiv zu nennende Ausrüstung zeigt sich bei akutem Platzmangel in armselig chaotischer Anordnung. Die ehemalige Squashhalle auf dem verwunschenen Grundstück seiner Eltern wurde umfunktioniert und beherbergt nun das simple Gerät, mit dem der Newcomer erstaunlich ausladende, extraktreiche Rotweine schafft. Im wüsten Durcheinander von Kartons machen sich vier offene, runde Fiberglasgärbehälter, zwei Edelstahltanks, einige Holzfässer, eine alte Traubenmühle und eine kleine Korbpresse gegenseitig den Platz streitig.

Doch diese Art, Wein zu erzeugen, hat es in sich: Einfach, aber effektiv soll sie sein! Walker bevorzugt die kurze, warme Vergärung in offenen Tanks, das anstrengende Rühren der Maische mit dem hölzernen Paddel und die sanften Tannine der handbetriebenen Presse. Auch wird nicht zugelassen, daß die komplexe Aromenvielfalt aus besten Lagen zugekaufter Trauben wegfiltriert oder durch künstliche Säurezugabe aus dem Gleichgewicht gebracht wird.

Sogar das Angebot bleibt schlicht: Sportsfreund Jeremy legt sein Augenmerk auf nur zwei Etiketten und höchstens 8000 Kisten. Da könnte vielleicht Kritik ansetzen: Muß ein großer Wein knapp sein?

Besuchszeiten: *Nach Vereinbarung*
Anschrift: *Grangehurst Winery*
Box 206, Stellenbosch 7599
Telefon: *021/855 3625*
Fax: *021/855 2143*

Anfahrt: *Von Stellenbosch etwa acht Kilometer die R44 Richtung Somerset West, kurz nach Einfahrt Weingut Eikendal links, nach etwa 800 m nochmals links.*

Weinangebot in Kisten à 12 Flaschen: Pinotage 1800, Cabernet Sauvignon 1700. Angestrebt werden insgesamt 8000 Kisten.

*****Pinotage '95** Trauben von 19 Jahre alten Rebstöcken vom Helderberg. Vier Tage auf der Maische, die alle vier Stunden hinuntergedrückt wird, um die häufig beim Pinotage entstehenden, aufdringlichen Estertöne auszutreiben. Sehr hohe Gärtemperaturen zwischen 30 und 37 Grad Celsius. Zehn Monate in neuen und gebrauchten französischen, amerikanischen und ungarischen (!) Barriques. Außergewöhnlich hoher zuckerfreier Extrakt von 32,6g/l. 2,7g/l Restzucker, 13,14% Alkohol. Dunkles Maulbeerenrot. Opulentes, außerordentlich komplexes Bouquet mit Noten von Pflaumen, eingelegten Beerenfrüchten, Pfeffer und Karamel. Sehr voller Körper, viel Schmelz. Die reiche Frucht schluckt förmlich das Eichenaroma. Reichlich festes, feines Tannin, wohl strukturiert. Insgesamt wunderbar ausgewogen, mit enormer Entfaltung und Länge. Großartiges Potential für etwa 10 bis 12 Jahre. Mit dem Pinotage von Kanonkop das beste, was man am Kap aus dieser Sorte zur Zeit bekommen kann!

Jeremy Walker, Weingut Grangehurst, Stellenbosch

******Cabernet Sauvignon/Merlot '94** Cabernet Sauvignon 71%. Die Trauben stammen ausschließlich von Walker's Nachbarn am Helderberg – ab dem 95er Jahrgang auch vom Devon Valley und aus Firgrove, ebenfalls im Stellenboschgebiet. Fünf Tage auf der Maische. 25 Monate in zu 70% neuen französischen Barriques. Tiefdunkles, intensives Purpur. Reife Sauerkirsche, Zimt, Kokosnuß. Sehr konzentrierte, dichte Frucht, schon recht zugänglich. Trotzdem noch dominante, feste Tannine mit süßlich-würzigen Eichenholznoten, Schokolade, Kaffee und Marzipan. Insgesamt ein sehr komplexer, gut strukturierter Wein mit Reserven bis mindestens 2005.

Bezugsquellen: Bisher noch keine Vertretung im deutschsprachigen Raum.

Groot Constantia Estate

Weinbaugebiet:	*Constantia*
Erste Abfüllung:	*1983 Cabernet Sauvignon, Shiraz*
	1685 gegründet, 1705 erster Wein
Rebfläche:	*100 Hektar*
Besitzer:	*Diverse private Investoren*
Leitung:	*Martin Moore*

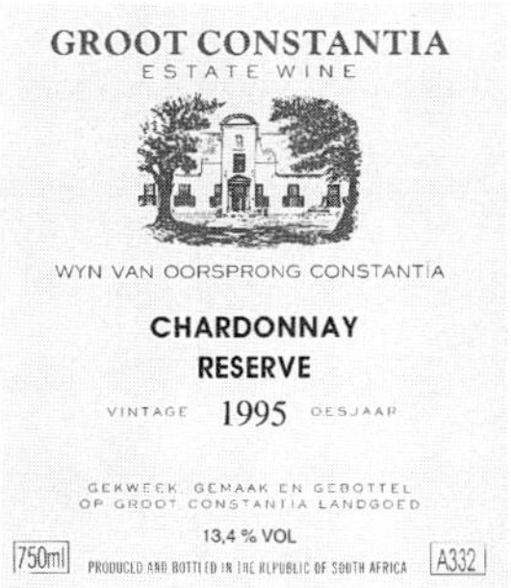

Im kühlen Keller des Duke of Northumberland im Norden Englands entdeckte man vor wenigen Jahren einige Flaschen des legendären Muskatellers, Jahrgang 1791, abgefüllt vom damaligen Besitzer Groot Constantias, Hendrik Cloete. Der Wein, der schon dem Gaumen von Napoleon, Bismarck und König Louis Philippe schmeichelte, ist bis heute in gutem Zustand geblieben. Bei noch immer beachtlicher Säure von 7,1g/l verdankt die leicht gespritete Kostbarkeit ihre enorme Haltbarkeit vor allem dem Zuckergehalt von 128,3g/l .

Die Geschichte des ältesten Weinguts Südafrikas beginnt 1685 mit der Gründung durch den zweiten Gouverneur am Kap der Guten Hoffnung, Simon van der Stel. Nach dessen Tod wurde die Farm unterteilt in Groot und Klein Constantia und Bergvliet, heute Buitenverwachting. Seine Blütezeit erreichte es unter Hendrik Cloete. Dieser pflegte vor der Ernte die Traubenstiele zu brechen, was noch im Weinberg zu einem rosinenartigen Eintrocknen der Beeren führt. Damit begründete er den eigentlichen Ruhm der süßen Constantia Weine.

Die Verstaatlichung des Betriebes 1885 führte zu fataler Mißwirtschaft. Ihr konnte erst im letzten Jahrzehnt ein Riegel vorgeschoben werden. Seit 1993 verwalten Treuhänder die Kellerei – mit Erfolg und Martin Moore als Kellermeister. Das typische feuchtfrische Klima der grünen Constantia Halbinsel spiegelt sich wieder in den immer besser werdenden Weinen.

So gut wie Cloete's alter Wein ist auch der feudale Constantia Besitz erhalten geblieben. 450000 Besucher lassen sich jährlich in gastfreundlicher Atmosphäre die trefflichen Tropfen munden.

Besuchszeiten: *Täglich: 10.00 Uhr bis 17.00 Uhr*
Anschrift: *Groot Constantia Estate*
Private Bag, Constantia 7848
Telefon: *021/794 5128*
Fax: *021/794 1999*
Restaurant Jonkershuis täglich 9 Uhr bis 17 Uhr (021/794 6225)
Leichte Mahlzeiten im Tavern Restaurant. Sonntag bis Dienstag: 10 Uhr bis 18 Uhr, Mittwoch bis Samstag 10 Uhr bis 22 Uhr (021/794 1144).
Außerdem gibt es auf dem Gelände zwei kleine Souvenirläden, eine Kunstgalerie und ein Weinmuseum.
Anfahrt: *Auf der M41 (Constantia Rd.) nach etwa drei Kilometern auf der linken Seite.*

Weinangebot in Kisten à 12 Flaschen: 33000 Kisten insgesamt, 21100 weiß, 10900 rot, Cape (Port) 1000 .

***Gewürztraminer '96** (B)12,5%vol., 10g/l Restzucker. Strohgelb. In der Nase noch verhalten. Nicht so aufdringlich parfümiert wie es sonst für die Rebsorte typisch ist. Im Geschmack aromatisch (Lychéefrucht), aber mehr ins Mineralische gehend. Braucht ein Jahr, um sich zu öffnen. Gut als Essensbegleiter.

***Weißer Riesling '96** (A) 15g/l Restzucker, 7,2g/l S. Helles Gelbgold. Reintöniger Rieslingduft. Saftige Frucht, dabei etwas Botrytis. Nerviges Säurespiel, das sehr gut zur Süße paßt. Kräftig (13,5%vol.).

***Chardonnay '95** (B) 13,4%vol. 25% in neuen französischen Barriques. Duft von Lemonen und exotischen Früchten. Am Gaumen hefig-fruchtig mit ausgewogener Säure. Im Nachhall Honignoten. Leichtgewichtiger als die stark holzbetonte kräftige Reserve, aber deutlich angenehmer zu trinken.

Pinotage '93 (A) Dunkles Ziegelrot. In der Nase Pinot noir-Aromen. Von mittlerem Körper. Eher schlank und fruchtbetont (Kirschen und reife Pflaumen). Geht stark in Richtung eines weichen, runden deutschen Spätburgunders.

Shiraz Reserve '93 (C) 15% in neuem Holz. Mittleres Rubin mit bräunlichen Reflexen. Noch feste, aber sehr reife Tannine, präsente lebendige Säure. Ziemlich würzig und stark vom Holz geprägt, obwohl nur 15% neu. Jetzt trinkreif.

****Gouverneurs Reserve '93** (C) Cabernet Sauvignon 84%, Merlot 16%. 18 Monate in neuen französischen Barriques. Dunkles Ziegelrot. Duftet nach roten Früchten und Pfeffer. Derzeitig noch sehr verschlossen, aber wunderbar strukturiert mit feinen, reifen Tanninen. Mittelgewichtig bei guter Komplexität. Das Holz ist schon jetzt hervorragend eingebunden. Ganz im alten Stil mit großem Reifepotential. Zu trinken etwa ab 1999 bis 2005, vielleicht sogar länger. Der **94**er besteht aus 80% Cabernet Sauvignon und 20% Cabernet franc wie auch in vorherigen Jahrgängen üblich.

Bezugsquellen: 16, 44, 63

Hamilton Russell Vineyards

Weinbaugebiet:	*Overberg, Walker Bay*
Erste Abfüllung:	*1981 Grand Vin Blanc, Grand Vin Noir*
Rebfläche:	*64 Hektar*
Besitzer:	*Anthony Hamilton Russell*
Leitung:	*A. Hamilton Russell, Kellermeister: Kevin Grant*

Zweitrangigkeit und Mittelmaß zu finden im südlichsten Weingut Afrikas würde schwer fallen. Die hochpreisigen Gewächse des bezaubernd gelegenen, vornehmen Besitztums gehören zu den berühmtesten und besten am Kap. Alles paßt zusammen, jedes Detail stimmt: Distinguiert vom Scheitel bis zur Sohle präsentiert sich Marktstratege Anthony Hamilton-Russell, der in Oxford studiert hat. Sein Erfolg beginnt schon bei der sorgfältig ausgesuchten, ertragsniedrigen Rebunterlage.

Weingut Hamilton Russell, Hermanus

Anthony's Vater Tim, Veteran im südafrikanischen Weingeschäft, hatte als erster den Einfall, im küstennahen Hemel-en-Aarde Tal, nahe Hermanus, den klimatisch anspruchsvollen Pinot noir, auch Chardonnay und Sauvignon blanc mit Erfolg in Ertrag zu bringen. Kühle Winde vom Atlantik, besänftigt von einer dazwischenliegenden Hügelkette, verhindern exzessiv hohe Temperaturen. In Kombination mit einer mäßig fruchtbaren, steinigen Bodenstruktur, gehaltvoll an Lehm und Schiefer, sowie der bedachten Auswahl geeigneten Pflanzenmaterials, resultieren natürlich-niedrige Erträge bei langer Wachstumsperiode und Sonnenscheindauer.

In vier Lesegängen werden von einem gut geschulten Team nach und nach die reifen Trauben eingeholt. Kellermeister Kevin Grant (Seine Vorgänger waren Peter Finlayson von Bouchard Finlayson und Storm Kreusch-Dau von Whalehaven) stehen kleine temperaturkontrollierte Edelstahltanks zur Verfügung, die rasch auf Kühlung reagieren. Viel Wert wird auch auf das Verwenden betriebseigener Hefestämme, minimale Beeinflussung des Weins und Barriques mit engstrukturiertem Holz bester französischer Küfereien gelegt.

Natürlich gehört auch Hamilton Russell's ungefiltertes Olivenöl aus erster Preßung zu den edelsten des Landes.

Besuchszeiten:	*Montag bis Freitag:*	*9.00 Uhr bis 17.00 Uhr*
	Samstag:	*9.00 Uhr bis 13.00 Uhr*
Anschrift:	*Hamilton Russell Vineyards*	
	Box 158, Hermanus 7200	
Telefon:	*0283/235 95*	
Fax:	*0283/217 97*	
Anfahrt:	*Von Somerset West die N2 bis Botriver, die R43 Richtung Hermanus, kurz vor Hermanus links auf die R320 Richtung Caledon etwa fünf Kilometer.*	

Weinangebot in Kisten à 12 Flaschen: Sauvignon 8000, Chardonnay 13000, Pinot noir 8600.

****Sauvignon** (C) **'96** 825 Kisten. Auffallend grünliche Reflexe. Duftet nach Lemonen und Zitrusfrüchten. Am Gaumen volle Frucht, viel Stoff. Dazu paßt die etwas höhere Säure sehr gut. Langanhaltend. **'95** Nicht so impulsiv wie der 96er, aber extraktreich und ausgewogen.

****Chardonnay (C) Acht Monate in zu 30% neuen Barriques. **'96** 8350 Kisten. Im Bouquet exotische Früchte. Das Holz ist schon jetzt perfekt in die üppige Frucht eingebunden und steigert hervorragend die Komplexität des Weines. **'95** 9000 Kisten. Brillantes schwachgrünliches Gold. Feiner Duft nach geröstetem Holz und Nüssen. Anmutig, nobel, fast cremig, aber nicht fett. Feine, rassige Säure. Öffnet sich mit der Zeit im Glas – das Holz integriert sich. Insgesamt aber immer noch verschlossen, braucht unbedingt Zeit. Der außergewöhnlich lange Nachhall deutet aber auf ein sehr großes Potential hin.

Pinot noir (C) Seit 1994 werden vermehrt die Trauben von den Rebstöcken mit den neuen Burgunder-Klonen (PN115) verwendet. In der Regel für 12 Monate in Nevers-Barriques ausgebaut, anschließend nicht filtriert. Faßprobe: **(****) '96** Feine Beerenfrüchte im Duft. Zeigt sich fruchtiger, länger und reichhaltiger als die vorherigen Jahrgänge. Deutlich stärker im Burgunderstil. Finessenreich mit ausgewogenen Holznuancen. Sehr schmackhaft. Langanhaltend.

**** **'94** 3200 Kisten. Zu 30% von den neuen Klonen. Helles Rubinrot mit bräunlichen Reflexen. In der Nase feine Röstaromen. Zeigt sich nicht nur in der Farbe, sondern auch am Gaumen schon fein entwickelt mit ausgewogener, komplexer Frucht. Kraftvoll.

Extra Virgin Olive Oil '96: seit 1993 etwa 1000 Olivenbäume auf 15 ha. Neupflanzungen der italienischen Sorten Leccino und Frantoio sind geplant. Pro Tonne 110 Liter l, ungefiltert, nur erste Kaltpressung, abgefüllt in 375 ml Flaschen.

Bezugsquellen: 1, 11, 20, 23, 26, 66

Jacobsdal Estate

Weinbaugebiet: *Stellenbosch*
Erste Abfüllung: *1974 Pinotage*
Rebfläche: *100 Hektar*
Besitzer/Leitung: *Cornelis Dumas*

Dieses auf Pinotage spezialisierte, traditionsverbundene Estate wird von Cornelis Dumas geleitet. Ohne viele Worte zu verlieren, macht er seinen Wein seit über dreißig Jahren so, wie er es seit jeher tat – und das ist der richtige Weg.

Das Jacobsdal Estate verfügt über wenig fruchtbare, für den Qualitätsweinbau ideale Böden. Die Oberfläche ist aus Kies, Lehm und Sand zusammengesetzt, während gelber Ton den Untergrund bildet. Auch in sehr trockenen Jahren wie 1989 kann auf kostspielige Bewässerung verzichtet werden, denn im tonigen Untergrund bleibt immer ein wenig Feuchtigkeit erhalten.

Trotzdem muß sich Dumas mit weinbaulichen Techniken den relativ kargen Bodenverhältnissen anpassen. Der Knappheit von Wasser und Nährstoffen kann nur durch intensives, mehrmaliges Zurückschneiden der als Buschwein erzogenen alten Rebstöcke begegnet werden. Dadurch erreicht man, daß Blätter und Triebe weniger Energie verbrauchen und der Entwicklung der Frucht mehr Energie zur Verfügung steht: Mehr Kraft geht in die Trauben. Weine mit guter Konzentration sind die Folge, die ebenso individuell wie komplex sind. Jeder Jahrgang ist auf seine eigene Art überzeugend.

Wie schon sein Großvater vergärt Dumas den Rotwein ohne Zugabe von Reinzuchthefen in offenen Betontanks. «Wahre Handarbeit», wie er es ausdrückt. Das täglich mehrfache Hinunterdrücken des Tresterhutes in die gärende Maische erfolgt von Hand mit hölzernen Paddeln und ist recht mühselig. Doch die Anstrengung lohnt sich.

Barriqueausbau und Abfüllung werden von Bergkelder besorgt.

Besuchszeiten: *Probe bei Bergkelder*
Anschrift: *Jacobsdal Estate*
Box 11, Kuils River 7580

Telefon:	*021/905 1360*
Anfahrt:	*Von Stellenbosch etwa 15 Kilometer die R306 Richtung Kuils River, links auf die R102, nach etwa zwei Kilometern auf der linken Seite.*

Weinangebot in Kisten à 12 Flaschen: 10000 Kisten insgesamt.

****Pinotage** (C) 18 Monate in Nevers-Barriques. **'93** Dunkles Rubin. In der Nase reife Kirschen. Am Gaumen von schönem Gewicht, recht konzentriert mit rundem Tannin. **'92** Zeigt sich sehr ausgewogen, aber mit viel hartem, unnachgiebigem Tannin. Braucht noch ein bis zwei Jahre Lagerung. **'89** Jetzt trinkreif. Im Geschmack harmonisch, leicht süßlich (reife Pflaumen) mit würzig-rauchigem Nachhall (Tabak- und Röstaromen). Hält sicherlich noch weitere zwei bis drei Jahre.

Bezugsquellen: 45, 46, 48

Jordan Vineyards

Weinbaugebiet:	*Stellenbosch*
Erste Abfüllung:	*1993 Cabernet Sauvignon, Chardonnay*
Rebfläche:	*120 Hektar*
Besitzer/Leitung:	*Kathy und Gary Jordan*

Die sanfte Stimme Gary Jordans wirkt ruhig. Angesichts der guten Lage, in der er sich samt Weingut und Familie befindet, besteht kein Grund zur Besorgnis.

1982 hatte sich sein Vater Ted von der Schuhfabrikation zurückgezogen und die schon in Vergessenheit geratene alte Kanonkop-Farm erstanden. Zusammen mit seinem Sohn, der Geologie studiert hatte, bepflanzte er das Gelände am «Kanonenhügel», ein phantastischer Aussichtspunkt, von dem aus einst mit Böllern die Ankunft von

Schiffen in der Tafelbucht bekanntgegeben wurde. Gary wählte mit Sachverstand passende Rebklone für sein Terroir – bis zu 360 Meter hohe Hanglagen mit einem für Stellenbosch sehr kühlen Klima. Seit 1993 verarbeitet er im Teamwork mit seiner Frau Kathy die Trauben in eigener Regie. Da kommt ihm auch ein Önologiestudium in Davis/Kalifornien zu Hilfe.

Das Weinmacherehepaar begeistert vor allem mit den in der hochmodernen Kellerei produzierten Weißweinen. Auch der Chardonnay/Sauvignon blanc-Verschnitt Chameleon zählt zu den besten seiner Art. Ähnlich der wechselhaften Erscheinung des auf der Farm häufig zu sehenden kleinen Reptils überwiegen bei dem Genuß des Weines je nach Trinktemperatur einmal Chardonnay-, dann wieder Sauvignon-blanc-Aromen.

Besuchszeiten:	*Montag bis Freitag:*	*10.00 Uhr bis 16.30 Uhr*
April bis Oktober: Samstag:		*9.30 Uhr bis 12.30 Uhr*
November bis März: Samstag:		*9.30 Uhr bis 16.30 Uhr*
Anschrift:	*Jordan Vineyards Box 94, Vlottenburg 7604*	
Telefon:	*021/881 3441*	
Fax:	*021/881 3426 Im Sommer Salate.*	
Anfahrt:	*Von Stellenbosch etwa fünf Kilometer die R310 Richtung Kuils Ruiver/Kapstadt, hinter Einfahrt Neethlingshof rechts, weitere vier Kilometer.*	

Weinangebot in Kisten à 12 Flaschen: Cabernet Sauvignon, Merlot und Chameleon (rot) je 6000, Chardonnay 5000, Sauvignon blanc 5000, Chameleon (weiß) 5000, Blanc Fumé 1000 .

****Weißer Riesling '95** (B) 7,5% Gewürztraminer. 19,4g/l Restzucker, 7,2 g/l Säure. In der Nase feinwürzig. Am Gaumen reife Fruchtsüße, nicht überladen. Insgesamt sehr voll und kräftig.

*****Chameleon Chardonnay-Sauvignon blanc '96** (B) (60%/40%). Ein kleiner Teil des Chardonnays war in Eichenholzfässern, um mehr würzige Fülle zu erhalten. Beide Rebsorten sind sehr gut miteinander verbunden, was sich häufig als sehr schwierig erweist. Dieser Verschnitt hat eine animierende Frucht und eine erfrischende Hefenote. Attraktiv!

Sauvignon blanc '96 (B) Kraftvoll, reif und im Gegensatz zu vielen anderen Sauvignons mit ausgewogener milder Säure. Paßt aufgrund seines relativ hohen Alkoholgehaltes (12,8%vol) gut zu herzhaften Gerichten.

***Chardonnay '95** (C) Sechs Monate in neuen und gebrauchten französischen Burgunderfässern (228 l), auf der Hefe belassen. 14,1%vol. Absolut im «Neue-Welt-Stil». Helles Gelbgold mit grünen Reflexen. Stark holzbetont im Duft sowie im Geschmack, aber dafür stehen auch reichlich Fruchtsubstanz und eine angenehme Säure zur Verfügung. Eine wahre Bombe! Gut zur asiatischen Küche.

***Merlot '94** (C) Stammt von acht Jahre alten Rebstöcken. Zehn Monate in einjährigen Barriques. 13%vol. Intensives Granatrot. In der Nase fruchtig-toastig. Sehr trocken und gerbstoffreich mit voller Beerenfrucht. Braucht zwei bis drei Jahre, um die Härte zu verlieren.

Bezugsquellen: 36, 50

J P Bredell Wines

Weinbaugebiet:	*Stellenbosch*
Erste Abfüllung:	*1989 Cape Full Ruby (Port)*
	1991 Cape Vintage Reserve (Port)
Rebfläche:	*232 Hektar*
Besitzer/Leitung:	*Anton Bredell*

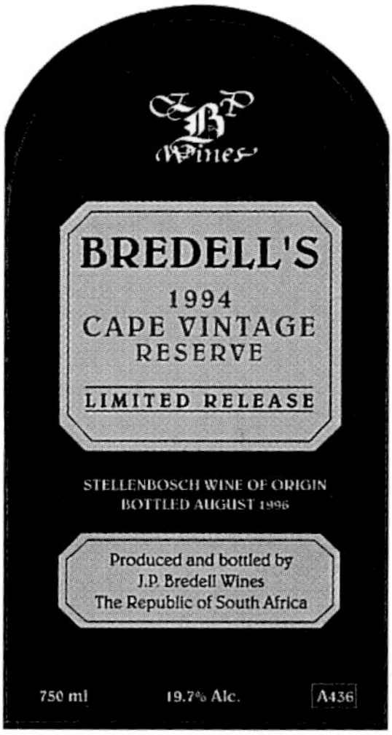

J P Bredell Wines ist ein Cape-Portweingut der Extraklasse. Sein Terroir am Helderberg gleicht der Douroregion in Portugal. Es werden die typischen Port-Rebsorten verwendet. Trotz der modernen Kellerei hält sich Anton Bredell an traditionelle Methoden. Der weitaus größte Teil der Produktion wird von der KWV vermarktet. Nur ein kleiner Teil der besten Partien erscheint seit kurzem unter eigenem Namen.

1942 erkannte der angesehene Weinexperte Professor Abraham Perold die Verwandtschaft des Standortes mit Pinhao, einem Portweingebiet der unteren Douro-Region. Er wählte die Farm Helderzicht, um auf deren Boden neun Portrebsorten im Anbau zu testen. Drei dieser Sorten: Tinta barocca, Tinta roriz und Souzáo sprachen auf Boden und Klima gut an und bilden noch heute die Basis der wuchtigen Cape-Portweine Anton Bredells.

Bredell ist ein gefühlvoller Koloß und gleicht darin seinen Produkten. Der exakte Zeitpunkt des Verstärkens des gärenden Weines ist für ihn ebenso entscheidend wie die Wahl des dafür verwendeten Destillates. Ein Eau de Vie sorgt für komplexere Entwicklung des Cape-Ports als ein Brandy. Der tiefe 93er Cape Vintage Port erhielt vom «Wine Magazin» als erster südafrikanischer Wein die höchstmögliche Bewertung von fünf Sternen.

Besuchszeiten:	*Montag bis Freitag:*	*8.30 Uhr bis 17.00 Uhr*
Anschrift:	*Anton Bredell*	
	Box 5266, Helderberg 7135	

Telefon: *021/842 2478*
Fax: *021/842 3124*
Anfahrt: *Von Stellenbosch etwa 14 Kilometer die R44 Richtung Somerset West, hinter dem Weingut Somerbosch rechts abbiegen, an der Helderberg Coop. vorbei, auf der linken Seite.*

Weinangebot in Kisten à 12 Flaschen: Pinotage 500, Shiraz 500, Cape (Port) 1500 .

******Cape Full Ruby Helderzicht Reserve (Port) '94** 19,5%vol., 100g/l Restzucker. Sehr fein, voll und fruchtbeladen. Harmonisch und ausgewogen. Jetzt schon trinkreif, aber auch entwicklungsfähig. Beim Full Ruby gab es bisher nur 1991 eine Reserve.

*******Cape Vintage Reserve (Port) '94** Je zur Hälfte Tinta barocca und Tinta souzáo. Zwei Jahre in 500-Liter-Fässern. Nur 250 Kisten. Tiefdunkles Schwarzrubin. Komplexe, feine Nase, ähnlich wie beim Boplaas Vintage Reserve '94: Kaffee, Schokolade, dazu reichlich eingemachte Früchte. Am Gaumen beeindruckend gehaltvoll mit viel festem, reifem Tannin. Trotz der enormen Fülle und des recht hohen Alkoholgehaltes fein und distinguiert. Hält minutenlang an. Herrlich!

Bezugsquellen: Bisher keine Vertretung im deutschsprachigen Raum.

Kaapzicht

Weinbaugebiet:	*Stellenbosch*
Erste Abfüllung:	*1994 Weißer Riesling*
Rebfläche:	*135 Hektar*
Besitzer:	*Familie Steytler*
Leitung:	*Keller: Georg Steytler*
	Weinberg: Danie Steytler

Mit dem Namen Kaapzicht verweisen die Steytlers auf ihren atemberaubenden frontalen Blick auf den Tafelberg, den man nach der holprigen Anfahrt über eine von Eukalyptusbäumen gesäumte Allee genießen kann. Vorwärts richtet sich ihr Blick auch in ihrem Betrieb. Die Investitionen in eine erneuerte Presse und neue Rotweingärtanks werden durch stetige weinbauliche Veränderungen ergänzt: Mehr Gewicht wird auf rote Sorten gelegt, und man trennt sich von der vorherrschenden Buschweinerziehung zugunsten des modernen Canopy Managements. Georg Steytler besuchte während der 96er Ernte das Burgund und das Bordelais.

Sein Bruder Danie ist seit über 20 Jahren für die Produktion des Familienunternehmens verantwortlich. Nach einem landwirtschaftlichen Studium ließ er es 1984 unter dem Namen Kaapzicht als Estate eintragen. Nun kümmert er sich intensiv um europäische Exportmärkte (Großbritannien und Holland sind besonders überzeugt von der Güte seiner Weine) und setzt sich für die Eigenständigkeit der Gemarkung Bottelary Hills ein.

Jeder kann bei der Lese auf Kaapzicht mithelfen, der Spaß an der Sache hat. Jahr für Jahr treffen sich dabei Weinfreunde aus der ganzen Welt.

Besuchszeiten:	*Montag bis Freitag:*	*9.00 Uhr bis 12.30 Uhr*
		13.30 Uhr bis 18.00 Uhr
	Samstag:	*8.00 Uhr bis 12.00 Uhr*
Anschrift:	*Kaapzicht*	
	Box 5, Sanlamhof 7532	

Telefon: *021/903 3870*
Fax: *021/903 6272*
Anfahrt: *Von Stellenbosch die R306 Richtung Koelenhof/Kapstadt, links auf die M23 Richtung Kuils River, nach etwa acht Kilometern auf der linken Seite.*

Weinangebot in Kisten à 12 Flaschen: 17500 Kisten insgesamt, 12250 weiß, 5250 rot.

Pinotage (B) Ein Jahr in zur Hälfte neuen Eichenholzfässern. **** **'93** 12,7%vol. Dunkles Purpurrot. Kräftige Cassisnase. Vollmundige reiche Frucht mit kräftigen reifen Tanninen und langem Nachhall. Mit zunehmender Reife noch besser. *** **'92** 13,5%vol. Mittelgewichtig, holzbetont mit weichen Gerbstoffen. Jetzt optimal.

*****Cabernet Sauvignon '94** (B) Erste Ernte der neuen Cabernet-Anlage (neue Klone). Ein Jahr in neuen französischen Barriques. 13,8%vol. Tiefdunkles Rubin. In der Nase noch verhalten. Auch im Geschmack unzugänglich, aber mit guter Fruchtsubstanz und feinem Tannin versehen. Sollte noch zwei Jahre reifen.

*****Hanepoot Jerepigo '92** (C) 17,5%vol. Kühl angenehm zu trinken: Süß, fruchtig (reife tropische Früchte), sehr gut ausbalanciert durch leichte Säure.

Bezugsquellen: 31

Kanonkop Estate

Weinbaugebiet:	*Stellenbosch*
Erste Abfüllung:	*1973 Cabernet Sauvignon*
Rebfläche:	*100 Hektar*
Besitzer:	*Johann und Paul Krige*
Leitung:	*Beyers Truter*

Pinotage ist die südafrikanische Sorte schlechthin. Die 1925 in Stellenbosch vorgenommene Kreuzung von Pinot noir und Cinsault glänzt durch einen voluminösen Körper und mit einem Charakter, der weder bei der «Mutter» Pinot noir, noch beim «Vater» Cinsault zu finden ist. Sie paßt ausgezeichnet zu Südafrikas Klima, eignet sich bestens für den Barriqueausbau und hat bei niedrigen Erträgen ein beträchtliches Alterungspotential.

Synonym für Pinotage ist Kanonkop. Die Weinliebhaber der Nation waren stolz auf das, was ihr ehemaliger Rugby-Nationalspieler Jan Boland Coetzee (heute Weingut Vriesenhof) seit den siebziger Jahren auf Kanonkop ins Glas brachte: Einen Pinotage, der geschmacklich der Konkurrenz anderer Rebsorten standhielt und dennoch ein südafrikanisches Original blieb.

Der Gärkeller Kanonkops erinnert uns an einen Kuhstall! In flachen, offenen Betonbehältern findet eine kurze, sehr warme Fermentation der Maische unter kräftiger manueller Durchmischung statt. Durch die hohen Temperaturen werden aufdringliche Estertöne ausgetrieben. Schon nach drei Tagen wechselt der Wein in Edelstahltanks, wo er die Gärung kühl und sachte beendet. Nach Ansicht des großen Pinotage-Mentors Beyers Truter, der seit 1989 als Winemaker figuriert, ist das hohe Alter der Reben von dreißig bis fünfzig Jahren maßgeblich für die Klasse seines Gewächses verantwortlich. Wenig bescheiden, heimst er Goldmedaillen und Titel aber auch für Cabernet Sauvignon und den Bordeaux-Verschnitt Paul Sauer ein.

Besuchszeiten:	*Montag bis Freitag:*	*8.30 Uhr bis 17.00 Uhr*
	Samstag:	*8.30 Uhr bis 12.30 Uhr*

Anschrift: *Kanonkop Estate*
Box 19, Stellenbosch 7606
Telefon: *021/884 4719*
Fax: *021/884 4656*
Anfahrt: *Von Stellenbosch die R44 Richtung Paarl, nach etwa acht Kilometern rechts.*

Weinangebot in Kisten à 12 Flaschen: Kadette 10000, Pinotage 5000, Cabernet Sauvignon 4000, Paul Sauer 3000.

*******Pinotage** (D) **'95** Für 12 Monate in zur Hälfte neuen französischen Barriques. Undurchdringliches, tiefes Granatrot. Betörender Duft nach Veilchen, Bananen, Paprika und Gewürznelken. Im Geschmack süße, feine und doch geballte Frucht mit viel Substanz. Die Tannine zeigen sich noch recht hart, trotzdem ist der Wein schon jetzt äußerst reizvoll. Im langen Nachhall ist eine feine Pfefferminznote. Lassen Sie ihn unbedingt noch liegen. Er kann mit Leichtigkeit 10 bis 15 Jahre alt werden. **'92** Mittleres Rubinrot. In der Nase Zeder, Dörrpflaume und Veilchen. Mittelschwerer Körper, nicht ganz so konzentriert wie der 95er, jedoch sehr anmutig und elegant, mit vielen Reserven.

******Cabernet Sauvignon '94** (D) 18 Monate in gebrauchten französischen Barriques. Dunkles Rubinrot. Noch verschlossener Duft: Orangen, Rumfrüchte. Am Gaumen viel Stoff bei einer kräftigen, komplexen Struktur. Reife Waldfrüchte und Pflaumen. Langer Nachhall mit geröstetem Holz und Vanille. In diesem Stadium noch gerbstoffreich. Benötigt viel Zeit.

*******Paul Sauer '94** (D-E) Cabernet Sauvignon 80%, Cabernet Franc und Merlot je 10%. Für 18 Monate in zur Hälfte neuen Barriques. Dunkles Rubin mit violetten Reflexen. Noch sehr verhaltene Nase. Im Geschmack zugänglicher: Nüsse und schwarze Johannisbeeren. Sehr feiner, distinguierter Stil, voll und tief, mit reichlich feinkörnigem, aber festem Tannin. Viel Schmelz. Vielleicht noch größer als der exzellente 86er! **'92** Duftet nach Tabak und Vanille. Am Gaumen fruchtbeladen mit reichlich kompaktem, trockenem Tannin. Schon jetzt verführerisch… sollte aber noch bis etwa 2000 reifen.

Bezugsquellen: 10, 24, 30, 34, 65

Klein Constantia Estate

Weinbaugebiet:	*Constantia*
Erste Abfüllung:	*1987 Riesling, Sauvignon blanc*
	1800 erster Vin de Constance
Rebfläche:	*73 Hektar*
Besitzer:	*Duggie und Lowell Jooste*
Leitung:	*Ross Gower*

Das Mysterium des legendären «Vin de Constance» lebt wieder auf, seit Duggie Jooste 1980 die verwahrloste Klein Constantia Farm erworben hatte. Er machte sich zum Ziel, den Ruhm des berühmten süßen Muskatellers der Cloete Familie, der schon im 18. und 19. Jahrhundert die Konkurrenz aus Sauternes, Tokaij und Madeira nicht zu scheuen brauchte, nach hundert Jahren erneut aufleben zu lassen.

Grundlage für das Comeback des Klassikers waren dieselben Muscat de Frontignan-Klone, die ehemals vom Gouverneur van der Stel eingeführt, später von Cloete verwendet und nun (neben herkömmlichen modernen Rebsorten) erneut gepflanzt wurden. Damals war die Konzentration der Weine durch das Brechen der Traubenstiele an der Rebe herbeigeführt worden. Heute erzielt Klein Constantias Önologe Ross Gower durch das Entfernen von Blättern und sehr niedrige Erträge das gleiche Resultat: Mostgewichte von 45 Grad Balling, was in Deutschland etwa 180 Grad Oechsle entspricht. Wie in früheren Zeiten wird der rosinenaromatische Süßwein vier Jahre im Holzfaß gelagert und dann in die traditionell untersetzten 500ml-Flaschen abgefüllt.

Sportskanone Ross Gower lernte nach seinem Elsenburg-Önologiestudium sieben Jahre lang bei Günther Brözel/Nederburg, war für ein Jahr im Badischen Winzerkeller tätig, studierte in Weinsberg, ging nach Neuseeland und ist nun für das stolze Sortiment der inzwischen wieder schillernden Constantiaweine verantwortlich.

Besuchszeiten:	*Montag bis Freitag:*	*9.00 Uhr bis 17.00 Uhr*
	Samstag:	*9.00 Uhr bis 13.00 Uhr*

Anschrift:	*Klein Constantia Estate*
	Box 375, Constantia 7848
Telefon:	*021/794 5188*
Fax:	*021/794 2464*
Internet:	*http://www.active.co.za/«welle»askrideo/winekcom.html*
Anfahrt:	*In Kapstadt die M3 Richtung Muizenberg, Abfahrt Hout Bay, auf die M41 (Constantia Rd.), links weiter auf die M42 (Spaanchemat), von dort nach etwa zwei Kilometern auf die Klein Constantia Rd., zwei Kilometer geradeaus auf der linken Seite.*

Weinangebot in Kisten à 12 Flaschen: 42000 Kisten insgesamt, 31500 weiß, 11500 rot, Sauvignon blanc, Weißer Riesling, Chardonnay, Vin de Costance, Pinot noir, Shiraz, Cabernet Sauvignon, Marlbrook.

****Sauvignon blanc '96** (C) Sehr komplexe Nase: grüner Pfeffer, Gras, Stachelbeeren, aber auch Feigen und Spargel. Frisch, voll und angenehm aromatisch, mit langem Abgang. Jetzt trinkreif aber durchaus mit Potential für zwei bis drei Jahre.

***Weißer Riesling '96** (B) 14g/l Restzucker, 8g/l S. Am Gaumen reife Aprikosen und Pfirsiche, etwas Botrytis. Gutes Säurespiel. **'95** 12,5%vol., 18g/l Restzucker, 7,5g/l S. Kommt einer restsüßen Spätlese sehr nahe. Fein-fruchtig mit delikater Säure.

****Chardonnay '95** (C-D) Sechs Monate in zu 80% neuen 500-l-Eichenholzfässern. Ross Gower möchte durch diese großen Fässer (entspricht zwei Barriques) ein besseres Frucht-Holz-Verhältnis erreichen. Dies ist ihm sehr gut gelungen: Am Gaumen überwiegt die Frucht, das Holz ist da, aber perfekt eingewoben. Der Wein wirkt dadurch angenehm erfrischend.

****Marlbrook '93** (C-D) Von alten und neuen Klonen. Merlot 55%, Cabernet Sauvignon 25% und Cabernet franc 20%. 24 Monate in gebrauchten Barriques. Mittleres Rubin mit bräunlichem Rand. Im Bouquet Pfeffer, Paprika und Leder. Mittelgewichtig, mit weichem trockenem Tannin und schöner Struktur. Im Nachhall erdig-mineralisch. Jetzt optimal mit Potential bis 2002.

****Cabernet Sauvignon '93 (D) 24 Monate in gebrauchten Barriques. Dunkles Rubinrot. Duftet nach Cassis und grünem Pfeffer. Reich, von vollem Körper (schokoladig) und dabei sehr fein und elegant. Im Abgang leicht herbe Tannine, die sich aber in zwei bis drei Jahren harmonisiert haben. Hält bis 2005.

*****Vin de Constance '91 (E) 18000 Flaschen à 0,5l. 14%vol., 120g/l Restzucker, 11g/l S. Zwölf Monate in gebrauchten 500-Liter-Fässern. Dichtes Gold. Duftet nach Aprikosenkompott mit deutlichem Muskatcharakter. Dickflüssige Textur. Wunderbare Süße mit fein verwobener Säure, die für die nötige Frische und einen tiefen Abgang sorgt. Hält lange an.

Bezugsquellen: 9, 20, 33, 67

KWV

Weinbaugebiet: *Paarl*
Erste Abfüllung: *von den Cathedral-Cellars-Weinen 1988 Cabernet Sauvignon*
Leitung: *Styric de Wet*

Die Kooperative Wijnbouwers Vereniging, KWV, wurde 1918 gegründet und hat bis heute eine besondere, den südafrikanischen Weinmarkt regulierende und kontrollierende Funktion.

Zu Beginn des zwanzigsten Jahrhunderts geriet die Weinwirtschaft am Kap in eine handfeste Krise, hervorgerufen durch Inflation, Überproduktion und mangelhafte Organisation des Handels. Jeder Farmer kümmerte sich um sich selbst, bald hatte jeder Absatzschwierigkeiten. Vonnöten war eine Dachorganisation, die die Interessen aller Winzer vertrat. Sie sollte dem allgemeinen Preisverfall des Weins entgegenwirken und die sich ständig vergrößernden Produktionsüberschüsse abfangen.

Um diesen Ansprüchen gerecht zu werden, wurde die Weinbauunion KWV formiert, der sich bald 95 Prozent der Kapwinzer anschlossen. Per Gesetz ermächtigte man sie, jährliche Mindestpreise für Branntwein, ab 1924 auch für Tafelwein und Likör festzusetzen sowie das Überangebot zu reduzieren, indem, je nach Höhe des jährlichen Traubenertrags, ein gewisser Prozentsatz als Überschuß deklariert wurde. Bald stabilisierte sich der Weinmarkt. Überschüsse wurden zunächst zu Ethylalkohol und weiter zu einem Benzinersatz (!) verarbeitet. Später baute die KWV die Überschüsse zu immer feineren Brandys aus.

Heute ist das Unternehmen der größte Branntweinerzeuger am Kap, produziert zudem guten Sherry, Port und auch Stillweine. Es exportiert seine Produkte in über 52 Länder. Die Cathedral-Cellars-Kollektion, nachfolgend aufgeführt, repräsentiert die jüngste Offensive auf dem Markt der gehobenen Weinqualität.

Besuchszeiten:	*Montag bis Freitag:*	*8.30 Uhr bis 17.30 Uhr*
	Samstag:	*8.00 Uhr bis 13.00 Uhr*
Anschrift:	*KWV International*	
	Box 528, Süd-Paarl 7624	
Telefon:	*021/807 3911*	
Fax:	*021/807 3000*	
Anfahrt:	*An der Hauptstraße in Paarl, gut ausgeschildert.*	

Weinangebot in Kisten à 12 Flaschen: 25000 weiß, 16000 rot, Sauvignon blanc, Chardonnay, Pinotage, Cabernet Sauvignon, Tripytch.

****Cathedral Cellars Chardonnay '95** (B) Fünf Monate in neuen Nevers-Fässern. Blasses Gelb. In der Nase leicht buttrig. Am Gaumen Zitruscharakter, durch die Säure lebhaft und lang. Holzgeprägter, leicht bitterer Abgang.

*****Cathedral Cellars Pinotage '93** (B) 13%vol. 14 Monate in gebrauchten Nevers-Fässern. Dunkles Purpurrot. Duftet nach Sauerkirschen. Von mittlerem Körper mit leicht süßlicher Frucht und für Pinotage recht kräftigen Gerbstoffen. Gutes Reifepotential.

****Cathedral Cellars Cabernet Sauvignon '93** (B) 13%vol. 18 Monate in neuen und einjährigen Barriques. Dunkles Granat. Im Duft Minze und Barrique-Töne. Gut strukturiert mit viel Fruchtfülle (Pflaumen) und einer Menge Säure, die ihm eine lange Lagerung garantiert.

*****Cathedral Cellars Tripytch '93** (C) Cabernet Sauvignon 60%, Merlot 20%, Cabernet franc 20%. 14 Monate in teils neuen Barriques. Dunkles, kräftiges Rot. In der Nase Brombeeren und Minze. Mittlerer Körper bei gleichzeitig reifen Tanninen machen ihn schon jetzt ideal als Begleiter zu Grillgerichten. Lagerfähig bis 2000.

Bezugsquellen: 16, 44, 63

L'Avenir Estate

Weinbaugebiet:	*Stellenbosch*
Erste Abfüllung:	*1992 Cabernet Sauvignon*
Rebfläche:	*46 Hektar*
Besitzer:	*Marc Wiehe*
Leitung:	*Francois Naudé*

Lange genug hatte der Apotheker Francois Naudé hinter dem Verkaufstisch gestanden, brav Rezepte entgegengenommen und davon geträumt, selbst Wein zu erzeugen. Unwiderstehlich zog es ihn von Pretoria nach Stellenbosch, wo er zu seinem Glück auf Marc Wiehe, einen Londoner Zuckerhändler stieß. Der war unlängst neuer Besitzer der schönen L'Avenir Farm geworden, die bislang Nederburg mit Trauben versorgt hatte, wollte sich dort zur Ruhe setzen und überließ nun dem enthusiastischen Apotheker 1992 den Aufbau seines Kellers und dessen Nutzung.

Naudé, Ex-Vorsitzender eines altehrwürdigen Weinclubs in Pretoria, zudem eingefuchst und patent, errichtete eine technologisch durchdachte, brandneue Arbeitsstätte und hatte das richtige Rezept, um gleich in den ersten Jahren Weine mit viel Charme zu erzeugen. Dabei waren ihm sein Pharmaziestudium und die damit verbundenen naturwissenschaftlichen Grundkenntnisse von großem Nutzen.

Zufrieden konnte Naudé auch über den herangewachsenen Rebbestand des Weingutes sein, der von Nederburg gut gepflegt worden war. Bei gewissen Partien der Weinbergsfläche entschied er sich trotzdem für eine Feldveredelung: Das gut entwickelte Wurzelwerk alter Reben wird neu veredelt, indem man den gesamten oberen, fruchttragenden Teil der Pflanze entfernt und auf den übrig gebliebenen, unteren Teil des durchtrennten Stammes den Edelreis (Pflanzenteil) einer besseren Rebsorte bzw. eines besseren Klones derselben Sorte aufpfropft. Im Vergleich zur Neuanpflanzung kommt man so schneller zu qualitativ hochwertigen Erträgen.

Besuchszeiten:	*Montag bis Samstag: 10.00 Uhr bis 17.00 Uhr*
Anschrift:	*L'Avenir Farm* *Box 1135, Stellenbosch 7600*
Telefon:	*021/889 5001*
Fax:	*021/889 7313*
	Leichte Küche im Gästehaus (mit Reservierung). Bed & Breakfast-Möglichkeit, acht Zimmer stehen zur Verfügung.
Anfahrt:	*Von Stellenbosch etwa sechs Kilometer die R44 Richtung Paarl, links abbiegen.*

Weinangebot in Kisten à 12 Flaschen: L'Ami Simon 5000, Cabernet Sauvignon 2000, Pinotage 1500, Vin d'Estelle 4500, Chardonnay/Riesling 4500, Chardonnay 2000.

Chenin blanc '96 Ohne malolaktische Gärung. Duftet nach eingemachten Birnen, Guave und Fruchtbonbons. Am Gaumen sehr aromatisch mit ausgewogener Säure, reifen Pfirsich- und Aprikosentönen. Elegant und leicht.

Chardonnay ** **'95** Erster Wein von vier Jahre alten Rebstöcken. 60% für acht Monate in neuen Holzfässern. In der Nase Ananas und Honigmelone. Von mittlerer Persistenz, mit dezenten Eichentönen, angenehm frisch und fruchtig. Der *** **'96er** zeigt sich voller und konzentrierter.

***Pinotage** (A) Zwölf Monate in 30-50% neuen, französischen Barriques. **'96** Faßprobe. Dunkles Purpur mit violetten Reflexen. Zurückhaltende, aber vielversprechende Nase. Kompakt und dicht im Mund, mehr Stoff und Substanz als die vorherigen Jahrgänge. Vielversprechend. **'95** Kirschrot. Am Gaumen ausgewogen, elegant bei mittlerer Dichte, recht würzig, etwas rauhes Tannin, sollte noch reifen. **'94** Sattes Purpur. Tabak- und Lederaromen. Voll und breitschultrig, reife Beerenfrüchte, viel Extrakt – die 5,4g/l Restzucker, bei 13,5%vol., sind kaum spürbar. Der Wein hat immer noch Reifepotential und gewinnt in den nächsten Jahren an Komplexität.

***__Cabernet Sauvignon__ (A) 18 Monate in Barriques von fünf verschiedenen Küfern. **'94** Dunkles, reifendes Granat. Veilchen- und Zigarrenboxaromen. Im Ansatz von viel herbem Tannin geprägt, aber insgesamt ausgewogen bei mittlererem Körper. Würzig-florale Komponenten, im Nachhall Rösttöne. Braucht noch zwei bis drei Jahre. **'93** Erster, in der Hütte neben dem damals im Bau befindlichen Kellergebäude hergestellter Wein. Dunkles Ziegelrot. Interessante Nase: Mandel und Pfefferminze. Kompakte Fülle, viel trockenes Tannin, das im Abgang leicht bitter wird. Vielleicht besser mit etwas Lagerung.

Bezugsquellen: Bisher noch keine Vertretung in Europa.

L'Ormarins Estate

Weinbaugebiet:	*Franschhoek*
Erste Abfüllung:	*1982 Weißer Riesling, Sauvignon blanc*
Rebfläche:	*180 Hektar*
Besitzer:	*Dr. Anthonij Rupert*
Leitung:	*Josef Minkowitsch*

Wenn wir uns herausnehmen dürfen, auf einen Kap-Kellermeister stolz zu sein, so auf Josef Minkowitsch, dem wir unsere besondere Zuneigung entgegenbringen. Nach über zwanzigjähriger Tätigkeit bei Bergkelder hat er die technische Leitung eines Estates übernommen und wendet sich routiniert der großen Auswahl vollmundiger L'Ormarins Weine zu.

Keine Sorge – Josef kennt den Wein! Seine erste Erinnerung daran führt ihn zurück in seine Kindheit nach Österreich, wo er an der Hand seines Onkels Brot, Butter und Käse einkaufte. Zur Belohnung gab ihm dieser anschließend ein winziges Glas Welschriesling vom eigenen Familiengut – unter Männern sozusagen.

Mittlerweile hat es Josef mit einer Tankkapazität von 2000 Tonnen, 1000 Barriques und einem nostalgischen Holzfaßkeller, datiert 1790, zu tun. Einem Keller, unter dessem hübschen Strohdach sich auch eine bewundernswerte Reihe historischer Gebinde befindet. Diese werden noch gerne benutzt, da man Wert darauf legt, das breite Spektrum von Rebsorten (nahezu alle gebräuchlichen außer Pinotage) und Lagen (an den Hängen der Groot Drakenstein Berge teilweise terrassenförmig angelegte Parzellen) möglichst getrennt auszubauen. Verschneiden kann man sie später immer noch.

Josef Minkowitsch läßt bei der Verkostung im geräumigen, marmorierten Probiersaal die Korken knallen. Sein erster Jahrgang auf L'Ormarins hat ähnliches Format wie er selbst.

Wir verlassen das älteste Gut Franschhoeks nicht, ohne einen letzten Blick auf den würdevollen neoklassizistischen Giebel der 1811 errichteten Heimstätte geworfen zu haben.

Besuchszeiten:	*Montag bis Freitag:*	*9.00 Uhr bis 16.30 Uhr*
	Samstag:	*9.00 Uhr bis 12.30 Uhr*
Anschrift:	*L'Ormarins Estate*	
	Private Bag X6001, Suider-Paarl 7624	
Telefon:	*021/874 1026*	
Fax:	*021/874 1361*	
Anfahrt:	*Von Franschhoek etwa zehn Kilometer die R45 Richtung Paarl, auf der linken Seite.*	

Weinangebot in Kisten à 12 Flaschen: 40000 weiß, 15000 rot. Sauvignon blanc, Chardonnay, Weißer Riesling, Pinot gris, Shiraz, Merlot, Cabernet Sauvignon/Franc, Port.

***__Blanc Fumé '96__ (C) 13,2%vol. 40% für vier Monate in neuen französischen Barriques. Duftet nach Walnüssen. Molliger Körper mit erfrischender Säure und feinen Barriquenoten. **'95** Schon entwickelt, sehr fein und harmonisch. Das Holz ist nun vollständig in den Wein eingebunden.

****__Chardonnay '96__ (C) Ab Weingut gibt es nur noch eine Flasche pro Person! 12,8%vol. Zu zwei Dritteln für sechs Monate in französischen Barriques. Helles Goldgelb. In der Nase etwas rauchig. Reiche Frucht, sehr fein und distinguiert. Holz nur im Hintergrund. Entwickelt sich in den nächsten zwei Jahren zur vollen Reife.

***__Shiraz '91__ (C) 16 Monate in einjährigen französischen Barriques. Dunkles Granat. Stoffig-dicht, in der Nase mit animalischen Düften. Am Gaumen Brombeermarmelade und reife rote Paprika. Mittlerer Körper, gefällig, gut strukturiert. **'90** 14 Monate in einjährigen Barriques. Dunkles Purpurrot. Duftet nach grünem Pfeffer, sehr würzig. Im Ansatz weich, allerdings recht hartes Tannin. Kann noch ein bis zwei Jahre liegen bleiben.

Cabernet Sauvignon (C) **** **'91** 18 Monate in zu 80% neuen Barriques. Dunkles Rubin mit bräunlichen Reflexen. Im Duft süßlich, Kirschen und Cassis. Sehr weiches Tanningerüst, viel Substanz, intensive Cabernet-Frucht (25% neue amerikanische Klone). Reif ab 1998. *** **'90** 16 Monate im Holz. Dunkles Purpur mit violetten Reflexen. In der Nase und im Geschmack fruchtiger und holzbetonter. Mittelgewichtig, jetzt trinkreif mit Potential für weitere vier Jahre. **** **'89** 18 Monate Barrique. Dichtes, tiefes Rubin. Rauchig, Tabak, Zigarillos. Im Geschmack fortsetzend, dabei Schokolade und Minzetöne. In allen Komponenten bestens ausgeglichen, präsentiert sich in perfekter Harmonie. Entwickelt sich weiter für etwa vier bis sechs Jahre. Hält sich bis etwa 2005.

******Optima** (C) **'93** Wie sonst üblich mit zwei Drittel Cabernet Sauvignon und einem Drittel Merlot. Dunkles Granat. Fruchtig, lebendig, jugendlich. Gute Konzentration. Sollte reifen. **'91** 18 Monate im Holz. Zwei Drittel Merlot, ein Drittel teilen sich Cabernet Sauvignon und Cabernet franc. Rubinrot. Zedernaroma. Voluminöser Körper mit feinkörnigem Tannin, wohlstrukturiert. Lang im Abgang. Zu trinken bis etwa 2003.

******Cape (Port) '84** (E) 16,5%vol., 90g/l Restzucker. Der nächste Cape (Port) wird aus dem 96er Jahrgang entstehen. Ab 1997 Tawny Vintage (aus den Jahrgängen 1985 bis 1990) 17,5%vol., 100g/l Restzucker.

Bezugsquellen: 3, 6, 18, 22, 30, 40, 45, 46, 48

Wohnsitz von Antonij Rupert, Weingut L'Ormarins, Franschhoek

La Motte Estate

Weinbaugebiet:	*Franschhoek*
Erste Abfüllung:	*1969 Cabernet Sauvignon*
Rebfläche:	*95 Hektar*
Besitzer:	*Hannelie Neethling*
Leitung:	*Jacques Borman*

Mit verschmitzten Augen lächelt uns Jacques Borman an. Seine eigenwillige Art und sein Ehrgeiz, sein Geschick bei der Arbeit und der Überblick, den er dabei behält, befähigen ihn, Weine auf La Motte zu erzeugen, die Jahr für Jahr ihr besonderes Terroir bestens zum Ausdruck bringen. Der Boden ist sandig und karg, die Temperaturen sind eher niedrig zwischen dem Fluß Franschhoek und den Wemmershoek Bergen, hinter denen die Sonne schon am Nachmittag versinkt. Gerade diese Voraussetzungen aber schaffen lange Wachstumsperioden und bringen natürlich-niedrige Erträge mit kleinen Beeren und konzentrierter Frucht hervor.

Jacques Borman versteht es, die geballten feinen Aromen der roten und weißen Trauben ohne Verluste in die Flasche zu bringen. Die Zugabe von Ascorbinsäure verhindert bei den Weißweinen die Bildung von oxidativen Polyphenolen, die zum Abbau des Weines beitragen. Daß er größtenteils auf jegliches Filtrieren seiner Rotweine verzichtet und ihnen dadurch keine geschmackgebenden Komponenten entzieht, will er bald auf dem Etikett vermerken. Seine besondere Passion ist der Shiraz, ein Klassiker am Kap, von dem er 50 Prozent von wilden, auf den Traubenschalen natürlich vorkommenden Hefen vergären läßt, was nach Ansicht vieler zu besseren Resultaten führt als das Verwenden von Reinzuchthefen.

Während Aufenthalten im Bordelais (Latour, Lafite, Margaux) erlernte Borman den subtilen Umgang mit Eichenholz. Die imposant gestapelten Barriques sind vom eleganten Probierraum aus durch eine große Glaswand zu bewundern.

Besitzerin des hervorragenden Weinguts ist Hannelie Neethling. Ihr Bruder, Anthonij Rupert, ist auf dem Schwesterweingut L'Ormarins zu Hause. Die Weine beider Betriebe werden von der Firma Bergkelder vermarktet.

Besuchszeiten:	*Montag bis Freitag:*	*9.00 Uhr bis 16.30 Uhr*
	Samstag:	*9.00 Uhr bis 12.00 Uhr*
Anschrift:	*La Motte Estate, Box 45, La Motte 7691*	
Telefon:	*021/876 3119*	
Fax:	*021/876 3446*	
Anfahrt:	*Von Franschhoek etwa fünf Kilometer die R45 Richtung Paarl, auf der rechten Seite.*	

Weinangebot in Kisten à 12 Flaschen: Millennium 6000, Shiraz 2500, Merlot 2000, Cabernet Sauvignon 2000, Sauvignon blanc 4500, Blanc Fumé 3000, Chardonnay 2000.

****Sauvignon blanc '96** (C) Dichtes, entwickeltes Gelb. Duftet nach Spargel. Zeigt sich noch recht verhalten, braucht etwa ein Jahr, um sich zu öffnen. Nicht wie viele andere Sauvignons im reduktiven, sondern eher im oxidativen Stil ausgebaut. Daduch entsteht ein fülliger und komplexer Wein, der dann aufblüht, wenn die anderen schon verwelkt sind.

****Shiraz '93** (C) 18 Monate in 25% neuen Nevers-Barriques. Dunkles Ziegelsteinrot. In der Nase rauchig-pfeffrig. Im Geschmack ausgeprägte Frucht, sehr würzig und auch hier wieder Pfeffernoten. Reichlich reifes Tannin, das fast etwas portweinähnlich erscheint. Hervorragender, langer Abgang. Gehört zu den absoluten Klassikern des Kaps. Speziell die Jahrgänge 92, 90 und 89 sind exzellent.

****Millennium '93** (C) 13%vol. Cabernet Sauvignon 58%, Merlot 31%, Cabernet franc 11%. 18 Monate in französischen Nevers-Barriques. Tiefdunkles Rubin mit bräunlichen Reflexen. Duftet nach Schwarzkirschen. Saftige, samtige Frucht, dabei etwas Vanille und Krokant. Harmonisch, fein, elegant und lecker. Jetzt schön zu trinken, aber durchaus lagerfähig bis nach 2000.

***Cabernet Sauvignon '93** (C) Mineralisch-erdig, voll und kräftig.

***Merlot '93** (C) Konzentriert, recht stark holzgeprägt (amerikanische Eichenholzfässer).

Bezugsquellen: 6, 40, 45, 46

Landskroon Estate

Weinbaugebiet: *Paarl*
Erste Abfüllung: *1974 Cinsault*
Rebfläche: *275 Hektar*
Besitzer: *Familie de Villiers*
Leitung: *Paul de Villiers*

1685 wurde das Edikt von Nantes aufgehoben, das den protestantischen Hugenotten Frankreichs 87 Jahre lang Glaubensfreiheit zugesichert hatte. Viele von ihnen mußten fliehen. Der Hugenotte Jacques de Villiers reiste 1689 von Frankreich ans Kap, um dort seine Arbeit als Winzer fortzusetzen. Seine Nachkommen blieben bis heute dem Weinbau treu.

Paul und Hugo de Villiers leiten den großen Betrieb, in dem überwiegend angenehme Tischweine, oft mit schöner Eleganz erzeugt und zu höchst moderaten Preisen angeboten werden. Paul de Villiers hat nicht die Absicht sich mit Kultweinen zu profilieren. In erster Linie erzeugt er Nahrungsmittel. «Ein anständiger Essensbegleiter muß nicht aufdringlich sein», so de Villiers, «oft ist der einfache, unkomplizierte Tropfen bekömmlicher und diskret, was Speise und Geldbeutel angeht.»

Im Weinberg wird weitgehend auf Chemie (Herbizide) verzichtet; statt dessen setzt man auf mechanische Bodenbearbeitung. Ebenso zurückhaltend ist der Einsatz von moderner Kellertechnik, wobei die 16 Jahre alte WILLMES-Tankpresse nicht einmal aus der Mode gekommen ist.

Außerordentlich gut ist Landskron's Cape-Port, der schon seit den fünfziger Jahren auf sich aufmerksam macht. Der vielfache Champion der Paarl Wine Show wird zu gleichen Teilen aus den Rebsorten Tinta barocca, Tinta roriz und Souzáo verschnitten. 40 000 Flaschen des Süßweins befriedigen die Nachfrage.

Besuchszeiten: *Montag bis Freitag:* *8.30 Uhr bis 17.30 Uhr*
Samstag: *8.30 Uhr bis 12.30 Uhr*
Anschrift: *Landskroon Estate*
Box 519, Suider-Paarl 7624

Telefon:	*021/863 1039*
Fax:	*021/863 2810*
Restaurant:	*Geöffnet von Mitte November bis Ende April.*
Anfahrt:	*Von Paarl die N1 Richtung Kapstadt, nach etwa zwei Kilometern rechts auf die WR3, nach drei Kilometern auf der rechten Seite.*

Weinangebot in Kisten à 12 Flaschen: Insgesamt 48850, davon 30750 rot, 13750 weiß, 3350 Port, 1000 Jerepico Morio Muscat.

Chenin blanc '96 (A) Leichter, erfrischender, trockener Sommerwein mit angenehmer Säure.

Pinotage '95 (B) Neun Monate in gebrauchten Barriques. Dunkles Granat. Mittlerer Körper. Würzig-fruchtig, Erdbeeren, Pflaumen, leichter Holztouch. Relativ kräftige Tannine, aber unkompliziert.

Shiraz '95 (B) Neun Monate in Nevers-Barriques. Dunkles Purpur. Rauchig-würziger Johannisbeergeschmack, elegant. Sehr weiches glattes Tannin. Jetzt trinkreif, hält sich aber etwa bis 1999.

****Cape (Port) '93** (C) Verschnitt aus je 1/3 Tinta barocca, Tinta roriz und Souzáo, 18,5%vol., 85g/l Restzucker. Schwarzrubin mit violetten Reflexen. Intensives Schwarzbeeren- und Schokoladenaroma, das sich im Mund fortsetzt. Keine aufdringliche Süße, ausgewogen. Jetzt schon ein Genuß, aber mit guten Reserven versehen.

Bezugsquellen: 37

Le Bonheur Estate

Weinbaugebiet:	*Stellenbosch*
Erste Abfüllung:	*1979 Rosé sec, 1982 Cabernet Sauvignon*
Rebfläche:	*63 Hektar*
Besitzer:	*Bergkelder*
Leitung:	*Sakkie Kotze*

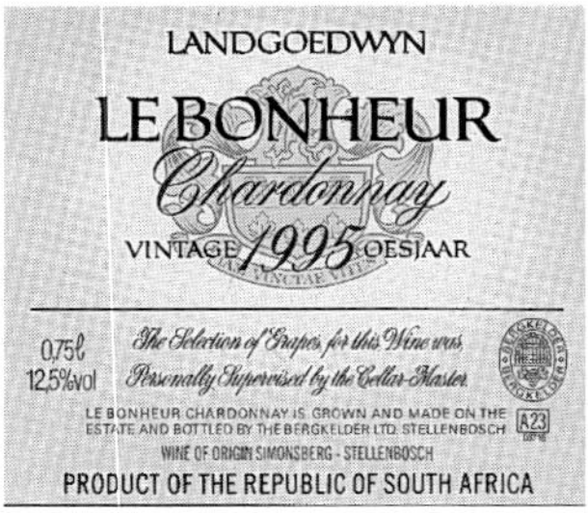

Michael Woodhead, studierter Landwirt und Bodenkundler, in einigen Ländern der Welt für das Gedeihen von Tabak, Mais und Zuckerrohr im Einsatz gewesen, erwarb Anfang der siebziger Jahre die 170 Hektar große Le Bonheur Farm und hatte es bald mit einem neuen Problem zu tun: dem kargen Boden. Mit ungeheuren Mengen Stallmist und Kompost von Traubentrestern versuchte er die Fruchtbarkeit zu erhöhen. Vier Jahre dauerte das Aufbesserungsprogramm, das sich an der Zusammensetzung bester französischer Weinbergsböden orientierte.

1987 hatte er es auf einer Fläche von siebzig Hektar zu über 160000 Reben und zu exzellenten Rot- und Weißweinen gebracht. Für die Vinifikation kennzeichnend ist eine intensive Auslese vor dem Kelterungsprozeß. In penibler Handarbeit werden alle Blätter und unreifen Trauben aussortiert. «Wenn das die besten französischen Châteaux schaffen, tun wir es auch», ordnete Woodhead an und schuf Cabernets und Sauvignons von außerordentlicher Finesse – Meilensteine des Kapweinbaus.

Anfang der neunziger Jahre übernahm Bergkelder den Betrieb. Seit 1994 setzt Sakkie Kotze, ehemaliger Schüler der Weinbaugröße Desiderius Pongracz, die sorgfältige Arbeit seines Vorgängers fort. Die noch vor einem Jahr unzugänglichen, verfallenen Gebäude des Weinguts sind aus ihrem Dornröschenschlaf erwacht und zeigen sich dem Besucher mit angenehmen Räumlichkeiten in idyllischer Umgebung rundum erneuert.

Besuchszeiten:	*Montag bis Freitag:*	*9.00 Uhr bis 17.00 Uhr*
	Samstag:	*9.00 Uhr bis 12.30 Uhr*
Anschrift:	*Le Bonheur Estate*	
	Box 56, Klapmuts 7625	

Telefon: *021/875 5432*
Fax: *021/875 0624*
Anfahrt: *Von Stellenbosch die R44 Richtung Paarl, nach etwa 10 km links.*

Weinangebot in Kisten à 12 Flaschen: Cabernet Sauvignon 35000, Prima 5600, Chardonnay 3400, Sauvignon 8900.

Sauvignon Blanc (C) Bis einschließlich 1995 in Barriques ausgebaut – hier nun ganz ohne Holz. **'96** Strohgelb. Frisches Stachelbeeraroma, vermischt mit exotischen Früchten, setzt sich im Geschmack fort und ist gut mit der feinen Säure ausbalanciert.

***Chardonnay '95** (C) Nur zu 40% in Barriques vergoren, vier Monate auf der Hefe. Helles Gelbgold mit grünen Reflexen. Im Bouquet Zitrone, Toast- und Butteraromen. Mittlerer Körper mit frischer, feiner Säure und gut in die Frucht eingebundenem Holz. Der verhaltene Barrique-Einsatz macht sich bezahlt, die reiche Frucht kommt voll zum Ausdruck!

Prima '91 (C) Merlot 78%, Cabernet Sauvignon 22%. 15 Monate in zu 35% neuen Nevers-Barriques. 13%vol. Dunkles Granatrot. Sehr fruchtbetont. Ausgewogene, milde Tannine. Schon trinkreif, mit Potential für weitere zwei Jahre.

****Cabernet Sauvignon '90** (D) 18 Monate in zu 70% neuen Nevers-Barriques. Tiefdunkles Rubin. Leicht erdige Cabernet-Nase, Cassis. Mittlerer Körper mit viel reifer Frucht. Ausgewogen, mineralisch, komplex. Im langen Abgang dominieren die festen, aber sehr feinen Tannine. Trinkreif etwa ab 2000.

Bezugsquellen: 40, 45, 46, 48

Lievland Estate

Weinbaugebiet:	*Stellenbosch*
Erste Abfüllung:	*1982 Riesling*
Rebfläche:	*65 Hektar*
Besitzer:	*Paul Benadé*
Leitung:	*Abé Beukes*

Die Rebhänge Lievlands weisen in drei Himmelsrichtungen. Die drei Terroirs bringen ihre Frucht unterschiedlich schnell zur Reife, was aufeinanderfolgendes Lesen ermöglicht. Das Team Beukes/Benadé offeriert drei konträre Stilrichtungen und steht mit einem halbtrockenen Rheinriesling, zwei edlen Dessertweinen und zwei kraftvollen Rotweinen für das besonders vielseitige Weinerlebnis Südafrika.

Kellermeister Abraham Beukes kennt die deutschen Landen, schätzt nicht nur ihre großen Rieslinge und zeigt Geschick bei dieser in Südafrika schwierigen Sorte, sondern macht auch möglich, was die Natur und bisher das Gesetz des Landes nicht gestatten: Eiswein! In Deutschland schafft der Winter das Wunder, Beukes verwirklicht es mit künstlicher Kälte – Anteile von Wasser im Traubensaft gefrieren und werden abgetrennt. Übrig bleibt ein konzentrierter Most mit hohem Extraktgehalt. Eifrig bemüht man sich um eine Zulassung für den Verkauf dieses Erzeugnisses als Eiswein.

Ein Sauternes ist zwar ebenso ein Bordeaux wie ein Pauillac oder ein Margaux, doch besitzt er geographisch seinen eigenen Distrikt. In Südafrika finden sich die unterschiedlichsten Weine unter einem Dach. In acht von zehn Jahren tritt im hübschen Tal des Lievland Estates Botrytis auf, die Voraussetzung für einen Noble Late Harvest im alkoholreichen Stil der Sauternes Weine. Darüber hinaus ist der Rotwein DVB ein gutes Beispiel für immer köstlichere Rotweinverschnitte im Bordeaux-Stil am Kap. Zudem ist Paul Benadé Shiraz-Spezialist. 1992 wurde er mit einer Studie über diese Rebsorte «Cape Winemaster». Kein Wunder, daß er aus den kleinen, dickschaligen Beeren mit hohem Farbstoff- und Tanningehalt, ausdrucksstarke, edle Rotweine von samtig-mineralischer Fülle zaubert.

Besuchszeiten:	*Montag bis Freitag:*	*9.00 Uhr bis 17.00 Uhr*
	Samstag:	*9.00 Uhr bis 13.00 Uhr*
Anschrift:	*Lievland Estate*	
	Box 66, Klapmuts 7625	
Telefon:	*021/875 5226*	
Fax:	*021/875 5213*	
Anfahrt:	*Von Stellenbosch etwa zehn Kilometer die R44 Richtung Paarl, rechts abbiegen.*	

Weinangebot in Kisten à 12 Flaschen: Lievlander 3000, Cabernet Sauvignon 2000, Shiraz 1500, DVB 1000, Weißer Riesling 2000, Chenin blanc 2000, Sauvignon blanc 800, Noble Late Harvest 500, Chardonnay 400.

****Weißer Riesling off dry '96** (B) 10,5%vol., 11g/l Restzucker, 8g/l Säure. Duftet herrlich nach Aprikosen und Pfirsichen. Am Gaumen geschmeidige Säure und saftige Fruchtfülle. Jetzt wunderbar zu trinken, aber sicherlich noch komplexer in drei bis vier Jahren.

****Sauvignon blanc '96** (B) Wie auch La Motte im oxidativen Stil ausgebaut. Gekennzeichnet durch feine Honig- und Butteraromen (auch ohne Barrique!). Würzig mit nussigen Tönen. Gehaltvoll. Jetzt optimal.

***Cabernet Sauvignon '92** (C) 15% Merlot. Zu 35% für 16 Monate in neuen französischen Barriques. Zur Hälfte etwa von neuen Klonen. Schwarzrot. Duftet nach Kräutern und Schokolade. Noch sehr zäh. Vollgepackt mit trockenem Tannin. Konzentrierte Frucht, dabei fein mineralisch (ähnlich dem Le Bonheur Cabernet Sauvignon). Braucht mindestens noch drei Jahre zu seiner vollen Reife.

****Shiraz '95** (D) 18 Monate in zur Hälfte neuen französischen Barriques. Tiefdunkles Purpurrot. Duftet nach Pfeffer und Geröstetem. Im Geschmack wie auch der Cabernet Sauvignon verschlossen. Reichlich feines, aber noch hartes Tannin. Leicht süßlich, etwas Bitterschokolade. Nicht so mächtig wie der Stellenzicht Shiraz '94, aber sehr elegant und tief mit einer langen Entfaltung von reifen Beerenfrüchten. Ein großer Wein mit hervorragendem Potential. Ab 2000 bis 2005.

****DVB '93** (D) Blend aus Cabernet Sauvignon (40%), Merlot (40%) und Cabernet franc (20%). 15 Monate in Nevers-Barriques. Dunkles Rubin. In der Nase fruchtig-würzig. Am Gaumen von mittlerem Gewicht, mineralisch und leicht süßlich mit reifen, weichen Gerbstoffen. Insgesamt schon sehr harmonisch und trinkreif. Wird sich aber sicherlich die nächsten drei Jahre noch weiterentwickeln. Hält bis etwa 2002.

***Noble Late Harvest '95** (C) 13,5%vol., 8,5g/l Restzucker, 8g/l Säure. Cuvée aus Chenin blanc, Sauvignon blanc, Weißer Riesling, Bukettraube, Kerner. Blasses Gold. Würziger Walnußduft. Üppige, reiche Frucht. Kräftig-toastig, im klassischen Sauternes-Stil. Mit leckerem Vanille/Krokant-Finish im langen Nachhall. (Insgesamt vom Alkohol dominiert).

Bezugsquellen: 33, 62

Longridge Winery

Weinbaugebiet:	*Stellenbosch*
Erste Abfüllung:	*1993 Chardonnay*
Rebfläche:	*ausschließlich zugekaufte Trauben*
Besitzer:	*Exatrade*
Leitung:	*Danie Zeeman*

Longridge zählt zu den neueren Weingütern, die sich wie auch Neil Ellis, Grangehurst, Whalehaven und andere Erzeuger auf zugekauftes Traubengut stützt. Die besten Traubenqualitäten vermarktet die Kellerei am Helderberg unter dem Namen Longridge und der Longridge Bay View Serie. In der unteren Preiskategorie erscheinen die Capelands Weine. Alle Produkte sind mit von einer Künstlerin entworfenen Etiketten ausgestattet.

Von einem Besuch im Burgund brachte Kellermeister Danie Zeeman neue und alte Erkenntnisse mit. Durch verschiedene Methoden erhält sein Chardonnay mehr Struktur. Wie alle übrigen Moste bleibt auch der Chardonnay eine Zeitlang auf den Schalen, um zusätzliches Aroma zu gewinnen. Im Edelstahltank findet die erste Hälfte der Gärung statt, in Barriques wird sie beendet. Dieser halbreduktive Ausbau erweitert nach Ansicht des Kellermeisters die Aromenpalette entscheidend. Beim Holzfaßausbau verwendet Zeeman mittel bis stark getoastete Barriques. Die Röstaromen verleihen dem Wein zusätzliche Geschmackskomponenten. Bei Temperaturen um 10 Grad Celsius zögert er den biologischen Säureabbau teilweise um sechs Monate hinaus und leitet ihn erst dann bei hohen Temperaturen mit Zugabe von Bakterienkulturen ein. Die Weine bekämen dadurch mehr Zukunft, so Zeeman. Zukunft hat das Weingut allemal.

Besuchszeiten:	*Montag bis Freitag:*	*9.00 Uhr bis 17.00 Uhr*
	Samstag:	*9.00 Uhr bis 14.00 Uhr*
Anschrift:	*Longridge Winery*	
	Box 1435, Stellenbosch 7599	
Telefon:	*021/855 2004*	
Fax:	*021/855 4083*	
Anfahrt:	*Von Stellenbosch etwa 12 Kilometer die R44*	
	Richtung Somerset West, nach Eikendal links.	

Weinangebot in Kisten à 12 Flaschen: 14000 Kisten insgesamt, 9800 rot, 4200 weiß.

****Brut '93** (D) MCC. Je zur Hälfte Pinot noir und Chardonnay (zum Teil in Barriques ausgebaut). 36 Monate auf der Flaschenhefe. Nur 2000 Flaschen. 11,4%vol., 13g/l Restzucker. In der Nase schönes Apfelaroma. Wirkt trotz des recht hohen Restzuckergehaltes trocken. Kräftig und komplex. Im Nachhall feine Hefe- und Röstaromen. Gut haltbar.

Sauvignon '96 (C) 13,1%vol. Ausgeprägte Sauvignonfruchtigkeit: Johannisbeere, Stachelbeere. Am Gaumen mittelgewichtig, rund mit erfrischend lebendiger Säure. Zu trinken bis Anfang 1998.

***Cabernet Sauvignon '93** (C) 12%vol. Zehn Monate in zur Hälfte neuen französischen Barriques. Dunkles Purpur. Von mittlerer Konsistenz mit weichen, ansprechenden Tanninen, die aber noch leicht adstringierend sind im Abgang. Sollte daher noch ein bis zwei Jahre reifen.

Bezugsquellen: 13, 39, 61

Louiesenhof

Weinbaugebiet:	*Stellenbosch*
Erste Abfüllung:	*1995 Cabernet Sauvignon*
Rebfläche:	*100 Hektar*
Besitzer/Leitung:	*Stefan Smit*

Mit großer Entschlußkraft und viel Mut zu Neuem verfogt der deutschstämmige und -sprachige Stefan Smit das Ziel, Wein, Cape-Port und Branntwein zu erzeugen, die sich vom Herkömmlichen abheben. Seine Assemblage Chenin blanc/Chardonnay, von der der Chardonnay zwei Jahre in deutschen Barriques von der Schwäbischen Alb reift, ist schon äußerlich etwas Besonderes. Die formschöne Flasche und das Künstleretikett erinnern an die vielen neuen Designerflaschen, die in unseren Verkaufsregalen immer häufiger auftauchen, den südafrikanischen Markt aber erst noch erobern müssen. Hin und wieder halten sie bekanntlich nicht, was sie optisch versprechen. Smits neue Kollektion aber tut es.

Ein sehr trockener und hochprozentiger, geschmacklich überzeugender Cape-Port präsentiert sich in ungewöhnlicher Keramikkaraffe. Elegant ist auch die Cognac-Bouteille für Smits pot-still-destillierten Brandy.

Smit stellt einen Teil seiner Kellerei der Firma Bergkelder zur Verfügung und ist dabei, eine neue zu errichten. Anpflanzungen verschiedener nobler Rebsorten lassen viel Positives erwarten.

Besuchszeiten:	*Montag bis Freitag:*	*8.30 Uhr bis 16.30 Uhr*
	Samstag:	*10.00 Uhr bis 13.00 Uhr*
Anschrift:	*Louiesenhof*	
	Box 92, Koelenhof 7605	
Telefon/Fax:	*021/889 7309*	
Anfahrt:	*Von Stellenbosch etwa sieben Kilometer die R304*	
	Richtung Koelenhof/Kapstadt, auf der linken Seite.	

Weinangebot in Kisten à 12 Flaschen: Perroquet Pinot gris 1100, Perroquet Dry Red 1200, Chardonnay 2300, Chenin blanc 750, Chenin blanc/Chardonnay 750, Pinotage 1200, Cabernet Sauvignon 500, Merlot 650, Cape Port Perroquet 50, Marbonne Brandy 170.

***Chenin blanc '96** Von 30 Jahre alten Bushwines. Herrlicher Lavendelduft. Vollmundig, kräftig und mit guter Säure ausgestattet. Ein kleines Muskelpaket von dieser Rebsorte! Attraktiv!

****Premier Collection Limited Release '96** Chenin blanc '96 zu 78% und Chardonnay '94 zu 22%. Der Chardonnay wurde für zwei Jahre in deutschen Eichenholzfässern ausgebaut. Dies ist der erste Chenin blanc/Chardonnay-Verschnitt in Südafrika. In der Nase Walnüsse und Vanille. Am Gaumen voll und ausgewogen, keineswegs breit, denn dafür steht genügend Säure zur Verfügung. Das Holz ist perfekt in die reiche Frucht integriert. Ein sehr feiner Wein, der lange anhält.

***Perroquet Cape Late Bottled (Port) '91 (A)** Ausschließlich Tinta barocca: 80% 91er, der vier Jahre in Limousin-Eichenholzfässern reifte und 20% 96er. 20%vol., 90g/l Restzucker. Helles Ziegelrot. In der Nase nussig-pflaumig. Im Geschmack wirkt er fast trocken, mit weichem, angenehmem Tannin. Viel Schokolade. Hervorragend langer Nachhall.

Ausgesprochen gut ist auch der ***Marbonne Brandy** von Colombard- und Ugni blanc-Trauben.

Bezugsquellen: Bisher noch keine Vertretung im deutschsprachigen Raum.

Louisvale

Weinbaugebiet: *Stellenbosch*
Erste Abfüllung: *1989 Chardonnay, 1994 Cabernet/Merlot*
Rebfläche: *15 Hektar*
Besitzer: *Hans Froehling und Leon Stemmet*
Leitung: *Marinus Bredell*

Der gebürtige Rheinländer Hans Froehling änderte 1988 sein Leben. Zusammen mit Partner Leon Stemmet bezog er den 1905 von Sir Herbert Baker geschaffenen Wohnsitz im Devon Valley – ein klassisches Beispiel für die Arbeit des um die Jahrhundertwende wirkenden großen Architekten – und gründete das Weingut Louisvale.

Benachbarte Winzer und Experten der KWV erteilten weinbauliche Ratschläge, die sich die Eigner dankend zunutze machten: Das umliegende Farmgelände, seit Mitte der achtziger Jahre teilweise bestockt, wurde ausschließlich mit Chardonnay bepflanzt. Für die sachverständige Mithilfe von Neil Ellis konnte das Team – eher in Wirtschaft und Computertechnik zu Hause – besonders dankbar sein. Es hatte damit für die ersten Jahrgänge einen der besten Önologen des Kaps zur Seite; Neil Ellis Wines ist heute einer der südafrikanischen Topbetriebe.

Mit Marinus Bredell engagierten die passionierten Züchter von Zwergschnauzern und dänischen Riesendoggen 1993 einen weiteren Crack. Dieser brachte nicht nur zwanzig Jahre keller- und weinbautechnische Erfahrung vom Gilbeys-Konzern (eine große Weinbaufirma, deren Produktion von der KWV übernommen wird), sondern auch eine neue Gärtechnik aus Frankreich mit nach Louisvale: Der wegen seiner vielseitigen Einsatzmöglichkeit «Marionettentank» genannte Gärbehälter wurde entwickelt, um die Traubenmaische durch spezielle Siebelemente und kontrolliert langsamen Saftablauf schonend in klaren Most zu verwandeln. Auch Rotwein kann in dem drehbaren Tank fermentiert werden. Von der gelungenen Konstruktion machen ebenfalls die Weingüter Morgenhof und Stellenzicht Gebrauch.

Besuchszeiten:	*Montag bis Freitag:*	*10.00 Uhr bis 17.00 Uhr*
	Samstag:	*10.00 Uhr bis 13.00 Uhr*

Anschrift:	*Louisvale*
	Box 542, Stellenbosch 7600
Telefon:	*021/882 2422*
Fax:	*021/882 2633*
Anfahrt:	*Von Stellenbosch die R310 Richtung Kuils River, nach etwa drei Kilometern rechts in die Devon Valley Road und weitere vier Kilometer geradeaus.*

Weinangebot in Kisten à 12 Flaschen: Chardonnay 4500, Chavant 4500, Chavant unwooded 1000, Sauvignon/Chardonnay 3000, Cabernet/Merlot 3000, Cabernet Sauvignon 1000, Merlot 1000.

Sauvignon blanc-Chardonnay '95 (C) (56%/44%) 10% Chardonnay für vier Monate im Barrique. Erfrischender, kräftiger (13,3%vol.) Weißwein mit knackiger Säure und leichtem Hefe-Holztouch.

***Chavant Chardonnay (unwooded) '95** (C) 13,4%vol. Vollmundig mit Nuancen von Zitronen und Orangen. Lebendige Säure, sehr ausgewogen und harmonisch. Jetzt optimal.

****Chardonnay '95** (C) Neun Monate französische Barriques (60% neu). 13,3%vol. Kräftiges Goldgelb. In der Nase aromatisch, Kräuter und Blumen. Am Gaumen volle und opulente Frucht. Holzbetont mit leichtem Honigton. Gut strukturiert, mit eingebundener Säure. Lang anhaltend. Mit weiterer Lagerung noch komplexer.

***Cabernet-Merlot '94** (C) 56 bzw. 44%. Cabernet zur Hälfte sechs Monate in französischen Barriques, Merlot komplett vier Monate in französischen/amerikanischen Barriques. Brillantes Granatrot. Würzig-mineralische Nase. Im Ansatz schon weich, süßlich, ansprechend. Reife Kirschen, Waldfrüchte. Die Tannine zeigen sich aber recht ungestüm – besser bis etwa 1999 liegenlassen.

****Cabernet Sauvignon '94** (C) Gute Dichte und Konzentration, Zukunft. ***Merlot '94** (A) Reichlich Tannin, aber viel Frucht. Noch sehr verschlossen.

Bezugsquellen: 3, 21, 56, 60

Meerlust Estate

Weinbaugebiet:	*Stellenbosch*
Erste Abfüllung:	*1975 Cabernet Sauvignon, 1980 Rubicon und Pinot noir, 1984 Merlot, 1995 Chardonnay*
Rebfläche:	*150 Hektar*
Besitzer:	*Familie Myburgh*
Leitung:	*Giorgio Dalla Cia*

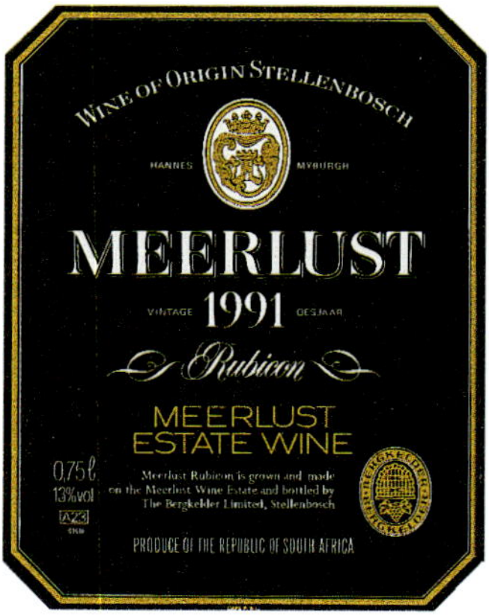

Das Anwesen Meerlust ist eine Perle unter den besten Gütern am Kap. Es wurde 1693 vom Deutschen Henning Hussing errichtet und benannt und befindet sich seit acht Generationen in den Händen der Familie Myburgh. Es steht unter Denkmalschutz und entzückt durch viele unverändert gebliebene Details.

Giorgio Dalla Cia, der einzige italienische Kellermeister Südafrikas, sorgt seit vielen Jahren für Kontinuität auf höchstem Niveau der Weinerzeugung. Die alten Rotweinreben gedeihen im kühlen, meernahen Klima auf Granitverwitterungsböden, die in der Oberfläche sandig, im Untergrund tonig ausgebildet sind. Sie erbringen bei langsamer Reife komplexe Moste von hoher Konzentration, die Dalla Cia gerne zu raffinierten Cuvées verschneidet. Die Vermählung der Weine erfolgt nach der Gärung in französischen Barriques. Auch der Merlot, eine Sorte, die Dalla Cia besonders schätzt, enthält oft etwas Cabernet Sauvignon und gewinnt dadurch an Körper und Finesse. Nur in hervorragenden Jahren wird der Wein sortenrein ausgebaut.

Besonders stolz ist der Önologe auf den neuartigen toastigen Stil seines Spätburgunders (Pinot noir). Auch ein Chardonnay ist hinzugekommen, dessen Kraft und Länge uns beeindrucken.

Liebhabern edler Brände empfehlen wir Giorgios vorzügliche, weiche Grappas, die nach Tradition seiner eigenen Familie 1996 zum ersten Mal aus frischem Trester destilliert wurden. Zwei Varianten von Trestern verschiedener Rebsorten zeigen ihre feinen Nuancen: Pinot noir/Chardonnay oder Merlot/Cabernet Sauvignon – eine ist besser als die andere.

Besuchszeiten: *Nach Vereinbarung*
Anschrift: *Meerlust Estate*
Box 15, Faure 7131
Telefon: *021/843 3587*
Fax: *021/843 3513*
Anfahrt: *Von Stellenbosch auf der R310 Richtung Kapstadt nach etwa zehn Kilometern links.*

Weinangebot in Kisten à 12 Flaschen: Cabernet Sauvignon 14700, Merlot 18700, Pinot Noir 8350, Rubicon 41850, Red 7900, Chardonnay 1000.

****__Chardonnay__ (D) Erst ab dem Jahrgang 1995 erhältlich. **'93** 15 Monate in neuen Barriques. 13%vol. Helles Goldgelb. In der Nase und am Gaumen schon entwickelter und differenzierter: Reife Birnen und Aprikosen vermischt mit reichlich feinen Röstaromen. Lang anhaltend.
Der **95er** hat viel Kraft und eine opulente Fruchtfülle, in das sich das noch stark hervortretende Holzaroma integrieren wird. Hervorragendes Entwicklungspotential.

Pinot noir (D) (Faßprobe****) **'95** Neuer Stil, nur neue Allier-Barriques. Kräftiges Granatrot. In der Nase noch verschlossen. Im Ansatz süßlich, erdig, ausgewogen. Reife Preiselbeeren und Kirschen. Konzentriert, viel Substanz. Noch recht starke Holzaromen. Großes Potential. **'91** Mittleres Ziegelrot. Trüffel/Pilzaroma. Mittlerer Körper mit sehr feinkörnigem Gerbstoffgehalt und delikater Würze, feine Struktur. Entfaltet sich im Glas: Orange, rote Fruchtbeeren. Langer Nachhall. Jetzt trinkreif mit weiterem Potential für zwei Jahre.

*****__Merlot__ (D) 18 Monate Barrique (neues Nevers-Holz, seit '93er nur 80% neu) **'91** Schwarzrubin. Komplexe Nase. Mundfüllend mit viel Schmelz und ausgewogenem Tannin. Seit dem legendären 87er der eindruckvollste. **'89** 10% Cabernet Sauvignon. 12,8%vol. Dunkles Granat. In der Nase Himbeere, Kirsche, feine Röstaromen. Voller Körper. Viel reife Frucht. Schokolade, Tabak, Leder, Zigarrenkistenaroma. Feine runde Tannine. Generös. Sehr langer eleganter Nachhall. Ein Merlot im Pomerol-Stil. In zwei bis drei Jahren auf seinem Höhepunkt.

Rubicon (D) Cabernet Sauvignon 65%, Merlot 25%, Cabernet Franc 15%, 18 Monate in neuen Nevers-Barriques (in großen Jahren bis zu 24 Monate) ***** **'92** Trotz fester Tannine schon schmeichelnd mit süßlichem Nachhall. Trinkreif ab 2000. **** **'91** Tiefdunkles Rubin. Würzig-mineralische Nase: Pflaumen, grüne Paprika. Vollmundig, geschmeidig, sehr dicht und konzentriert mit noch festen Tanninen. Leichte Pfeffernote im langen Nachhall. Jetzt schon ein Genuß, wird aber noch besser mit weiterer Lagerung. ***** **'89** Zeigt sich mittlerweile ausgesprochen harmonisch und gehört sicherlich zum Feinsten, was je auf Meerlust erzeugt wurde! Der **84er** zeigt immer noch eine erstaunliche Fruchtfülle mit würzigen Nuancen, besonders Tabak!

****__Cabernet Sauvignon__ (D) **'91** 10% Merlot. 18 Monate in neuen Nevers-Barriques. Dunkles Granat. Noch immer verschlossen, tanninstreng am Gaumen. Braucht Reifezeit.

Bezugsquellen: 6, 18, 22, 23, 26, 30, 40, 45, 46, 48, 66

Middelvlei Estate

Weinbaugebiet:	*Stellenbosch*
Erste Abfüllung:	*1973 Pinotage, 1985 Cabernet Sauvignon*
Rebfläche:	*140 Hektar*
Besitzer:	*Familie Momberg*
Leitung:	*Tinnie und Ben Momberg*

Rosen säumen die malerischen Weinberge Middelvleis. Sie schützten in früheren Zeiten die letzten Reben einer Zeile vor zu engen Wendemanövern der Arbeitspferde. Heute signalisieren sie noch immer das Auftreten mancher Rebkrankheiten, indem sie selbst vorzeitig befallen werden.

Die Farm liegt idyllisch auf den nördlichen Hängen des Papagaaiberges und ist seit 1930 Heimat der gastfreundlichen Familie Momberg. Die beiden Söhne Ben und Tinnie, seit 1992 für die Weinproduktion zuständig, wenden Erfahrungen von Aufenthalten in Kaliforniens Napa Valley vorläufig nur auf den Chardonnay an. Ansonsten verlassen sie sich eher auf die traditionellen Methoden ihres Vaters Jan.

Schon 1941 wurde im Keller wegen mangelnder Stromversorgung vom natürlichen Gefälle Gebrauch gemacht (Heute bedient man sich in den modernsten Betrieben wie Cabrière Estate und Vergelegen dieser Trauben und Wein schonend transportierenden Technik). Die roten Trauben des Estates werden noch immer in rustikalen, offenen Betonbehältern vergoren. Auch dieses Verfahren ist alt, aber nicht veraltet: Gerade für den landestypischen Pinotage hat sich der offene Gärbehälter bewährt.

Grundlage eines guten Weins jedoch ist die Qualität der Trauben. Auf diese wirkt sich unter anderem der tiefgründige Granitverwitterungsboden Middelvleis positiv aus. In seinem kieshaltigen Tonsockel speichert er den im Winter gefallenen Niederschlag wie in einem Staubecken für die trockene Sommerzeit.

Auf der anderen Seite des Papagaaiberges, der schmucken Wein- und Universitätsstadt Stellenbosch zugewandt, liegt das Unternehmen Bergkelder, in dessen gigantischen Lagerstätten unter Tausenden von Barriques auch die der Familie Momberg zu finden sind.

Besuchszeiten:	*Montag bis Freitag:*	*10.00 Uhr bis 16.00 Uhr*
	Samstag:	*9.00 Uhr bis 12.00 Uhr*
Anschrift:	*Middelvlei Estate*	
	Box 66, Stellenbosch 7600	
Telefon:	*021/883 2565*	
Fax:	*021/883 9546*	
Anfahrt:	*Von Stellenbosch die R310 Richtung Kuils River, nach 1 Kilometer rechts.*	

Weinangebot in Kisten à 12 Flaschen: Pinotage 14450, Shiraz 6800, Cabernet Sauvignon 5550, Chardonnay 500.

****Pinotage '91** (D) 20 Monate in französischer Nevers-Eiche, vier Jahre Flaschenlagerung. Purpurrot. Süßliches Pflaumenaroma. Am Gaumen noch recht ungestüm. Säure und Tannin dominieren die Frucht. Vom Körper her mittelgewichtig. Guter Abgang. Dieser Wein braucht noch zwei bis drei Jahre, um sich zu harmonisieren. **'85** Schon stark bräunlich, aber immer noch in Ordnung. Sehr weich mit Zigarren- und Ledertönen.

***Cabernet Sauvignon '92** (C) 22 Monate in neuen und einjährigen Neversbarriques. Dunkles Purpur. Duftet nach Kirschen. Charmante Frucht, ungemein ansprechend, aber noch gerbstoffreich. Jetzt gut in Verbindung mit kräftigen Fleischgerichten. In ein bis zwei Jahren auch solo ein guter Tropfen. **'89** Nähert sich der Trinkreife, vollreif in etwa zwei Jahren. **'83** Von der Magnum probiert. Hat sich noch gut gehalten. Sehr würzig-fleischig.

****Shiraz '89** (C) 18 Monate in französischen Neversbarriques. Anschließend drei Jahre Flaschenreife. Dunkles Rubin. In der Nase Geröstetes. Mittelgewichtig. Rustikal, aber eigenständig. Jetzt schön zu trinken.

Seit dem '95er Jahrgang gibt es auch einen guten Chardonnay (nur ein paar Barriques), der aber ausschließlich ab Weingut erhältlich ist.

Bezugsquellen: 3, 6, 22, 45, 46, 48, 66

Jean Daneel, Weingut Morgenhof, Stellenbosch

Morgenhof

Weinbaugebiet:	*Stellenbosch*
Erste Abfüllung:	*1984 Cabernet Sauvignon Superior*
Rebfläche:	*110 Hektar*
Besitzer:	*Familie Huchon-Cointreau*
Leitung:	*Jean Daneel*

Der Morgenhof in seinem kleinen Tal am Simonsberg, ursprünglich die Farm eines Hugenotten, kam vor nicht allzu langer Zeit erneut in französische Hände. Ein Ableger vom Stammbaum der Cointreau Familie, deren Wurzeln bis tief ins 13. Jahrhundert hineinreichen, brachte 1993 Glanz und Savoir-faire in das 300jährige Weingut.

Alain Houchon und seine Frau Anne siedelten im großen Stil: Erst kürzlich restaurierte Gebäude wurden abgerissen, an anderer Stelle erneut aufgebaut, umgebaut, erweitert. Ein Turm für Konferenzen überragt das Restaurant, umgeben von Seen, Wegen und Gartenanlagen. Unter allem befindet sich der pompöse, dem des Château Lafite nachempfundene achteckige Faßkeller mit Raum für bis zu 1600 Barriques, in dem 1995 die überschäumende Einweihungsparty stattfand.

Wer dem großen Namen aus Cognac mit zuverlässig hoher Weinqualität Rechnung trägt, ist der außerordentlich kenntnisreiche, deutschsprachige Jan Daneel. Er war zuvor Kellermeister Buitenverwachtings und ist nun Leiter des frankophilen Weinguts. Durch die Anwendung des sogenannten Canopy Managements soll durch Laubarbeiten an der Rebe die Assimilation des Sonnenlichts, bei gleichzeitiger Beschattung und Belüftung der Traubenzone, optimiert werden. Hierbei erprobt Daneel nun einen schrägen seitlichen Anschnitt der Laubwand. Durch die Reduzierung des Wuchses der jungen, seitlichen Triebe zugunsten der in die Höhe wachsenden älteren, soll ein besser durchlüftetes, das Sonnenlicht gut ausnutzendes Blätterwerk geschaffen werden. Dadurch verspricht man sich gesundes, reifes Traubengut.

Besuchszeiten:	*Montag bis Freitag:*	*9.00 Uhr bis 16.30 Uhr*
	Samstag:	*10.00 Uhr bis 15.00 Uhr*

Anschrift:	*Morgenhof, Box 365, Stellenbosch 7599*
Telefon:	*021/889 5510*
Fax:	*021/889 5266*
	Montag bis Samstag von 12 Uhr bis 14 Uhr Mittagessen, Picknickkörbe im Sommer, Suppen im Winter.
Anfahrt:	*Von Stellenbosch etwa fünf Kilometer die R44 Richtung Paarl, auf der rechten Seite.*

Weinangebot in Kisten à 12 Flaschen: Dry Red 3000, Cabernet Sauvignon 2500, Merlot 2000, Sauvignon 5000, Blanc de M 4000, Chardonnay 2000, Brut 1000, Port 1000

Blanc de M '96 (B) Blend aus Chenin blanc (70%), Weißer Riesling und Sauvignon blanc. Duftig-aromatisch (Gras und tropische Früchte). Geradlinig und ausgewogen im Geschmack. Keineswegs langweilig, sondern sehr saftig und erfrischend.

****Merlot '93** (D) 13,5%vol. 10% Cabernet Sauvignon. 18 Monate in neuen (40%) und gebrauchten französischen und amerikanischen Barriques. Dunkles Kirschrot. Duftet nach schwarzen Beeren und Barriquenoten. Auch im Geschmack viel Holz, dagegen steht aber eine opulente Frucht, mit viel reifen Tanninen. Klingt lange nach. Ein richtiges Kraftbündel. Gehört zu den besten am Kap! Der **'94er** (*****) ist noch konzentrierter, zeigt ein schönes Schokoladen-Kaffee-Aroma.

****Cabernet Sauvignon '93** (D) 13%vol. 20 Monate in neuen (30%) und gebrauchten französischen Barriques. Tiefes, dichtes Purpur. Fast dickflüssig. Cassis und feine rauchige Noten. Am Gaumen viel Schmelz, süße, kraftvolle Frucht untermalt von feinen Holznoten. Zeigt beachtliche Tiefe, trockene Tannine lassen den Wein mit langem Nachhall ausklingen. Potential bis 2005.

Morgenhof Brut Reserve '93 (D) MCC Chardonnay 65%, Pinotage 35%. Im Barrique vergoren. 20 Monate Flaschenhefe. Duftet nach Ananas und Banane. Im Geschmack trocken, fein moussierend und rund. Etwas einseitig.

Bezugsquellen: 21, 26, 56, 60

Mulderbosch Vineyards

Weinbaugebiet:	*Stellenbosch*
Erste Abfüllung:	*1991 Blanc Fumé*
Rebfläche:	*20 Hektar*
Besitzer:	*Ben Turok*
Leitung:	*Mike Dobrovic*

In der Nähe des Devon Valley Golfplatzes, fünf Kilometer nordwestlich von Stellenbosch, entdeckte Larry Jacobs 1989 ein kleines, romantisches Tal samt Farm, dessen Terroir für den Weinbau ideal zu sein schien. Der Mediziner quittierte seinen Dienst auf der Intensivstation in Johannesburg und kaufte das unbewirtschaftete Stück Land. Zu seiner Überraschung fand Jacobs auf dem verlassenen Gut den alten Hund des Vorbesitzers, der noch immer die Stellung hielt und bis zu seinem Ende in treuer Ergebenheit die Rückkehr seines Herrn erwartete.

Diese herzergreifende Geschichte vermarktet sich ausgezeichnet und präsentiert sich auf dem Etikett des roten Verschnitts «Faithful Hound». Ebenso besticht der weiße Sauvignon blanc durch seine unkonventionelle Ausstattung. Doch ausschlaggebend für den reißenden Absatz jedoch ist, was sich im Glas befindet und dafür ist Mike Dubrovic zuständig. Fachmännisch bringt er auch in kurzen, heißen Wachstumsperioden seinen brillanten Sauvignonstil in die Flasche, dessen rassiger Biß sich während der Reife mildert. Die bodennahe Buschwein- oder Gobeleterziehung sorgt, im Vergleich zur hohen Laubwand am Drahtrahmen, unter Umständen für eine bessere Abschirmung der Sonnenstrahlen. In den so beschatteten Beeren bleiben die Aromastoffe besser erhalten.

Der moderne, kleine, 1991 erbaute Keller imponiert mit natürlichem Gefälle von der Traubenanlieferung bis zur Abfüllung. Jede Sorte wird in kluger Weise umsorgt und erhält ihren persönlichen Schliff.

Larry Jacobs wurde das Hobby allmählich zum schweißtreibenden Geschäft. Im November 1996 verkaufte er das Weingut deshalb für einen aufsehenerregenden Spitzenpreis Ben Turok, einem reichen Industriellen aus Pretoria. Zusam-

men mit Mike Dubrovic brachte er noch die 1997er Ernte ein und machte sich dann auf eine entspannende Schiffsreise.

Besuchszeiten:	*Nach Vereinbarung*
Anschrift:	*Mulderbosch Vineyards, Box 548, Stellenbosch 7599*
Telefon:	*021/882 2488*
Fax:	*021/882 2351*
Anfahrt:	*Von Stellenbosch etwa sieben Kilometer die R304 Richtung Koelenhof/Kapstadt, gleich nach Einfahrt Beyerskloof links.*

Weinangebot in Kisten à 12 Flaschen: Sauvignon blanc 6000, Blanc Fumé 1000, Chardonnay 3500, Steen op hout 900, Faithful Hound 4500.

*****Sauvignon blanc '96** (C) Helles Gelb mit grünen Reflexen, ausgeprägte Kirchenfenster. Komplexe Nase, Mango- und Passionsfrüchte-Aroma. Frische, klare Frucht. Voller, kräftiger Körper mit hervorragender Struktur und langem, nussigem Nachhall. Köstlich! Zu trinken bis etwa 1998. Einer der besten des Kaps!

***Blanc Fumé '95** (C) Über die Hälfte für fünf Monate in französischen/amerikanischen Barriques, davon 50% neu, mit malolaktischer Gärung. Goldgelb mit grünlichen Reflexen. In der Nase fruchtig-toastig. Mittlerer Körper mit gut integriertem Holzaroma und lebendiger, frischer Säure. Im feinen Abgang Nüsse und Geröstetes. Vollreif etwa 1998.

****Chardonnay** (C) **'95** Sieben Jahre alte Rebstöcke, amerikanische/französische Klone. Zu 60% in Barriques vergoren, 50% neu. Helles Goldgelb. Honig, Karamel. Reich, üppig, mit erfrischender Säure und viel Eichenholzaroma, das dem konzentrierten, nach tropischen Früchten schmeckenden Wein aber perfekt steht. **'94** Sechs Monate im Barrique. Hat nicht ganz so viel Substanz und Fülle wie der 95er, aber trotzdem sehr fein und filigran, mit zarten Walnußaromen und guter Säurestruktur.

****Steen op hout '96** Chenin blanc. Erster Jahrgang. Die leicht botrytisinfizierten Trauben stammen von alten Bushwines. Für zehn Tage (!) in neuen Barriques. Helles Gelb. Guavefrüchte. Gehaltvoller Körper, ausgewogene Säure. Sehr komplexer Wein. Im langen Nachhall süßliche, gelbe Paprika, etwas Botrytisaroma. Einer der interessantesten trockenen Chenin blancs Südafrikas! (Siehe auch Stellenzicht und Louiesenhof.)

****Faithful Hound** (C) **'94** Merlot 40%, Cabernet Sauvignon 36%, Cabernet Franc 12%, Malbec 12%. Drei Tage kalte Gärung, dann sieben Tage auf der Maische. Acht Monate in französischen Barriques. Dunkles Rubin. Viel reifes, kräftiges Tannin. Zeigt eine süßere Frucht als der 93er. Insgesamt mittelgewichtig. Sollte noch etwa zwei Jahre liegen bleiben. **'93** Erste Ernte von zwei Jahre alten Rebstöcken. Merlot 55%, Rest Cabernet Sauvignon. Tintenfarben. Mineralisch-erdige Nase. Geschmack nach Brombeeren, Pflaumen und Kräutern, etwas Schokolade. Trockene, in diesem Stadium etwas harte Tannine, die in drei bis vier Jahren weicher und glatter werden.

Bezugsquellen: 7, 37

Muratie Estate

Weinbaugebiet:	*Stellenbosch*
Erste Abfüllung:	*1927 Pinot noir, Cabernet Sauvignon, Claret, Amber und Cape (Port)*
Rebfläche:	*42,3 Hektar*
Besitzer:	*Familie Melck*
Leitung:	*Anton und Rijk Melck*

Ein Hauch stiller Romantik durchzieht das älteste private Weingut am Kap. Die neoklassizistische Fassade des Herrenhauses, die innere Gartenanlage, der nostalgische Weinkeller, betagte Bäume und eine verträumte Atmosphäre umgeben den über 300 Jahre alten Landsitz.

So ist die Absicht des 21. Gutsbesitzers Anton Melck verständlich, die Weinbereitung in traditioneller Weise fortzusetzen und die Qualität der Rotweine möglichst hochzuhalten. Die über fünfzig Jahre alten, vom deutschen Maler und Weinerzeuger Georg Paul Canitz installierten offenen Betongärbehälter sind noch immer für die über zwei Wochen dauernde Fermentation im Einsatz. Während der ersten Zeit wird der aufliegende Tresterhut fünfmal täglich von Hand in die Maische gestoßen, um ein Höchstmaß an Farb- und Aromastoffen zu extrahieren. Nach dem Keltern in der horizontalen Schlauchpresse (bis noch vor einem Jahr wurde eine uralte Schneckenpresse erfolgreich eingesetzt) gelangen 20 Prozent des dunklen Jungweins in neues Holz und ruhen dort für mindestens acht Monate, bevor abgestochen wird. Das Ergebnis ist ein kraftvoller Wein, in dem die reiche Frucht alter Reben und mineralische Aromen aus guten Bodenverhältnissen in konzentrierter Form vorliegen.

Köstlich ist auch der Cape-Port Muratie's, der in portugiesischen Pipes ausgebaut wird. Die in Portugal heimischen, länglichen Holzfässer haben ein Fassungsvermögen von 523 Liter.

Besuchszeiten:	*Montag bis Donnerstag:*	*9.30 Uhr bis 17.00 Uhr*
	Freitag:	*9.00 Uhr bis 16.00 Uhr*
	Samstag:	*9.00 Uhr bis 15.00 Uhr*
Anschrift:	*Muratie Estate Box 133, Koelenhof 7605*	
Telefon:	*021/882 2330*	
Fax:	*021/882 2790*	
Anfahrt:	*Von Stellenbosch die R44 Richtung Paarl, nach etwa sechs Kilometern rechts abbiegen, weitere drei Kilometer.*	

Weinangebot in Kisten à 12 Flaschen: Ansela 2740, Melck's Reserve 1400, Claret 660, Shiraz 620, Cape (Port) 630, Amber 440 .

***__Melck's Reserve '95__ (B) Merlot 50%, Pinot noir 50%. Ungewöhnlicher Verschnitt. Jetzt schon trinkreifer, fülliger und wohlschmeckender Rotwein – überdurchschnittlich. Feiner Duft nach Himbeeren, Minze und Tabak.

**__Shiraz '95__ (C) Zehn Monate in gebrauchten französischen Barriques. Dunkles Rubin. Leicht rauchige Pfeffernote, reichlich Waldfrüchte. Angenehmes, mildes, trockenes Tannin, mundfüllend. Trinkreif aber lagerfähig.

******Ansela van de Caab** (C) **'95** Cabernet Sauvignon 70%, Merlot 30%. Neun Monate in gebrauchten französischen Barriques. Sehr zugänglich und jetzt besonders durch sein lebendiges Tannin gut zum Essen. Im Vergleich zu anderen Cabernet-Blends zurückhaltender, klassischer, nicht so holzbetont. Im «Old-World-Style» (traditionell) von alten Klonen. **'94** Cabernet Sauvignon 65%, Merlot 35%. Reiche Cassis-Frucht. Voller Körper. Langanhaltend.

******Cape (Port)** (C) Verschnitt aus den Rebsorten Tinta roriz, Tinta francisca, Tinta barocca, Souzao und Shiraz. 97,5g/l Restzucker. Ausgebaut in 523-Liter-Portpipes. **'95** Am Gaumen Zartbitterschokolade und erdig-mineralische Töne. Noch viel harte Gerbstoffe, aber gut strukturiert, nuancenreich. Braucht unbedingt noch Zeit. Großes Potential.

Bezugsquellen: 7, 10, 67

Nederburg

Weinbaugebiet:	*Paarl*
Erste Abfüllung:	*1937 Chenin blanc, Cape Riesling*
Rebfläche:	*650 Hektar*
Besitzer:	*Stellenbosch Farmers Winery*
Leitung:	*Newald Marais*

Das größte Weingut des Landes ist zugleich Aushängeschild und Prüfstein des südafrikanischen Weinmarkts. Es verweist durch beständige Qualität auf das hohe Niveau der Kapweine.

Ein Prozent der jährlich fast zehn Millionen von der Kellerei abgefüllten Flaschen wird auf der berühmten Nederburg-Auktion (ähnlich der Versteigerung Kloster Eberbach im

Rheingau) versteigert. Dort haben 1600 geladene Gäste die Möglichkeit, das Beste aus der riesigen Produktion zu kosten und zu kaufen. Die später im Handel und in jedem guten Restaurant erhältlichen Kreszenzen widerlegen schnell die Auffassung, daß großer Wein nur im Boutique-Weingut entstehen könne.

Rekorderträge bei der Versteigerung, lebhafte Nachfrage auch im Ausland und eine lohnende Preispolitik führen zu rasant wachsenden Umsätzen und Zukunftsplänen, die neue Bucher-Pressen, Tanks, eine Abfüllanlage, einen Experimentier- und einen Faßkeller vorsehen. Wieder ist die Leitung Nederburgs in deutschsprachiger Hand: Newald Marais, aufgewachsen auf einer Farm in Robertson, wo er als 12jähriger erste Gehversuche mit dem Vergären von Traubensaft machte, lernte bei seiner Ausbildung in Weinsberg schwäbisch. Er setzt mit Klugheit fort, was sein Vorgänger, der deutsche Günther Brözel, während vieler Jahre maßstabsetzender Tätigkeit entwickelt hatte – unter anderem den Ausbau von edelfaulem Traubengut zu Süßweinen, vergleichbar den Trockenbeerenauslesen. In freundlich bescheidener, doch kongenialer Weise schafft Newald Marais Vertrauen in die gesamte zuverlässige Palette seiner Weine.

Besuchszeiten:	*Montag bis Freitag:*	*8.30 Uhr bis 17.00 Uhr*
	Samstag:	*8.00 Uhr bis 13.00 Uhr*
Anschrift:	*Nederburg Wines*	
	Private Bag X3006, Paarl 7620	
Telefon:	*021/862 3104*	
Fax:	*021/862 4887*	
	Auf vorherige Reservierung sind leichte Speisen erhältlich.	
Anfahrt:	*Von Paarl etwa drei Kilometer die WR4*	
	Richtung Worcester, auf der rechten Seite.	

Weinangebot in Kisten à 12 Flaschen: 800000 Kisten insgesamt, 480000 weiß, 240000 rot und 80000 rosé.

****__Private Bin R109__ Cabernet Sauvignon 60%, Merlot 40%. **'89** Auf der Auktion 1997. Dunkles Ziegelrot. Cassisnase. Gut eingebundene, kompakte Tannine, wohl strukturiert, vollmundig. Hier paßt alles zusammen und wird mit zunehmenden Alter noch besser! Großes Potential.

*****__Private Bin R163 Cabernet Sauvignon__ 18 Monate in zum Teil neuen französischen Eichenholzfässern (300 l) **'91** (Von neuen Klonen) Dunkles Rubinrot. Feines, würziges Maulbeerenaroma. Voll im Ansatz, füllig im

Mund, sehr dicht und konzentriert. Angenehm runde, aber feste Tannine, langanhaltend. Jetzt schon verführerisch, aber sicherlich noch herausragender in einem Jahrzehnt! **'90** Recht reifes Rubin. Zurückhaltende, leicht rauchige Nase. Reichlich feines, aber noch sehr präsentes Tannin. Schönes, fruchtbetontes Finale. **'86** Auf der Nederburg Auktion 1997. Dunkles Ziegelrot. In der Nase eingemachte Früchte. Am Gaumen üppige, schwarze Johannisbeerfrucht. Viel Substanz. Lebhaftes und doch weiches Tannin. Herrlich langanhaltender Nachhall. Reserven für weitere zehn Jahre. **'85** Dunkles Kupferrot. Zeigt Alterungsnoten, Rumfrüchtearoma, Brombeerkompott. Nicht ganz so komplex und voluminös wie seine Nachfolger. In den nächsten zwei bis drei Jahren trinken.

*****__Private Bin S316 Weißer Riesling Noble Late Harvest '92__ 125g/l Rz, 7,4g/l S. Helles Goldgelb. Reichlich Botrytischarakter. Geschmack nach eingemachten Früchten (Aprikosen) und Kompott. Die Säure puffert sehr gut ab. Sehr langes Finale. Der 93er (mehr Botrytis) und der **94**er zeigen sich derzeitig recht verschlossen, die Säure noch unharmonisch.

*****__Edelkeur '93__ (1997 auf der Auktion) Reinsortiger Chenin blanc. 135g/l Rz, 8,6g/l S. Brillantes Goldgelb. In der Nase getrocknete exotische Früchte – noch ausgeprägter im Mund. Die Säure gibt die nötige Balance. Der **94**er ist weicher und weniger botrytisbetont. Sehr fein und mit lebendiger Säure ausgestattet ist der **95**er.

Bezugsquellen: Die oben genannten Weine sind Versteigerungsweine, die man nur dort kaufen kann. Das sonstige Nederburg-Sortiment erhalten Sie bei: 43, 47, 65, 66, 67

Neethlingshof Estate

Weinbaugebiet:	*Stellenbosch*
Erste Abfüllung:	*1971 Chenin blanc, Clairette Blanche*
Rebfläche:	*160 Hektar, 100 Hektar kommen hinzu*
Besitzer:	*Hans-Joachim Schreiber*
Leitung:	*Schalck van der Westhuizen*

Umfangreiche Investitionen Hans-Joachim Schreibers in die Weinwirtschaft Südafrikas während der letzten 15 Jahre fruchten mehr und mehr. Der international operierende Bankier aus Frankfurt mit Investmentfirma in Singapur hatte ab 1981 auf Stellenzicht Vineyards, ab 1982 auch auf das Neethlinghof Estate gesetzt und erntet nach kostspieliger Umstrukturierung beider Anwesen zunehmend die Früchte seiner Arbeit.

Den Wiederaufbau beider Weingüter organisierte der routinierte Günter Brözel von Nederburg. Schalck van der Westhuizen, auf dem Neethlingshof geboren und aufgewachsen, war maßgeblich an dessen Neubepflanzung beteiligt und ist heute Kellermeister. Bei der Aufzucht der Jungreben wurde Wert darauf gelegt, sie nicht schon frühzeitig an Bewässerung zu gewöhnen. Davon wird nur Gebrauch gemacht, um Trockenschäden an den Pflanzen zu vermeiden, nicht aber um höhere Erträge zu erzielen. Eine stattliche Reihe großer Holzfässer dient dem Ausbau einiger Sorten. Van der Westhuizen behauptet, daß der monatliche Gesamtverlust von 3000 Litern Flüssigkeit durch Verdunstung sich positiv auf Reife und Konzentration der Weine auswirkt. Dabei geben die größeren Gebinde nur zarte Holzaromen ab, weil ihr Fassungsvermögen einer verhältnismäßig kleinen Holzoberfläche gegenübersteht.

Besonderes Vergnügen bereitet dem Besucher allein die Gutsauffahrt: Die ein Kilometer lange Pinienallee verbindet den pompösen Eingangsbereich mit dem Komplex der sorgfältig restaurierten Restaurant- und Wirtschaftsgebäude.

Besuchszeiten:	*Montag bis Freitag:*	*9.00 Uhr bis 17.00 Uhr*
	Samstag und Sonntag:	*10.00 Uhr bis 16.00 Uhr*

Anschrift:	*Neethlingshof Estate*
	Box 104, Stellenbosch 7600
Telefon:	*021/883 8988*
Fax:	*021/883 8941/8975*
	Lord Neethling Restaurant Mo-Sa: 12-14.30 Uhr und 19–22 Uhr, So: 12–14.30 Uhr. Leichte Mahlzeiten im Palm Terrace Mo-Sa: 12–14.30 Uhr, So: 12–14.30 Uhr. Im Sommer Weinbergstour mit dem Kellermeister, Open-air-lunch.
Anfahrt:	*Von Stellenbosch etwa vier Kilometer die R310 Richtung Kuils River/Kapstadt, rechts.*

Weinangebot in Kisten à 12 Flaschen: 80000 Kisten insgesamt, je 40000 rot und weiß. Cape und Weißer Riesling, Sauvignon blanc, Chardonnay, Gewürztraminer, Shiraz, Pinotage, Merlot, Cabernet Sauvignon.

****Blanc de Noir '96** (B) Cuvée aus Cabernet Franc, Gamay noir und Cabernet Sauvignon. Lachsrosa. Fruchtig-würzige Nase mit floralen Noten. Recht kräftiger, erfrischender, trockener Rosé, mit knackiger Säure. Ideal zur leichten Sommerküche.

*****Pinotage '93** (B) Ausgebaut in französischen Barriques. Helles Rubinrot. Mittel-dicht. Weiche, ausgewogene Tannine, aber insgesamt von recht kompakter Struktur – könnte gut noch etwa ein Jahr Reifezeit vertragen. Reserven für vier Jahre.

*****Merlot '93** (C) Acht Monate in Eichenholzfäßern. Brillantes Purpurrot. Im Bouquet Paprika und Sauerkirsche, animalische Noten. Mittelgewichtig. Viel reife Frucht. Reichlich grobkörniges Tannin, das sich aber in ein bis zwei Jahren glätten wird. Gutes Reifepotential.

*****Cabernet Sauvignon '93** (C) 23 Monate in neuen (30%) und zweijährigen Nevers- und Alliersbarriques. Dunkles Granat. Feine holzgeprägte Cabernetnase. Voll und konzentriert, aber kein «Schwergewicht», sondern eher im feinen, klassischen Stil. Im Nachhall lang anhaltende Röstaromen. Jetzt trinkreif, hält sich bis 2000.

*******Weißer Riesling Noble Late Harvest '96** (D) Brillantes Goldgelb. Duftet herrlich nach Aprikosenmarmelade, Pflaumenkompott. Reichlich

Botrytisaroma. Fast ölige Konsistenz, sehr weich und cremig mit feiner Süße. Trotzdem ausreichend Säure (8,1 g/l), um den hohen, natürlichen Zuckergehalt (185 g/l) abzupuffern. Hält lange im Mund an. Gehört zu den besten Noble Late Harvests Südafrikas.

Bezugsquellen: 38, 42, 44, 63

Neil Ellis Wines

Weinbaugebiet:	*Stellenbosch*
Erste Abfüllung:	*1984 Cabernet Sauvignon, 1984 W. Riesling*
Rebfläche:	*zum größten Teil zugekaufte Trauben*
Besitzer/Leitung:	*Neil Ellis*

Jede Rebsorte stellt eigene Ansprüche an Klima, Boden, Weinbau- und Kellertechnik. Eine jede verdient den Ort, der ihren Wohlgeschmack am besten prägt und die Behandlung, die diesen Wohlgeschmack am besten erhält und fördert. Das Gelände einer Farm hat nur eine begrenzte räumliche Ausdehnung und damit ein Terroir, das im Charakter eher einseitig ist. Ein sogenanntes «Estate» (Landweingut) ist zudem nur beschränkt berechtigt, zugekaufte Trauben aus entfernten Lagen zu verarbeiten und kann deshalb selten eine Vielzahl von Rebsorten in Spitzenqualität hervorbringen.

Neil Ellis kann es! Sein Betrieb ist nicht als «Estate» eingetragen. Seit 1988 kauft er Trauben aus unterschiedlichsten Regionen und verarbeitet sie in seinem geradezu märchenhaft gelegenen Keller nahe Stellenbosch. Dabei gelingt es dem studierten Önologen und ehemaligen Kellermeister Groot Constantias und Louisvales, die gebietstypischen Eigenarten der Weine meisterhaft herauszuarbeiten.

Aus Elgin, der kühlsten Weinbauregion des Kaps, nahe der False Bay, wird Ellis mit Chardonnay und Sauvignon blanc beliefert. Deutlich andersartig als seine östliche Variante ist der Groenekloof-Sauvignon von einer 400 Meter hohen Hanglage an der Westküste. Für den Cabernet Sauvignon bedient man sich hervorragender Lagen in Stellenbosch: vom Helderberg, vom Devon Valley und auch von eigenen Parzellen nahe der Kellerei im bezaubernd grünen Jonkershoektal. Von da oder von ferneren Rebbergen – Neil Ellis pickt sich die Rosinen heraus.

Besuchszeiten:	*Montag bis Freitag:*	*9.00 Uhr bis 13.00 Uhr*
		14.00 Uhr bis 16.30 Uhr
	Samstag nach Vereinbarung	
Anschrift:	*Neil Ellis Wines*	
	Box 917, Stellenbosch 7600	
Telefon:	*021/887 0649*	
Fax:	*021/887 0647*	
Anfahrt:	*Von Merriman Rd. in Stellenbosch Richtung Jonkershoek Valley, etwa vier Kilometer geradeaus, auf der linken Seite.*	

Weinangebot in Kisten à 12 Flaschen: 28000 Kisten insgesamt, 14000 rot, 14000 weiß. Sauvignon blanc, Chardonnay, Pinotage, Cabernet Sauvignon, Merlot.

******Sauvignon blanc Groenekloof '96** (B) Von alten Buschwines aus der Region Darling an der Westküste. Helles Gelb. In der Nase Apfel und Zitrone. Am Gaumen kraftvoll und bissig mit viel Stoff und langem Finale.

*****Chardonnay Reserve Elgin '95** (C) Neun Monate in zu 70% neuem Holz. Leuchtendes Gelb. In der Nase feine Barriquenoten, die sich im Geschmack fortsetzen und sehr gut in die mittelgewichtige Frucht einfügen. Im Abgang nussig und trocken.

*****Pinotage '95** (C) Stammt von der Weinbergsparzelle direkt bei der Neil Ellis-Farm, 23 Jahre alte Rebstöcke. 14 Monate in gebrauchten Barriques. Dunkles Granat. Duftet nach Bananen und frischen Kräutern. Von mittlerer Statur, wohlausgewogen. Jetzt schon trinkreif mit weichen, angenehm trockenen Tanninen.

******Cabernet Sauvignon/Merlot '94** (C) Im Verhältnis 70 zu 30. Trauben stammen aus Stellenbosch/Devon Valley (Nähe Louisvale). 16 Monate in zu 30% neuem Holz. Dunkles Rubin. Maulbeeraroma. Im traditionellen Stil. Fein und elegant, mittelgewichtig mit dezent eingesetztem Holz. Gute Tiefe und sehr kompakte trockene Tannine. Noch etwas verschloßen. Braucht etwa bis 1999, um auszureifen, dann hält er sich weitere fünf Jahre.

*****__Cabernet Sauvignon Réserve '94__ (D) 8% Merlot. Cabernet vom Helderberg, aus dem Devon Valley und Jonkersvalley. 19 Monate in 60% neuen Barriques. Tiefdunkles Schwarzrubin. Duftet nach schwarzen Johannisbeeren und Minze. Am Gaumen leicht vegetabil, pfeffrig. Vollgepackt mit reifen, aber noch harten Tanninen. Sehr konzentrierte delikate Frucht mit Schokoladentönen. Hervorragend langer Nachhall. Zum Jetzt-Trinken viel zu jung. Ein Wein, den man beruhigt 10 bis 15 Jahre reifen lassen kann. Wunderbar!

Bezugsquellen: 4, 7, 17, 31,

Nuy Cooperative

Weinbaugebiet:	*Worcester*
Erste Abfüllung:	*1976 Colombard, Muscadel*
Rebfläche:	*500 Hektar*
Besitzer:	*etwa 20 Mitgliedsbetriebe*
Leitung:	*Wilhelm Linde*

Nuy ist eine der kleineren Kooperativen und eine der besten. Ihr guter Ruf basiert auf außergewöhnlich guten, sehr preiswerten roten und weißen gespriteten Muskatellern und auf einem der besten trockenen Colombards. Chardonnay, Merlot und Cabernet Sauvignon wurden kürzlich gepflanzt. Nur drei Prozent der 9500 Tonnen jährlich produzierten Trauben werden unter dem Nuy-Etikett abgefüllt. Den Rest übernimmt vor allem die Stellenbosch Farmers Winery.

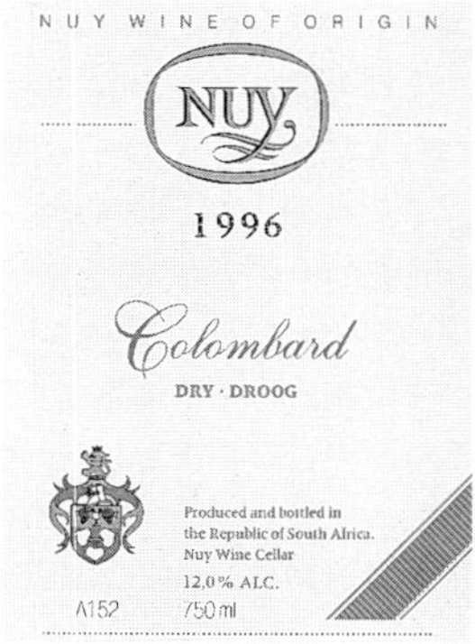

Nuy vertreibt seine Weine leider nur ab Weingut. Auf dem Weg nach Robertson sollte man einen Stop einplanen. Kellermeister Wilhelm Linde hat vor einigen Jahren die zweite begehrte Auszeichnung des «Diners Club Winemaker of the year» erhalten. Er ist ein äußerst höflicher Mensch, dem man anmerkt, daß er sorgfältige Arbeit leistet. Seit vielen Jahren ist er die Seele der Winzergenossenschaft, die über gepflegte Weinberge und eine makellose Kellerei verfügt.

Besuchszeiten:	*Montag bis Freitag:*	*8.30 Uhr bis 16.30 Uhr*
	Samstag:	*8.30 Uhr bis 12.30 Uhr*
Anschrift:	*Nuy Co-Operative*	
	Box 5225, Worcester 6851	
Telefon:	*0231/702 72*	
Fax:	*0231/749 94*	
Anfahrt:	*Von Worcester etwa 15 Kilometer die R60*	
	Richtung Robertson, auf der linken Seite.	

Weinangebot in Kisten à 12 Flaschen: 42000 Kisten insgesamt.

***__Colombard '96__ Trocken. Typischer Sortencharakter in der Nase: Guave und Melone: Setzt sich im Geschmack fort, dabei erfrischend, trotz milder Säure. Jetzt zu trinken.

**__Bukettraube '96__ Leicht süßlich (12g/l Restzucker). Sehr aromatisch mit Nuancen von Bananen und reifen Aprikosen. Läßt sich der lebendigen Säure wegen sehr gut trinken.

****__White Muscadel '94__ und ***__Red Muscadel '94__. Beide mit etwa 17% Alkohol und 245g/l Restzucker.

Bezugsquellen: Nur ab Weingut erhältlich.

Strauße beim Weingut Nuy, Worcester

Overgaauw Estate

Weinbaugebiet:	*Stellenbosch*
Erste Abfüllung:	*1970 Cabernet Sauvignon, Pinotage, Cinsault, Cape (Port), 1971 Sylvaner*
Rebfläche:	*72 Hektar*
Besitzer:	*Braam van Velden*
Leitung:	*Braam van Velden und Chris Joubert*

Die Probierstube Overgaauws versetzt den Besucher in eine wohnliche Atmosphäre der viktorianischen Zeit (Mitte bis Ende des 18.Jahrhunderts) zurück. So läßt er sich die Weine Braam van Veldens, der seinen alten Familienbetrieb seit 1978 leitet, besonders schmecken.

Nicht nur der detailgetreu restaurierte Verkostungsraum besitzt Einzigartigkeit, auch der Sylvaner ist der einzige am Kap – seit vielen Jahren, was verwundert, denn er hat sich, eigenständig und enorm lagerfähig, als guter und beliebter Tischwein erwiesen. Der Merlot, 1982 vom Enkel des Gründers erstmals in Südafrika reinsortig abgefüllt, fand dagegen viele Nachahmer. Der samtige Rote stammt inzwischen gänzlich von einem neuen italienischen Klon, der sich üppiger und vollmundiger als sein Vorgänger präsentiert.

Die Liste der Innovationen Braam van Veldens geht weiter: Eine der ersten Assemblagen im Bordeauxstil wurde von ihm vorgenommen, er pflanzte als erster die Port-Rebsorte Touriga Nacional, er kreierte den ersten Pinotage/Cabernet Franc-Verschnitt. All diese Neuerungen machen van Velden, der 1983 Mitbegründer der CIWG war (die sich der qualitativen Weiterentwicklung südafrikanischer Weine verschrieben hat) zu einem der Wegbereiter des modernen Kapweinbaus.

Besuchszeiten:	*Montag bis Freitag:*	*9.00 Uhr bis 12.30 Uhr*
		14.00 Uhr bis 17.00 Uhr
	Samstag:	*10.00 Uhr bis 12.30 Uhr*
Anschrift:	*Overgaauw Estate*	
	Box 3, Vlottenburg 7604	

Telefon: *021/881 3815*
Fax: *021/881 3436*
Anfahrt: *Von Stellenbosch etwa vier Kilometer die R310 Richtung Kuilsriver/Kapstadt, gleich nach Einfahrt Neethlingshof rechts.*

Weinangebot in Kisten à 12 Flaschen: 10000 Kisten insgesamt. Sylvaner, Chardonnay, Sauvignon blanc, Cabernet Sauvignon, Merlot, Cabernet Franc, Cape Vintage (Port).

Sylvaner '95 (B) 25 Jahre alte Rebstöcke. 12%vol., 5g/l Restzucker. Für einen trockenen Sylvaner ziemlich voll. Säurebetont mit einem Hauch Muskataroma. Derzeitig noch verhalten, aber 1998 optimal.

***Chardonnay '95** (B) Einige Monate in zu 50% neuen französischen Barriques. Helles Grüngold. Im Duft angenehmes Pfirsich-Lemonen-Aroma. Sehr fruchtig und wenig holzbeladen – derzeitig aber noch zu verschlossen. Gewinnt nach einem Jahr an Komplexität.

***Merlot '94** (B) Zum großen Teil von alten Klonen. 24 Monate in zu 30% neuem Holz. Dunkles Granat. In der Nase rote Beerenfrüchte. Am Gaumen eingemachte Johannisbeeren, Eukalyptus. Von mittlerer Konsistenz. Braucht zwei bis drei Jahre Reifezeit.

***Cabernet Sauvignon '92** (C) 12,4%vol. 24 Monate in zu 50% neuen französischen Barriques. Dunkles Purpur. Verhaltene Nase. Ganz im alten Stil, ähnlich dem Muratie '95. Voll und würzig mit gutem Extrakt. Solide und sauber gemacht. Holz perfekt integriert. Gutes Alterungspotential.

Tria Corda '89 (C) Cabernet Sauvignon 75%, Merlot 25%. Dunkles Rubin mit bräunlichen Reflexen. In der Nase schon entwickelt – Leder-, Tabakaroma. Auch im Geschmack sehr reif, gehalten durch etwas Tannin, Schokolade. Hält sich etwa bis 1999.

Pinotage/Cabernet franc (B) (60%/40%) Sehr fruchtbetonter, frühreifer Verschnitt, der am besten gut gekühlt schmeckt.

****Cape Vintage (Port) '86** Tinta barocca, Tinta francisca, Cornifesto, souzao und Tinta roriz. Zehn Jahre in größeren Fässern gelagert. Ungefiltert, unbedingt dekantieren. 18%vol., 100g/l Restzucker. Nur auf dem Weingut erhältlich. Schwarzrubin. Sehr komplexe Nase. Mandeln. Im Geschmack feine Süße, eingelegte Pflaumen, Marzipan. Zeigt viel Eleganz und ist ausgewogen. Hervorragendes Reifepotential.

Bezugsquellen: 63

Plaisir de Merle

Weinbaugebiet:	*Paarl*
Erste Abfüllung:	*1993 Cabernet Sauvignon, Chardonnay*
Rebfläche:	*365 Hektar*
Besitzer:	*Stellenbosch Farmers Winery*
Leitung:	*Niel Bester*

Für den Geschäftsmann kann ein neuer Anzug eine lohnende Investition sein. Für Südafrikas größten Weinproduzenten nahmen 1991 Architekt Chris de Hart und Künstler Jan Carewijn Maß und schneiderten innerhalb von zwei Jahren ein faszinierendes Kleid für sein neues Produkt: Plaisir de Merle. Wie sein Schwesterweingut Nederburg tritt es als eigenständiges Zugpferd der mächtigen Stellenbosch Farmers Winery auf.

Ein hochmodernes deutsches Computersystem ist das Herz des neuen Kellers, den der Besucher von einem Steg aus der Vogelperspektive bewundern kann. Unter anderem übernimmt das elektronische Gehirn die komplizierte Temperaturregulierung der vielen Tanks, von 210 bis 25100 Litern Fassungsvermögen. Dank des Rechners bewerkstelligt Niel Bester die Verarbeitung von über 500 Tonnen Trauben mit nur drei weiteren Arbeitskräften.

Die kleine Kollektion der vornehmen Plaisir de Merle Weine profitiert von der Beratung durch Dr. Paul Pontallier von Château Margaux sowie einer 365 Hek-

tar großen Rebfläche, die unterschiedlichste Qualitäten offeriert. Nur hochwertiges Traubengut wird unter dem Plaisir-de-Merle-Etikett auf dem Weingut abgefüllt; der überwiegende Teil verläßt das Gelände in Tankwagen und wird Bestandteil anderer Verschnitte der Stellenbosch Farmers Winery.

Äußerlich brilliert das von einem Wassergraben umgebene, weiße Bauwerk durch stilvolle Konturen und schlichte Eleganz. Es harmoniert mit den umliegenden, restaurierten Farmhäusern kapholländischer Architektur des 18.Jahrhunderts. Carewijns imposante Wandreliefs verleihen ihm majestätischen Glanz.

Weingut Plaisir de Merle, Franschhoek

Besuchszeiten:	*Nach Vereinbarung*
Anschrift:	*Plaisir de Merle*
	Box 121, Simondium 7670
Telefon:	*021/874 1071*
Fax:	*021/874 1689*
Anfahrt:	*Von Franschhoek etwa 16 Kilometer die R45*
	Richtung Paarl vorbei an der R310, auf der linken Seite.

Weinangebot in Kisten à 12 Flaschen: Cabernet Sauvignon 28000, Merlot 2000, Chardonnay 6000, Sauvignon 6000 .

Sauvignon (B) **** **'96** 16 Jahre alte Rebstöcke. Kohlensäuregärung, ohne Barriqueausbau. Üppige, süßliche Stachelbeerfrucht. Mittlerer Körper, ausgewogene Säure. Jetzt trinkfertig, aber weitere zwei Jahre lagerfähig. *** **'95** Zu 15% in französischen Barriques ausgebaut, 13,2%vol. Brillantes Grüngold. Viel Stoff, würzig. Pfefferminz, Apfel. Wirkt noch leicht unharmonisch, vielleicht besser in einem Jahr. **** **'94** Der erste abgefüllte Sauvignon, Gärung in einjährigen Barriques, fünf Monate auf der Hefe. 13,7%vol. Das kräftige Eichenholzaroma ist gut in die reiche Frucht integriert – ein Wein im Blanc Fumé-Stil.

******Chardonnay '95** (B) 12–15 Jahre alte Rebstöcke. Faßprobe. 80% neue Barriques. 13%vol., 5,8g/l Restzucker. In der Nase feine, angenehme Toastaromen. Sehr gut ausbalancierte Säure. Recht voll und konzentriert. Endet in einem langen, rauchigen, krokantartigen Finish. Ein Chardonnay der eleganteren Sorte – keine Holzbombe, obwohl 80% neues Holz.

*****Merlot '95** (C) 13 Jahre alte Rebstöcke. 12 Monate in dreijährigen französischen Barriques. Dunkles Granat. Lakritze-, Rosenaroma. Würzig, komplex. Mittlerer Körper, viel Cassis, eingemachte Früchte, etwas Eiche. Feste, feine Tannine. Wirkt insgesamt noch sehr verschlossen. Benötigt mindestens weitere drei Jahre zur vollen Trinkreife.

******Cabernet Sauvignon** (C) **'95** Rebstöcke 10 Jahre alt. Faßprobe. 13,6% vol. Viel reife, schwarze Johannisbeere und Pflaume. Durch längere Wachstumsperiode weichere, feinere Tannine, die fast etwas Sahniges an sich haben. Der Wein zeigt Tiefe, ist sehr komplex und hat ein großes Alterungspotential. **'94** Merlot 7%, Shiraz 3%. Schwarzrubin. Opulente, reife Maulbeeren, Schokolade. Reichlich hartes Tannin, noch recht unnachgiebig. Schließt mit einem holzbetonten, trockenen, langen Abgang und ist sehr nachhaltig – unbedingt noch etwa zwei Jahre zu seiner ganzen Entfaltung liegen lassen.

Bezugsquellen: 67

Rozendal Farm

Weinbaugebiet: *Stellenbosch*
Erste Abfüllung: *1983 Rozendal*
Rebfläche: *7 Hektar*
Besitzer/Leitung: *Kurt und Lyn Ammann*

Kurt Ammann hat seine eigene Auffassung von den Dingen zwischen Himmel und Erde und auch vom Mysterium Wein. Doch was er schafft, ist kein Hokuspokus, sondern einer der schönsten Rotweine Südafrikas.

Geboren und aufgewachsen ist Ammann in der Schweiz. Im Anschluß an eine Koch-Ausbildung ging er nach Südafrika. Neben der Führung eines Restaurants in Johannesburg begann er sich intensiv für Wein zu interessieren und praktizierte in verschiedenen Weingütern. 1981 erstand er die 25 Hektar große Rozendal Farm nahe dem Zentrum Stellenboschs. Zahlreiche gesetzliche Bestimmungen der KWV ignorierend, kaufte er Trauben ein und begann auf seine individuelle, schlichte Weise Rotwein zu produzieren. 1983 präsentierte er einen verblüffenden Wein.

«Je mehr man weiß, desto weniger versteht man», sagt Ammann. «Heute wird gelehrt, wie man schlechten Wein macht, die alte Tradition wurde über Bord geworfen.» Diese Worte erinnern uns an Jan «Boland» Coetzee vom Weingut Vriesenhof, bei dem Ammann einige Zeit dazulernte. Die Weine Rozendals von eigenen und zugekauften Trauben oft sehr alter Reben bleiben völlig unbehandelt und bekommen zum Teil nicht einmal eine Eiweißschönung. Um besser auszureifen, verbringen sie ihr erstes Jahr im Barrique bei 20 Grad Celsius Raumtemperatur. Im Weinberg verzichtet man auf jegliche Chemie.

Ammanns Weltanschauung, seine grandiose Küche, Diners im exquisiten Restaurant, die Cottages und natürlich sein Wein – allem gilt unsere besondere Empfehlung!

Besuchszeiten:	*Nach Vereinbarung.*
Anschrift:	*Rozendal Farm*
	Box 160, Stellenbosch 7600
Telefon:	*021/883 8737*
Fax:	*021/883 8738*
	Täglich wechselndes 5-Gänge-Menü im Restaurant l'Auberge Rozendal (nur mit Reservierung). Zur Übernachtung stehen fünf Cottages zur Verfügung. Ausritte mit dem Pferd sind möglich bei: Amoi Horsetrails, Stellenbosch,
Tel:	*021/887 1623*
E-mail:	*ralbers@iafrica.com*
Anfahrt:	*Von Merriman Rd. in Stellenbosch Richtung Jonkershoek Valley, links in die Omega Rd.*

Weinangebot in Kisten à 12 Flaschen: 2500 Kisten insgesamt.

****__Rozendal__ (D) **'94** Merlot 80%, Cabernet Sauvignon/Franc 20%. Tiefes, undurchsichtiges Rubin. Fruchtgeprägt in der Nase: Brombeere und Lakritze. Reich und konzentriert, mit samtiger Struktur, dabei wohlausgewogen mit äußerst dichtem, feinkörnigem Gerbstoffgehalt, der sich im Abgang lebendig, aber keine Spur aggressiv zeigt. Ein Wein, der jetzt schon sehr verlockend ist, von dem man aber unbedingt ein paar Flaschen zurücklegen sollte. Kurt Ammann beweist, daß es einem Wein mit Kraft und Rasse nicht an Zartheit fehlen muß!
'83 Der erste Rozendal. Cabernet Sauvignon 75% (70 Jahre alte Rebstöcke) und Cinsault 25% (5 Jahre alte Reben). Ziegelrot. Würziges Bouquet nach eingemachten Früchten, etwas Tabak. Sanft im Ansatz, ausgesprochen harmonisch und lang im Mund. Glattes, geschmeidiges, dennoch kompaktes Tannin. Schönes Pflaumenfinale. Insgesamt ein sehr feiner, verführerischer Wein mit viel Tiefe. Jetzt zu trinken.

Bezugsquellen: 25, 30, 31, 66

Rust-en-Vrede Estate

Weinbaugebiet:	*Stellenbosch*
Erste Abfüllung:	*1979 Cabernet Sauvignon, Shiraz und T. Barocca*
Rebfläche:	*30 Hektar*
Besitzer:	*Jannie Engelbrecht*
Leitung:	*Kevin Arnold*

Rugbystars scheinen guten Wein zu mögen. Neben Alto und Vriesenhof haben wir hier das dritte hervorragende Weingut, in dem ein ehemaliger «Springbok» (Name der südafrikanischen Rugby-Nationalmannschaft) die Spielregeln bestimmt: Jannie Engelbrecht nahm 1978 den Wiederaufbau der alten Rust-en-Vrede Farm am Fuße des Helderbergs in Angriff. Er restaurierte den Keller von 1780 und brachte mit dem Kampfgeist des «Außendreiviertels» (seine ehemalige Position im Spielfeld) schon bald den ersten Jahrgang erfolgreich über die Bühne.

Die Farm war eine Rotweinfarm, daran bestand kein Zweifel. Böden und Klima waren für Weißwein wenig geeignet. Also ging Jannie aufs Ganze und spezialisierte sich. Er kaufte eine stattliche Anzahl von neuen Barriques aus Nevers und baute ausschließlich Rotwein darin aus. Dies paßte zu dem Stil von Wein, den er anstrebte: Klassisch, trocken, erdig, fest, tanninbetont und lagerbedürftig. Engelbrecht reagierte konsequent und schuf 1984 eine nostalgische, unterirdische Lagerstätte für über 500 000 Flaschen in allen Größen, in der seine «Schützlinge» bei langsamer Reife ihrer Kindheit entwachsen.

Sein Flaggschiff, der «Estate Wine», entpuppt sich erst nach einigen Jahren als wahres Prachtstück. Es ist ein Verschnitt aus jährlich wechselnden Anteilen der Rebsorten Cabernet Sauvignon, Shiraz und Merlot. Kevin Arnold, 1987 als Kellermeister auf dem Spielfeld erschienen, zeigt da besonders gute Kondition.

Besuchszeiten:	*Montag bis Freitag:*	*8.30 Uhr bis 16.30 Uhr*
	Samstag:	*9.30 Uhr bis 13.00 Uhr*
Anschrift:	*Rust-en-Vrede Estate*	
	Box 473, Stellenbosch 7600	

Telefon: *021/881 3881*
Fax: *021/881 3000*
Anfahrt: *Von Stellenbosch etwa sieben Kilometer die R44 Richtung Somerset West, links abbiegen.*

Weinangebot in Kisten à 12 Flaschen: 13000 Kisten insgesamt. Cabernet Sauvignon, Merlot, Shiraz, Tinta Barocca.

****Tinta Barocca '95** (B) 10% Merlot. 12 Monate in gebrauchten Barriques. Sattes Purpur. Reifes Kirsch- und Brombeeraroma. Fruchtiger, nach eingemachten Früchten schmeckender, einfacher Wein für jeden Tag – am besten leicht gekühlt.

*****Shiraz '92** (C) Glänzendes Granatrot. Im Bouquet recht holzbetont. Mittlere Dichte und weiche, runde Tannine machen diesen Wein schon jetzt trinkreif – jedoch ist er auch weitere vier Jahre gut lagerfähig.

******Cabernet Sauvignon '92** (D) 18 Monate in französischen Nevers-Barriques. In manchen Jahrgängen mit Merlot-Anteil. Dunkles, reifendes Rubin. Noch sehr zurückhaltend und verschlossen. Elegant bei mittlerem Körper. Zeigt Finesse und Ansätze guter Komplexität, aber die Gerbstoffe dominieren zur Zeit – braucht sicherlich sechs bis acht Jahre Lagerung.

******Rust-en-Vrede Estate Wine** (D) **'92** Cabernet Sauvignon 65%, Shiraz 25%, Merlot 10%. Vollständig für 24 Monate in neuen Barriques. Sehr dunkles Rubin. Rauchige, vielversprechende Nase. Am Gaumen leicht süßlich, etwas Schmelz, voll, kräftig und lang. Viel reifes, aber noch recht festes, kompaktes Tannin. Holzfinale. Zeigt sich schon trinkreifer als der Cabernet, aber man sollte ihm besser ebenfalls noch zwei Jahre Reife geben, damit er sich ganz entfalten kann – Potential bis 2001. **'89** Reifendes Rubin. Feine Tabak- und Röstaromen. Im Geschmack sehr fein und distinguiert, charaktervoll und eigenständig. Für sein Alter mit erstaunlich lebhaftem Tannin, das für einen langen Nachhall sorgt. Hat noch nicht seinen Gipfel erreicht – vielleicht 1998. Reserven bis 2002.

Bezugsquellen: 16

Rustenberg Estate

Weinbaugebiet:	*Stellenbosch*
Erste Abfüllung:	*etwa 1892 Schoongezicht Dry Red, Hock und Frontignac*
Rebfläche:	*130 Hektar*
Besitzer:	*Simon Barlow*
Leitung:	*Rodney Easthope*

Freunde zauberhafter Weingüter! Wir möchten Ihnen einen Spaziergang zum alten Gut Rustenberg empfehlen: Von der Abzweigung der R310 aus schlängelt sich ein fünf Kilometer langer, von Bäumen beschatteter Weg hinein in die malerischen Hänge des Simonsbergs. Vorbei an Bächen und Wiesen, auf denen die braunen Jersey-Kühe der Farm weiden, erreichen Sie schließlich zwei unter Denkmalschutz stehende Bauwerke, die zum Inbegriff schöner kapholländischer Architektur gehören. Hier können Sie die aktuellen der über hundert auf dem Estate abgefüllten Jahrgänge in beschaulicher Atmosphäre genießen.

Die Rotweine sind stattlich und eigenständig. Ob ihr Wohlgeschmack und ihre teilweise sehr hohe Lebenserwartung vom schattenspendenden Simonsberg herrühren, der den Reben an heißen Sommertagen Kühlung verschafft, oder von der naturbelassenen Behandlung Etienne le Riches (oder von beidem?), bleibe dahingestellt. Le Riche übernahm 1974 die traditionellen Kellermethoden seines Vorgängers und blieb zwanzig Jahre lang bei der Vergärung der Moste durch natürliche Hefen. Auch änderte er nichts an dem Gebrauch von großen Holzfässern sowie dem gemeinsamen Mahlen verschiedener Traubensorten für seinen einfachen «Dry Red».

Seit einem Jahr nun gibt es auf Rustenberg einen neuen Kellermeister. Rodney Easthope – für einen neuseeländischen Weinmacher mit 24 Jahren schon alt, wie er selbst sagt – möchte mit neuen Verfahren, Klonen und Edelstahltanks den Stil, nicht die Klasse der Weine Etienne le Riches verändern. Auch seinen Weißweinen geben wir gute Chancen.

Besuchszeiten:	*Montag bis Freitag:*	*8.30 Uhr bis 17.00 Uhr*
	Samstag:	*9.00 Uhr bis 14.00 Uhr*

Anschrift: *Rustenberg Estate*
Box 33, Stellenbosch 7600

Telefon: *021/887 3153*

Fax: *021/887 8466*

Im Sommer Picknickmöglichkeit unter alten Eichen.

Anfahrt: *Von Stellenbosch etwa drei Kilometer die R310 Richtung Franschhoek, links abbiegen und weitere fünf Kilometer geradeaus.*

Weinangebot in Kisten à 12 Flaschen: 35000 Kisten insgesamt, Cabernet Sauvignon 7500, Gold 5000, Chardonnay 2000, Sauvignon blanc 1000, Rest unter Brampton-Etikett.

***__Sauvignon '96__** (C) Im Vergleich zu den anderen verkosteten Sauvignons klarer und blumiger. In der Nase Honigmelone und Brennesseln. Schöne Ausgewogenheit zwischen Fruchtsäure und aromatischem Körper. Ab 1997 mit mehr Hefecharakter und Ausbau in zweijährigen Barriques.

Chardonnay (C) Faßprobe: **(**) '96** Hoher Anteil an neuem Holz. Kräftiges Lemonen- und Zitrusfrüchtearoma. Feingliedrig strukturiert. Die Frucht wird vom Eichenholz dominiert.

Rustenberg Gold (D) Faßprobe: **(****) '96** Cabernet Sauvignon 70%, Merlot 20%, Cabernet Franc 10%. Der Großteil für diesen Blend kommt von über 25 Jahre alten Cabernet Sauvignon-Rebstöcken. 18 Monate in Nevers- und Alliers-Barriques. Sehr fein und vielschichtig. In diesem Stadium zeigen sich die Tannine noch recht hart, aber der Wein besticht durch seine volle Frucht und zeigt jetzt schon viel Finesse und Eleganz.

Bezugsquellen: 25, 66

Saxenburg

Weinbaugebiet: *Stellenbosch*
Erste Abfüllung: *1984 Pinotage, Chenin blanc, Blanc de Blancs*
Rebfläche: *80 Hektar*
Besitzer: *Adrian und Birgit Bührer*
Leitung: *Nico van der Merwe*

Was ist das Geheimnis Nico van der Merwes, der gleich im ersten Jahr seiner Tätigkeit bei Saxenburg zum «South African Champion Winemaker 1991» gewählt und seither mit acht Goldmedaillen der begehrten «Veritas»-Auszeichnungen belohnt wurde? Der gute Geschmack seiner Weine, könnte man ausweichend antworten – doch dahinter steckt mehr.

Viele gute Erzeuger am Kap haben erkannt, daß nur aus gesundem, reifem Lesegut ausgewogene, wohl strukturierte Weine resultieren. Fragwürdige Traubenqualitäten komplizieren die kellertechnischen Abläufe und müssen oftmals durch weitere Behandlungen strapaziert werden. Nicht so bei Saxenburg. Die Rebgärten des ehemaligen «Weinsbergers» sind in tadellosem Zustand. Vor und während der Ernte werden unreife oder gar faule Trauben streng aussortiert. Die Moste zeichnen sich deshalb durch einen geringeren Gehalt an flüchtiger Säure aus und müssen vor der Gärung nicht geschwefelt werden. In Abwesenheit von Schwefel wiederum fühlen sich nützliche Hefen und Bakterien besonders wohl. Die Folge: eine sauber verlaufende Gärung, der sich unmittelbar der biologische Säureabbau anschließt.

Nach dem sanften Pressen läßt Nico den Wein in Ruhe, damit er sich selbst klärt. Eventuell wird vor dem Abfüllen einmal geschönt und grob filtriert. «Weniger ist mehr», sagt Nico van der Merwe – «Viel mehr!», stellen wir beim Probieren fest und genießen den sagenhaften Ausblick von der Probierstube auf Kapstadt.

Besuchszeiten:	*Montag bis Freitag:*	*9.00 Uhr bis 17.00 Uhr*
	Samstag:	*9.00 Uhr bis 16.00 Uhr*
Anschrift:	*Saxenburg Wine Farm*	
	Box 171, Kuils River 7580	
Telefon:	*021/903 6113*	
Fax:	*021/903 3129*	
	Exklusives Restaurant Ralph's at the Guinea Fowl auf dem Weingut, mit Terrasse und Blick auf Kapstadt (021/9035123).	
Anfahrt:	*Von Stellenbosch etwa zwölf Kilometer die R306 Richtung Kuils River, auf der rechten Seite.*	

Weinangebot in Kisten à 12 Flaschen: 25000 Kisten insgesamt. Le Domaine (rot und weiß) 18000, Sauvignon blanc 3000, Chardonnay 3000, Rest rot (mit Private Collection) 3000 .

****Sauvignon blanc '96** (C) Grasig-würzige Nase. Am Gaumen voll, wuchtig mit stahliger Säure. Reife Feigen. Ein Kraftpaket (13%vol.) mit guter Entwicklungsaussicht. Kommt auch gut ohne Barrique aus. Die Réserve war in amerikanischen Barriques.

****Chardonnay Réserve '95** (C) 13%vol. 70% in französischen und amerikanischen Barriques. Toastige buttrige Nase. Reiche Frucht mit guter Säure versehen – alles im Gleichgewicht und ohne Ecken und Kanten. (100% «New-World-Stil»)

***Le Phantom Brut Private Collection** (C) MCC (ohne Jahrgang) Je zur Hälfte Chardonnay und Pinot noir. 36 Monate auf der Flaschenhefe. Sehr trocken, aber fein mit viel Frische.

Pinotage '94 (B) Hauptsächlich in amerikanischen Eichenholzfässern ausgebaut. Dunkles Granat. Duftet nach Gewürznelken und Sauerkirsche, recht alkoholisch. Mittelgewichtig und äußerst fruchtig, aber mit festem Tannin. Jetzt zu trinken, aber auch zwei bis drei Jahre lagerfähig. Der Pinotage P.C. ist weitaus besser (****).

****Merlot Private Collection '94** (C) 15% Cabernet Sauvignon. Zwölf Monate in französischen Barriques. Tiefdunkles, brillantes Purpur. Opulente Frucht, geschmeidiges Tannin, Holz perfekt eingebunden – ganz der französische Stil! Sehr gut gelungen! Hervorragendes Reifepotential.

Merlot '94 (C) Ohne Cabernet Sauvignon. Zwölf Monate in französischen und amerikanischen Barriques. Auch tiefdunkles Purpur. Frucht- und holzbetont, süßlich, sehr weich. Jetzt zu trinken!

*****Shiraz Private Collection '94** (C) 14%vol. Zwölf Monate in französischem und amerikanischem (20%) Holz. Dunkles Rubin mit violetten Reflexen. Duftet nach Vanille und schwarzen Johannisbeeren. Am Gaumen mächtig, tanninreich und von Frucht (reife Kirsche, Erdbeeren, marmeladig) und Eichenholz nur so strotzend. Jetzt schon ein Genuß, wird aber mit weiterer Flaschenreife noch harmonischer. Vollreif etwa ab 2000.

****Cabernet Sauvignon Private Collection '92** (C) 13,5%vol. Tiefdunkles Rubin. Minzenase. Sehr gehaltvoll und schmackhaft. Das Holz ist integriert, die Tannine fangen an sich zu glätten – sorgen für einen langen Nachhall. Wahrscheinlich ab 1998 reif mit Potential bis 2005.

***Cabernet Sauvignon '94** (C) Dunkles Granat. Würzig-pfeffrige Nase. Am Gaumen nicht ganz so stark abweichend vom P.C. Gefälliger, aber mit gutem Tannin und feiner Säure ausgestattet. Deutlich von Holz geprägt.

Bezugsquellen: 3, 21, 48, 60

SFW-Stellenbosch Farmers Winery

Weinbaugebiet: *Stellenbosch*
Erste Abfüllung: *(von den Zonnebloem-Weinen) 1988 Lauréat*
Leitung: *Wouter Pienaar*

Charles Winshaw's abenteuerliches Leben ist Teil der Geschichte dieses großen Weinbaubetriebes. Im Alter von zwölf Jahren riß der Sohn eines exzentrischen Arztes in Kentucky von zu Hause aus – wir schreiben das Jahr 1881. Die folgenden Jahre verbrachte er mit Goldschürfen und als Texasranger und finanzierte sich schließlich mit Glücksspiel ein Medizinstudium. 1899 gelangte Winshaw nach Südafrika, wo er während des zweiten Burenkrieges Lazarettarzt war.

Nun begann er sich für Wein zu interessieren, experimentierte mit dessen Herstellung – zunächst eher stümperhaft in der Küche – und betrieb Handel mit Most und Wein. Zum Durchbruch gelangte Winshaw in den zwanziger Jahren, als er für 5500 Pfund die heruntergewirtschaftete Oude Libertas Farm bei Stellenbosch samt Kellerei erstand und sie mit Elan und dem richtigen Instinkt allmählich vergrößerte. Unüblich war, daß er trockene Weine herstellte, was er aus Medizinersicht mit gesundheitlichen Vorteilen begründete. Seine Marken erfreuten sich großer Beliebtheit, das Geschäft florierte bald. 1935 wurde das Unternehmen entprivatisiert, Winshaw blieb jedoch bis 1962 Direktor.

Mit über 3500 Mitarbeitern und jährlich 14 Millionen Kisten Wein, vor allem der unteren und mittleren Preiskategorie, aber auch der Top-Kollektion Zonnebloem, ist SFW nach der Cooperative Vredendal die größte Winzergenossenschaft Südafrikas. Die Betriebe Nederburg und Plaisir de Merle sind der Stellenbosch Farmers Winery angeschlossen, vermarkten sich jedoch erfolgreich als eigenständige Weingüter.

Besuchszeiten:	*Montag bis Freitag:*	*8.30 Uhr bis 17.30 Uhr*
	Samstag:	*8.00 Uhr bis 13.00 Uhr*
Anschrift:	*Stellenbosch Farmers Winery, Box 46, Stellenbosch 7600*	

Telefon: *021/808 7911* Fax: *021/887 1355*
Anfahrt: *Von Stellenbosch etwa einen Kilometer die R306 Richtung Kuils River/Kapstadt, auf der linken Seite.*

Weinangebot in Kisten à 12 Flaschen: Chardonnay und Sauvignon blanc je 13000, Chardonnay Reserve 500, Riesling 3000, Noble Late Harvest 1000, Cabernet Sauvignon und Pinotage je 13000, Shiraz 8000, Lauréat 4500.

Zonnebloem Blanc de Blancs '96 (B) Chenin blanc 80%, Sauvignon blanc 20%. Besticht durch seine frische lebendige Frucht. Sehr ausgewogen mit niedriger Säure. Zu trinken bis Ende 1997.

***Zonnebloem Chardonnay '96** (C) Ein paar Monate in zu 50% neuen Barriques. Trotz des hohen Anteils an neuem Holz, steht hier die Fruchtigkeit, gekennzeichnet durch Zitronen und Orangen, im Vordergrund. Schmeichelt dem Gaumen. Die '96er Réserve ist dagegen buttrig-toastig und etwas konzentrierter.

***Zonnebloem Pinotage '94** (C) 50% für 22 Monate in großen 4000-Liter-Holzfässern, 50% für neun Monate in Barriques. Dunkles Granat. Mittelgewichtig mit weichem Tannin. Schmeckt nach Blaubeeren und eingemachten Früchten. Leicht süßlich, wohlausgewogen. Jetzt trinkreif, hält bis etwa 1999.

Zonnebloem Merlot '94 (C) 12 Monate in 300-Liter-Holzfässern. Dunkles Ziegelsteinrot. Würzig-pflaumige Nase. Schon sehr ansprechend mit gutem Tannin. Vollmundig und alkoholreich (13%vol) bei mittlerem Körper. Etwas untypisch.

***Zonnebloem Lauréat '93** (C) Cabernet Sauvignon 47%, Merlot 33%, Cabernet franc 20%. Neun Monate in Barriques. Granat- bis Ziegelrot. In der Nase beerig-nussig. Wie alle Zoonebloem-Rotweine von mittlerer Statur. Hier versehen mit festem, trockenem Tannin für eine gute Entwicklung. Reife Frucht ist genügend da. Etwas mehr Länge würde ihm gut stehen.

Bezugsquellen: 48, 67

Simonsig Estate

Weinbaugebiet:	*Stellenbosch*
Erste Abfüllung:	*1968 Clairette Blanche, Steen, Riesling*
Rebfläche:	*240 Hektar*
Besitzer:	*Familie Malan*
Leitung:	*Keller: Johan Malan*
	Weinberg: Francois Malan

Das Führungsteam von Simonsig Estate ist perfekt aufeinander eingespielt. Im Jahr 1983 gab Gründer Frans Malan die Leitung des ausgedehnten Weingutes an seine drei Söhne weiter. Gemeinsam gelingt es der Familie, die Qualität der Weine trotz des großen Produktionsumfangs konstant zu halten oder gar noch zu erhöhen.

Jeder der Malan-Brüder hat eine Schlüsselposition im Unternehmen übernommen und sich auf Weinberg, Keller oder Vermarktung spezialisiert. Francois ist Weinbauchef. Im Minimalschnitt (minimum pruning) sieht er eine Möglichkeit, die große Rebfläche effektiver zu bewirtschaften: Man erprobt einen Rebschnitt, der ein Minimum an Arbeitsaufwand bringt, ohne der Qualität der Trauben zu schaden. Das System hat sich in Kalifornien und Australien bereits bewährt.

Sorten wie Morio-Muskat, Clairette blanche oder Schönberger gibt Francois keine Zukunft auf Simonsig. Vorteile sieht er jedoch in der Petit Verdot und auch in der Champagnersorte Pinot Meunier. Diese wird in Zukunft von Johan, dem jüngsten der drei Malan-Brüder, in den legendären «Kaapse Vonkel» verschnitten, welcher bereits seit 25 Jahren (damals aus Chenin blanc, heute aus Chardonnay und Pinot noir) im traditionellen Flaschengärverfahren hergestellt wird.

Johan und Francois studierten beide Weinbau und Kellertechnik in Stellenbosch und verstehen es, sowohl gute unkomplizierte als auch anspruchsvollere Weine in die Flasche zu bringen, die schließlich von Pieter, dem Dritten im Bunde, vermarktet werden.

Besuchszeiten:	*Montag bis Freitag:*	*8.30 Uhr bis 17.00 Uhr*
	Samstag:	*8.30 Uhr bis 17.00 Uhr*

Anschrift:	*Simonsig*
	Box 6, Koelenhof 7605
Telefon:	*021/882 2044*
Fax:	*021/882 2545*
Anfahrt:	*Von Stellenbosch etwa zehn Kilometer die R304 Richtung Koelenhof/Kapstadt, rechts auf die M23 abbiegen, nach 800 Metern auf der linken Seite.*

Weinangebot in Kisten à 12 Flaschen: 100000 insgesamt, 60000 rot, 40000 weiß.

Sauvignon blanc '96 (B) 3,5 g/l Restzucker, 8g/l Säure. Grapefruit und Zitronen im Bouquet. Wirkt am Gaumen durch höheren Restzucker etwas voller. Seit '95 im stark reduktiven Stil.

***Chardonnay '95** (C) 13,4%vol. Acht Monate in Eichenholzfässern. Dichtes Gelb. Holzgetönte Nase. Am Gaumen gereiftere, entwickeltere Aromen. Voll und alkoholreich, aber nicht breit durch gute Säure. Langer Abgang.

****Kaapse Vonkel** (C) Brut MCC. Der erste MCC am Kap (1971). 36 Monate auf der Flaschenhefe. **'93** Chardonnay und Pinot noir. 11,5%vol., 11g/l Restzucker. Am Gaumen fruchtbetont mit entwickelten Hefetönen. Fein moussierend, mit leicht maderisiertem Aroma, aber nicht unangenehm. Hält lange an. **'91** Zwei Drittel Pinot noir, ein Drittel Chardonnay. Biskuits und Mandeln im Bouquet – interessant! Im Geschmack hefignussig und wie der 93er leicht madeirisiert, aber sehr gut. Beide sind von ganz eigenständigem Charakter!

***Pinotage '95** (B) Von 25 Jahre alten Buschwines. Kein Holzfaßausbau. 13,3%vol. Dunkles Purpur. In der Nase und im Geschmack außerordentlich volle Frucht (Bananen und Salmiakaroma), fast zuviel für die niedrige Säure und die weichen Tannine – wirkt dadurch etwas breit. Jetzt trinkreif, aber duchaus Potential für drei bis vier Jahre.
In guten Jahren gibt es hiervon auch ein Reserve (****), speziell für die CIWG-Auktion, von beachtlicher Konzentration und Länge.

***Tiara '93** (D) Cabernet Sauvignon 78% (19 Jahre alte Rebstöcke), Merlot 13% (7 Jahre alt), Cabernet franc 9% (4 Jahre alt). 24 Monate in zur Hälfte neuen Barriques. Schwarzrot. Kein Schwergewicht, sondern eher mittelgewichtig, mit dominantem Holz. Wie der Pinotage sehr fruchtig, aber noch gerbstoffreich. Sollte weitere drei Jahre reifen.

Bezugsquellen: 15, 27, 32, 35, 50, 53, 58, 68

Somerbosch

Weinbaugebiet:	*Stellenbosch*
Erste Abfüllung:	*1995 Merlot, Chardonnay, Sauvignon blanc*
Rebfläche:	*82 Hektar*
Besitzer:	*Wally Roux*
Leitung:	*Wrench Roux*

Seit zwei Generationen produziert die Familie Roux Trauben auf ihrer Farm «Fontaine» zwischen Stellenbosch und Somerset West. Einen ständig wachsenden Anteil verarbeitet sie seit acht Jahren selbst zu Wein.

Der an der Elsenburg-Weinbauschule ausgebildete Wrench Roux weiß, daß man das Terroir am Helderberg allgemein hoch einschätzt und bemüht sich dieses Potential zu nutzen: Mit noch eher einfacher technischer Ausrüstung, wozu die alte Spindelpresse von 1952 gehört, behauptet er sich mit soliden Tischweinen zu vernünftigen Preisen. Ein interessanter Merlot führt das Sortiment an.

Die Weinberge sind der kühlen False Bay zugewandt, von der aus erfrischende Winde durch die teils alten Rebgärten streifen. Wally Roux beschreibt die Böden als sandig-lehmig an der Oberfläche, mit tiefliegender Kiesschicht. 40 Prozent der Reben sind als Buschwein erzogen. Bei neueren Anpflanzungen machte man von der Cordon-Erziehung Gebrauch. Obwohl die Bewässerung der Weinberge technisch möglich ist, achtet Roux darauf, die Reben nicht mit zuviel Wasser zu versorgen. Denn bei kontrolliertem Trockenstreß läßt sich die Traubenqualität erhöhen.

Besuchszeiten:	*Nach Vereinbarung*
Anschrift:	*Somerbosch*
	Box 7179, Stellenbosch 7600
Telefon:	*021/855 3615*
Fax:	*021/855 4457*
Anfahrt:	*Von Stellenbosch nach etwa 12 Kilometern auf der R44 Richtung Somerset West, rechts.*

Weinangebot in Kisten à 12 Flaschen: 6000 Kisten insgesamt, jeweils 1000 Chenin blanc, Sauvignon blanc, Chardonnay, Merlot, Cabernet Sauvignon, Cabernet Sauvignon/Cinsault.

Merlot '96 (B) 13%vol. Dunkles Granat. Typische Merlotnase. Recht kräftig und fruchtbetont. Schon sehr ausgewogen durch weiche runde Tannine. Jetzt optimal zu trinken, mit Entwicklungspotential für ein bis zwei Jahre.

Cabernet Sauvignon '95 (B) Dunkles Rubin. In der Nase würzig-fruchtig. Im Geschmack viel Frucht, dominiert von trockenem festem Tannin, das aber nach ein bis zwei Jahren Lagerung harmonischer und weicher wird.

Cabernet Sauvignon-Cinsault. '96 (B) Früh trinkreifer, gut abgerundeter Verschnitt ohne Ecken und Kanten. Einfach aber durchaus attraktiv. Ursprünglich weit verbreiteter Kap-Verschnitt.

Bezugsquellen: 19

Springfield Estate

Weinbaugebiet:	*Robertson*
Erste Abfüllung:	*1995 Sauvignon blanc, Chardonnay, Cabernet*
Rebfläche:	*144 Hektar*
Besitzer/Leitung:	*Abrie Bruwer*

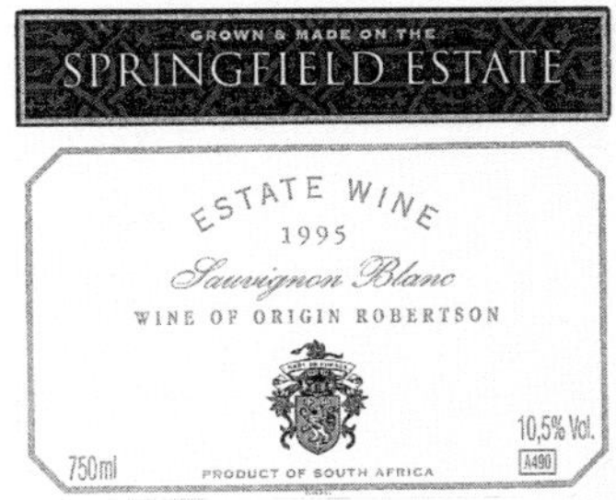

Abrie Bruwer ist ein gutes Beispiel für die Gastfreundschaft der eher abgeschiedenen Bevölkerung Robertsons. Unser Besuch beginnt mit einer holprigen Fahrt ins Gelände. Bruwer zeigt uns die kargen, steinigen doch kalkhaltigen Böden seiner Weinberge, allen voran die beste Lage, mit wahrhaft steinig-felsigem Grund, in den zum Pflanzen der Pfropfreben notfalls Löcher gebohrt werden müssen. Die ohnehin niedrigen Erträge werden durch das Entfernen von zirka 40 Prozent der Gescheine nochmals dezimiert.

Bei der Weinprobe mit Kellerbesichtigung erklärt uns der Sancerre-Kenner, wie er bei der Vinifikation seines Sauvignon blancs, den wir für den besten der Region halten, vorgeht. Wegen kühler nächtlicher Lese erlaubt er den gemahlenen Trauben eine Maischestandzeit von 24 Stunden, bevor gekeltert wird. Neunzig Tage nach Ende der temperaturregulierten Gärung in Edelstahltanks wird der Wein mit einem Hauch Bentonit geschönt, nach weiteren sechs Wochen filtriert und abgefüllt. Alles in allem interveniert Bruwer sehr zurückhaltend, pumpt höchstens zweimal, filtriert einmal. Oxidation unterbindet er mit Kohlendioxid, welches sich schützend auf Most und Wein legt.

Abries Einladung zum gegrillten Lammfleisch, gereiftem Chardonnay und süffigem Cabernet Sauvignon schlagen wir nicht aus. Er hätte uns sogar noch mit auf die Jagd genommen…

Besuchszeiten:	*Nach Vereinbarung*
Anschrift:	*Springfield Estate, Box 770, Robertson 6705*
Telefon:	*02351/3661*
Fax:	*02351/3664*
Anfahrt:	*Von Robertson etwa zwei Kilometer Richtung Bonnievale, rechts.*

Weinangebot in Kisten à 12 Flaschen: Colombar/Chardonnay 10000, Chardonnay 7500, Sauvignon blanc 4500, Sauvignon blanc/Chardonnay 3500, Sauvignon blanc Special Cuvée 2500, Cabernet Sauvignon 4000.

****Sauvignon blanc-Chardonnay '95** (B) Im Verhältnis 70 zu 30. 11,3%vol. Spritzig-erfrischend, etwas hefig, aromatisch (Zitrone, Lemone), sauber.

******Sauvignon Special Cuvée '96** (C) In der Nase kräftiger Eindruck, leicht mineralisch-erdig. Im Geschmack säurebetont, mit gutem Körper, reichlich reife Stachelbeeren. Insgesamt fein und ausdrucksstark. Kann gut ein Jahr der Reife vertragen. Vielleicht der beste Sauvignon Robertsons!

*****Chardonnay '96** (C) 13%vol. Zur Hälfte mit malolaktischer Gärung, 30% in 300-l-Eichenholzfässern aus den Vogesen. Strahlendes Hellgold. Fruchtiges Hefebukett. Am Gaumen stoffig, nicht alkoholisch, Holz gut eingebunden, leichte Kohlensäure. Ab Mitte '97 gut zu trinken.

****Cabernet Sauvignon '95** (C) 30 % für sechs Monate in 300-Liter-Never-Eichenfässern. Purpurrot. In der Nase eingemachte Beeren. Eher leicht bis mittel im Körper mit weichem Tannin und süßlichem Abgang.

Bezugsquellen: 52

Abrie Bruwer, Weingut Springfield, Robertson

Steenberg

Weinbaugebiet:	*Constantia*
Erste Abfüllung:	*1993 Sauvignon blanc*
Rebfläche:	*66 Hektar*
Besitzer:	*Johannesburg Consolidated Investments (JCI)*
Leitung:	*Keller: Nicky Versfeld*
	Weinberg: Herman Hanekom

Steenberg – durchaus imponierend! Man erwartet viel, viel wird versprochen. Die Weine sind gut, das gesamte brandneue Konzept beeindruckt uns.

1990 wurde ein Projekt in die Welt gesetzt, das die älteste Farm Constantias (1682) wie Phoenix aus der Asche steigen ließ: Hotel, Golfplatz, Weingut – alles vom Feinsten. Für das Luxushotel, eröffnet 1997, wurde der historische Wohnkomplex des Anwesens sorgfältig restauriert. Das Restaurant befindet sich in der alten Kellerei. Der traumhafte 18-Loch-Golfplatz wird von gut gepflegten Weinbergen umgeben, die schon 1994 einen beeindruckenden Sauvignon blanc ergaben.

Hinter dem kostspieligen Vorhaben steht «Johnnic», eine große Industriegesellschaft mit Sitz in Johannesburg. Unter ihrer Schutzherrschaft sind Kellermeister Nicky Versfeld kaum Grenzen gesetzt. Der in Elsenburg ausgebildete Önologe teilt sich mit Weinbauchef Herman Hanekom die Leitung über modernste, ausgereifte Kellertechnik, 1200 Barriques, eine Vinothek und über Weinberge, die mit den neuesten Rebklonen bepflanzt sind. Ihr vorteilhaftes Makro-, Meso- und Mikroklima wird wie folgt beschrieben:

Makroklima: milde Temperaturen, kühle Seebrise, verläßliche Winterniederschläge, hohe Sonnenscheindauer.

Mesoklima: Südosthänge, verschiedene Höhenlagen zwischen 60 und 160 Meter über dem Meeresspiegel.

Mikroklima: Reben von mäßigem Wuchs, Canopy-Management, diverse Böden von karg bis sehr fruchtbar.

Alles in allem rosige Aussichten für perfekte Weine. Ein neuer Stern ist in Constantia aufgestiegen.

Besuchszeiten:	*Montag bis Freitag:*	*9.30 Uhr bis 17.00 Uhr*
	Samstag:	*9.00 Uhr bis 13.00 Uhr*
Im Winter:	*Montag bis Freitag:*	*10.00 Uhr bis 16.00 Uhr*
Anschrift:	*Steenberg*	
	Box 224, Steenberg 7947	
Telefon:	*021/755 708*	
Fax:	*021/724 300*	
Anfahrt:	*In Kapstadt die M3 Richtung Muizenberg, Abfahrt Hout Bay, auf die M42, nach etwa vier Kilometern auf der rechten Seite.*	

Weinangebot in Kisten à 12 Flaschen: 4000 Kisten insgesamt.

***Sauvignon blanc '96** (B) Rebstöcke fünf bis zwölf Jahre alt. 12,2%vol., 2,2 g/l Restzucker. Delikates Stachelbeer-Melonenaroma, leicht grasig. Mundfüllend, aber sehr lebendig mit erfrischender Säure, die für einen guten Abgang sorgt.

Semillon '96 (B) Rebstöcke fünf bis zwölf Jahre alt. 11,8%vol. Zur Hälfte für sechs Monate in Barriques auf der Hefe belassen. Duftet nach Birnen. Rund, recht stoffig, nicht alkoholisch mit leichten Holznoten.

Chardonnay '96 (B) Rebstöcke fünf Jahre alt. 12,1%vol. Zur Hälfte für sechs Monate in Barriques auf der Hefe belassen. In der Nase reife Ananas und Birnen. Leicht bis mittel im Körper, eher von eleganter Statur. Derzeitig noch verschlossen, wird sich aber ab Mitte '97 öffnen. Potential bis 2000.

Cabernet Sauvignon: Die Trauben von den fünf Jahre alten Rebstöcken werden derzeit nur für den roten Zweitwein bzw. als Rosé im Verschnitt mit Chardonnay vermarktet.

Bezugsquellen: 7

Stellenzicht Vineyards

Weinbaugebiet: *Stellenbosch*
Erste Abfüllung: *1987 Riesling Noble Late Harvest, Collage*
Rebfläche: *150 Hektar*
Besitzer: *Hans-Joachim Schreiber*
Leitung: *André van Rensburg*

Auf den «chaotisch-komplizierten» Weinwerdungsprozeß nehmen unzählige Einzelfaktoren Einfluß. Darüber hinaus zeitigen kleine Dinge nicht selten große und nicht vorhersehbare Auswirkungen. Wie entsteht also ein meisterlicher Wein? Die Antwort scheint so schwierig wie einen großen Wein zu erzeugen – doch sie ist einfacher.

Auf der Suche danach orientiert man sich am besten an Leuten wie André van Rensburg. Er ist studierter Önologe (Abschluß «summa cum laude») und für die Weine Stellenzichts, des vielleicht besten Weinguts in Südafrika, verantwortlich. Seine Methoden funktionieren offenbar, denn die Weine sind umwerfend gut. Grundlage bildet natürlich das exzellente Helderberg-Terroir. In Stichworten wollen wir einige Elemente von van Rensburgs Erfolgsrezept wiedergeben:

Die Qualität entsteht im Weinberg. Helderberg Region ist noch 2–3 Grad Celsius kühler als das restliche Stellenbosch, was längere Wachstumsperioden und dadurch bessere Aromenkonzentration bringt. Bodenverhältnisse sind weniger entscheidend als natürlich niedrige Erträge durch konsequenten Rebschnitt und Wahl des richtigen Rebmaterials. Wichtig ist eine hohe Laubwand mit guter Durchlüftung der Traubenzone, was für gesundes Traubengut sorgt. Bewässerung nur um Schäden zu vermeiden, nicht um Ertrag zu erhöhen. Lese von Hand.

Im Keller: Technologie erforderlich (Kühlung, moderne Presse, moderne Tanks, usw.). Selektionierte Hefestämme für die Gärung. Manche Weine werden nicht filtriert (siehe Degustationsnotizen). Kleine und große Holzgebinde, dadurch langsame Verdunstung und Verbindung mit Luftsauerstoff, förderlich der Entwicklung und weiteren Konzentration der Weine.

Besuchszeiten: *Probe im Schwesterweingut, dem Estate Neethlingshof*

Anschrift: *Stellenzicht Vineyards*
Box 104, Stellenbosch 7600
Telefon: *021/880 1104*
Fax: *021/880 1107*
Anfahrt: *Von Stellenbosch etwa acht Kilometer die R44 Richtung Somerset West, links abbiegen und weitere vier Kilometer geradeaus.*

Weinangebot in Kisten à 12 Flaschen: 65000 Kisten insgesamt, 39000 rot, 26000 rot, Sauvignon blanc, Semillon, Chenin blanc, Pinot gris, Chardonnay, Gewürztraminer, Weißer Riesling, Shiraz, Merlot, Cabernet Sauvignon.

****Sauvignon blanc '96** (C) 12%vol. Sehr klarer und typischer Sauvignoncharakter: rote Johannisbeere und reife Stachelbeeren. Eher im europäischen Stil, nicht so aufdringlich aromatisch. Vollmundig mit guter Säureausstattung.

****Chenin blanc '96** (C) Der erste unter dem Stellenzicht-Etikett. 14%vol., etwa bei 96 Grad Öchsle gelesen. Zu einem Drittel Ganztraubenpressung, ein Drittel in neuem Holz, ein Drittel sehr reduktiv (ohne Holz) ausgebaut. Herausgekommen ist ein außerordentlich gehaltvoller, komplexer Wein mit Anklängen an reife Pfirsiche und exotische Früchte. Im langen Nachhall leicht rauchig-salzig. Hier schmeckt man, daß aus dem «Steen» auch ein seriöser Wein werden kann. Mit dem von Mulderbosch an der Spitze!

****Chardonnay '95** (C) Sechs Jahre alte Rebstöcke. Sechs Monate in neuen französischen Barriques. Strahlendes Hellgold. Buttrig-nussige Nase. Deutliche Holznote (ohne das Holz könnte er zu wuchtig, fett wirken), sehr kompakt und fast cremig. Im Nachhall feine abklingende Säure. Mittlerer Körper. Ganz im «Neue-Welt-Stil», aber perfekt gemacht. Hält sich mindestens bis 2000.

****Cabernet Sauvignon '94** (C) 8% Merlot. 17 Monate im Holz. Nicht filtriert und stabilisiert (nur Schönung mit frischem Eiweiß). 33g/l zuckerfreier Extrakt (!). Tiefdunkles Rubin. Duftet nach reifen Kirschen und Vanille. Körperreich mit festem Tanningerüst. Nur im Abgang noch prägnantes Holzaroma (ein Zeichen für seine Jugendlichkeit), das sich aber noch harmonisiert. Nach drei bis vier Jahren der Reife Potential bis 2008. Faßprobe: **(****) '95**, **(*****) '96**.

****__Stellenzicht '94__ (D) Erster Jahrgang. Cabernet Sauvignon 69%, Merlot 22%, Cabernet franc 9%. 14 Monate in zu 60% neuen Barriques. Wie der Cabernet Sauvignon nur eiweißgeschönt. Tiefdunkles undurchsichtiges Purpurrot. Süß-weicher Beereneindruck. Weicher, charmanter als der Cabernet Sauvignon. In allen Komponenten harmonisch, nur das Holz ist noch dominant. Im Abgang feiner Schmelz. Trinkt sich schon sehr schön, hat aber Reserven.

*****__Syrah '95__ (D) Gelesen mit etwa 100 Grad Öchsle, 38g/l zuckerfreier Extrakt. 16 Monate in zu 70% französischem und 30% amerikanischem Holz. Tiefdunkles undurchsichtiges Purpurrot mit violetten Reflexen. In der Nase verhalten. Gewaltig konzentriert, es bildet sich förmlich eine ölige Schicht an den Zähnen – Nuancen von Johannisbeerlikör, Schokolade und Geröstetem. Ein wahres Muskelpaket, aber mit sehr feinem Tannin und guter Säure versehen – also keineswegs breit. Im langen Nachhall zarte Butternote. Ab ca. 2000 bis 2010 zu genießen! Ein Prachtstück!

Faßprobe: **Weißer Riesling Noble Late Harvest (****) '96**

Bezugsquellen: 38, 42, 44, 63

Thelema Mountain Vineyards

Weinbaugebiet:	*Stellenbosch*
Erste Abfüllung:	*1988 Sauvignon blanc*
Rebfläche:	*40 Hektar*
Besitzer/Leitung:	*Gyles Webb*

Hoch oben am Helshoogte Paß des Simonsbergs kaufte Gyles Webb 1983 die Thelema Fruchtfarm und machte sich derart beherzt und engagiert an den Weinbau, daß er Anfang der neunziger Jahre sowohl für die «gepflegtesten Weinberge Stellenboschs» wie auch als «Diners Club Winemaker of the Year 1994» ausgezeichnet wurde.

Webb kam als Weinliebhaber zum Weinbau. Buchhalter von Haus aus, brachte ihn die Passion für weiße Burgunder dazu, sich seiner Leidenschaft ganz hinzugeben und in Stellenbosch Weinbau- und Kellertechnik zu studieren. Sein Horizont wurde noch erweitert, als er anschließend den Experimentierkeller der Stellenbosch Farmers Winery kennenlernte und einen Herbst bei Heitz arbeitete, einem der besten Cabernet-Erzeuger Kaliforniens.

Die steilen bis zu 550 Meter hoch gelegenen Rebhänge der Thelema Farm sind mit die höchsten und kühlsten Stellenboschs. Im Fühjahr ist der richtige Schnitt entscheidend. Der Cordonschnitt ist am Kap weit verbreitet und erfordert viel Sachkenntnis, da sehr leicht folgenschwere Fehler gemacht werden. Damit die Leitungsbahnen für den Saftstrom auf der Unterseite der Cordonarme voll intakt bleiben, werden konsequent nur Triebe auf der Oberseite für Tragzapfen angeschnitten. So ist ein guter Nährstofftransport hin zu Trauben und Blättern gewährleistet, und die Cordonarme, durch die das alte Holz und damit die Speichermöglichkeit für die Reservestoffe vermehrt wird, erreichen eine lange Lebensdauer.

Gutes Traubenmaterial ist auch auf Thelema die Grundlage für einige der besten Weine Südafrikas.

Besuchszeiten:	*Montag bis Freitag:*	*9.00 Uhr bis 17.00 Uhr*
	Samstag:	*9.00 Uhr bis 13.00 Uhr*

Anschrift: *Thelema Mountain Vineyards*
Box 2234, Stellenbosch 7601
Telefon: *021/885 1924*
Fax: *021/885 1800*
Anfahrt: *Von Stellenbosch die R310 Richtung Franschhoek, nach etwa sieben Kilometern links.*

Weinangebot in Kisten à 12 Flaschen: Sauvignon blanc 7500, Chardonnay 6000, Cabernet Sauvignon und Merlot je 5000, Riesling 800.

****Sauvignon blanc '96** (C) Stachelbeer- und Spargelaroma, etwas Guave-, Gewürznelke- und Grastöne, sehr komplex. Am Gaumen reifer, cremig-sahniger Eindruck. Kräftig (13%vol.), aber ausgewogen mit feiner, kompakter Säure und gutem Abgang. Zu trinken bis Anfang 1998.

****Chardonnay '95** (D) Komplett in zu 50% neuen französischen Barriques vergoren. Acht Monate auf der Hefe, malolaktische Gärung. Brillantes, helles Goldgelb. Duftet nach frischem Holz. Leicht süßlich, voll im Ansatz. Dicht, reich und recht lang im Mund. Ein Maul voll Wein, sehr wuchtig (13,5%vol.). Dezente Bitternote im Finale. Entwickelt noch mehr Komplexität in den nächsten drei Jahren.

****Cabernet Sauvignon '93** (D) 18 Monate in zu 25% neuen, französischen Barriques; meist, wie in diesem Jahr ungefiltert. Dunkles Rubinrot. Komplexe, rauchige Nase. Volles, frisches, kerniges Tannin, das lang, mit einer ausgeprägten Pfeffernote endet. Insgesamt noch sehr verschlossen, aber ungemein ausgewogen und charaktervoll.

*****Cabernet Sauvignon Reserve '91** (E) 18 Monate in zur Hälfte neuen Barriques. Tiefes, dichtes Rubin. Im Bukett Nußbutter, Tabak und Leder. Großartige Balance, viel Schmelz. Opulente, reife, schwarze Johannisbeeren. Die sehr feinen Röstaromen halten lange im Nachhall an. Ein großer Wein mit viel Potential. Die Reserve gibt es nur in ausgezeichneten Jahren und sehr kleinen Mengen.

****Cabernet Sauvignon/Merlot '93** (D) Tief Granat. Fruchtiger Eindruck nach Himbeeren, Brombeeren und Cassis. Mittlerer Körper. Ansprechend saftig mit trockenem Tannin, aber keineswegs spröde. Ein idealer Essensbegleiter, der auch noch fünf Jahre liegen kann.

Sehr kräftig und gut strukturiert, aber noch verschlossen ist der **Merlot *** '93**. Trinkreif etwa ab 1999.

Bezugsquellen: 23, 37

Uitkyk Estate

Weinbaugebiet:	*Stellenbosch*
Erste Abfüllung:	*Carlonet und Carlsheim 1946*
Rebfläche:	*180 Hektar*
Besitzer:	*Bergkelder*
Leitung:	*Theo Brink*

Die vielen Einzellagen Uitkyks, die, was Bodenbeschaffenheit, Hangneigung und Höhenlage angeht, große Unterschiede aufweisen, erfordern sachkundige Zuwendung. Theo Brink ist der richtige Mann für diese Aufgabe. Nach weinbaulichem Studium assistierte er zehn Jahre lang dem legendären ungarischen Aristokraten und Weinbauspezialisten Bergkelders, Desiderius Pongracz, und ist seit 1994 Leiter des Weingutes.

Brink legt im Herbst großen Wert auf den "technologischen Zeitpunkt" der Lese; der Reifegrad allein ist für ihn nicht ausschlaggebend. Um einen Riesling mit erfrischender Säure und wenig Alkohol zu erhalten, zieht er die Lese vor – bei voller Reife wäre der Zuckergehalt zu hoch, die Säure zu niedrig. Selbst bezeichnet er diesen unkomplizierten Tropfen als "Schwimmbadwein", dessen 10,5% Alkohol ihn an heißen Tagen zu einem erfrischenden Getränk machen.

Modernste Kellertechnik steht im strengen Kontrast zu dem 1788 im neoklassizistischen Stil von Thibault geschaffenen Herrenhaus, dessen feudale Erschei-

nung in der parkähnlichen Anlage den Eigner Bergkelder dazu veranlaßt, es zu renovieren und zum exklusiven Gästehaus umzugestalten. Gerade ist ein junges Team eifrig damit beschäftigt, unter der Wandfarbe entdeckte Malereien zu restaurieren. Die Mühe wird sich ebenso lohnen, wie jene Theo Brinks, den großen Ruf Uitkyks wieder aufblühen zu lassen.

Besuchszeiten:	*Montag bis Freitag:*	*8.30 Uhr bis 17.00 Uhr*
	Samstag:	*8.30 Uhr bis 12.30 Uhr*
Anschrift:	*Uitkyk Estate*	
	Box 3, Elsenburg 7607	
Telefon:	*021/884 4416*	
Fax:	*021/884 4717*	
Anfahrt:	*Von Stellenbosch die R44 Richtung Paarl, nach etwa acht Kilometern rechts (Einfahrt Kanonkop).*	

Weinangebot in Kisten à 12 Flaschen: Carlonet 7750, Cabernet-Shiraz 8300, Chardonnay 4850, Sauvignon 9580, Riesling 5780.

****Sauvignon Blanc** (B) **'96** Helles Strohgelb mit grünlichen Nuancen. Duft nach tropischen Früchten, Stachelbeeren. Sauberer, frischer, fruchtiger Sauvignon mit ausgewogener Säure und gutem Nachhall.

*****Chardonnay** (C) **'95** 30% für vier Monate in einjährigen Barriques. Buttertoastbouquet. Mittelgewichtig mit gut eingebundenem Holzaroma, das im Nachhall lange anhält. Der hohe Alkoholgehalt von 13,4%vol. ist kaum spürbar.

****Cabernet Sauvignon-Shiraz** (C) **'92** (52%/42%) 14 Monate in teils neuen Barriques. Violettes Rubinrot. In der Nase geröstete Walnüsse. Mittlerer Körper mit weichen, glatten Tanninen. Im Nachhall Nuancen von Tabak, Leder, Vanille. Jetzt trinkreif und bis etwa 1999 lagerfähig.

*****Carlonet** (C) **'91** 100% Cabernet Sauvignon, 18 Monate Barrique. Rubinrot. Typische Cabernet-Nase: Pfeffer-, Zedernaroma. Vollmundig mit feinem, kräftigem Tannin. In seiner Art eigenständig. Erreicht seine volle Reife etwa 1998.

Bezugsquellen: 3, 6, 22, 40, 45, 46, 48, 66

Veenwouden Private Cellar

Weinbaugebiet: *Paarl*
Erste Abfüllung: *1993 Classic und Merlot, 1994 Vivat Bacchus*
Rebfläche: *14,5 Hektar*
Besitzer: *Deon van der Walt*
Leitung: *Marcel van der Walt*

Vor kurzer Zeit ins Leben gerufen, wäre dieses Boutique-Weingut schon jetzt eine Hymne wert – gesungen vom international gefeierten Opernsänger Deon van der Walt, der sich den Traum vom Pomerol in Südafrika erfüllt hat. Er fand 1988 beste Lehmböden auf der Nordseite Paarls und versicherte sich der Unterstützung Michel Rollands, eines umworbenen Önologen aus dem Bordelais. Auch Giorgio della Cia von Meerlust gibt Ratschläge und berät Marcel, den Bruder des Tenors, der selbst in Pomerol bei Château Le Bon Pasteur tätig war und seit 1995 den Betrieb mit Erfolg leitet.

Bei der ausgiebigen Barrique-Probe werden unsere hohen Erwartungen übertroffen. Die neuen Jahrgänge 1995 und 1996 versetzen uns in wahre Euphorie. Marcels Sorgfalt zeigt sich im Weinberg etwa beim Grünschnitt, wo einige Wochen vor der Lese schwach entwickelte Trauben herausgeschnitten werden. Ein einziges Mal im Jahr wird vier Stunden lang bewässert, gerade genug, um Trockenschäden zu vermeiden. Der opulente Wein verträgt zwei Jahre Ausbau in kleinen Fässern von diversen französischen Küfereien. Statt zu filtrieren, zieht Marcel van der Walt den Wein alle drei bis vier Monate vom Hefelager ab.

Besuchszeiten: *Nach Vereinbarung*
Anschrift: *Veenwouden Private Cellar*
Box 7086, Nord Paarl 7623
Telefon: *021/872 6806*
Fax: *021/872 1384*

Anfahrt: *Von Paarl die R45 Richtung Malmesbury, nach vier Kilometern rechts.*

Weinangebot in Kisten à 12 Flaschen: 5500 Kisten insgesamt. Merlot 3000, Classic 1200, Vivat Bacchus 1300

***Vivat Bacchus '94** (D) Merlot 35%, Malbec 25%, Cabernet Franc 25%, Cabernet Sauvignon 15%. Zehn Monate in französischen Barriques. Dieser klassische Verschnitt ist zum frühen Genuß bestimmt. Mittelgewichtig, lebendig und süffig mit leichter Tanninstruktur ist er jetzt der ideale Essensbegleiter.

Merlot (E) 18 Monate in Nevers-Barriques. *** **'94** 15% Cabernet Sauvignon. Dunkles Purpur. Typische Merlotnase, duftet nach eingemachten Waldfrüchten. Insgesamt noch verschlossen, ab 1998 voraussichtlich zugänglicher. Faßprobe: **(*****) '95** 14% Cabernet Franc. In der Nase sehr komplex: Veilchen, Maiglöckchen, Zimt und frisch geschnittenes Holz. Ein berauschendes Bouquet, hält im leeren Glas lange an. Reichlich feinkörniges Tannin, konzentriert, voll und ausbalanciert. Alles stimmt – ein Wein mit großer Zukunft. Faßprobe: **(*****) '96** 15% Cabernet Sauvignon. Ebenfalls sehr feine Nase, diesmal mit Marzipan, Bienenwachs und Brot. Etwas weniger Tannin und Stoff als der 95er. Noch verhalten, aber mit großen Reserven.

Classic (E) *** **'93** Cabernet Sauvignon 66%, Merlot 21%, Cabernet Franc 13%, 24 Monate im Barrique. Tiefdunkles Purpur. Intensiver Sauerkirschduft. Mittlerer Körper mit gerösteten Nüssen und Cassistönen; reichlich trockener Gerbstoff. Bestimmt harmonischer ab 1998.
**** **'94** Cabernet Sauvignon 64%, Merlot 37%, 20 Monate im Barrique. Dunkles Rubin. Brombeerbouquet. Voller Körper mit festem Tannin und noch dominantem Holzaroma. Etwas Schokolade. Langer, feiner Nachhall. Faßprobe: **(*****) '95** Cabernet Sauvignon 55%, Merlot 35%, Cabernet Franc 10%. Im Mund noch üppiger als der 94er. Etwas Lakritze, reife Pflaumen. Geschmeidiges Tannin, wohl strukturiert. Faßprobe: **(*****) '96** Würzige Barriquenoten. Erneut ein Schritt hin zu größerer Komplexität. Kraftvoll, elegant, sehr langer Nachhall. Lecker!

Bezugsquellen: 43, 59

Vergelegen

Weinbaugebiet: *Stellenbosch*
Erste Abfüllung: *1992 Chardonnay, 1993 Mill Race Red, 1994 Sauvignon blanc, Merlot*
Rebfläche: *103 Hektar*
Besitzer: *Anglo American Konzern*
Leitung: *Martin Meinert*

Vergelegen ließ sich die Queen nicht entgehen. Es war das einzige Weingut, dem Königin Elizabeth von England ihre Aufwartung machte, als sie 1995 nach 48 Jahren erstmals wieder Südafrika besuchte. Die glanzvolle Geschichte und kürzliche Investitionen des neuen Besitzers machen es zu einem Prachtstück des Kapweinbaus.

Die Stippvisite der Monarchin wird mit einer gut gepolsterten Fahrt durch das 3000 Hektar große Farmgelände begonnen haben, vorbei an Rebgärten, Obstplantagen und der ebenfalls zum Konzern gehörenden Molkerei. Am höchsten Punkt wird der gepanzerte Wagen gehalten haben. Hier thront alles überragend die 1992 fertiggestellte, imposante, achteckige Kellerei. Ihr rundlicher und damit kompakter Grundriß schafft die Voraussetzung für effizientes Arbeiten auf vier Produktionsebenen, von denen sich drei unter der Erdoberfläche befinden. Die oberste dient der Traubenannahme und ist Aussichtspunkt für Besucher. Unter ihr ist eine Plattform zur Rotweinvergärung. Es folgt eine Etage mit Pressen, Tanks und Abfüllanlage und schließlich der kühle Holzfaßkeller. Martin Meinert nahm als Kellermeister Einfluß auf die Gestaltung dieser durchdachten Anordnung und weiß das natürliche Gefälle zu nutzen. Schon jetzt machen seine Weine Schlagzeilen.

Der Queen wird vom grandiosen Panoramablick und dem zehn Millionen Rand teuren Bau ein wenig schwindlig geworden sein. So wird es sie nachher hinuntergezogen haben zu Lady Phillip's Teegarten im bezaubernden Anwesen von 1700.

Besuchszeiten:	*Montag bis Samstag: 9.30 Uhr bis 16.00 Uhr*
Anschrift:	*Vergelegen* *Box 17, Somerset West 7129*
Telefon:	*021/847 1334*
Fax:	*021/847 1608*
	Leichte Mahlzeiten in Lady Philips Tee/Rosengarten 12-14.30 Uhr. Weinbergsbegehung mit Frühstück Dienstag und Samstag 8.30 Uhr (Reservieren). Alte Bücherei (1816) von Montag bis Samstag 11 Uhr bis 15 Uhr geöffnet.
Anfahrt:	*Von Somerset West Zentrum links in die Lourensford Rd., nach vier Kilometern rechts.*

Weinangebot in Kisten à 12 Flaschen: Sauvignon blanc 14000, Chardonnay 8000, Chardonnay Reserve 2000, Cabernet Sauvignon, Merlot und Mill Race Red je 6000.

*****Sauvignon blanc '96** 10% für zwei Monate im Barrique, auf der Hefe belassen. Helles Strohgelb. In der Nase würzig-grasig. Im Geschmack mittelgewichtig, mit typischen Feuersteinnoten. Angenehmer, weicher Abgang. Der 96er Reserve, ganz ohne Holz, war fünf Monate auf der Hefe und zeigte sich bei der Tankprobe sehr konzentriert und vielschichtig – leider gibt es davon nur 500 Kisten.

*****Chardonnay Reserve '95** Zu fast 100% in neuen Barriques, komplett mit malolaktischer Gärung. Goldgelb. Reichlich Holz im Bouquet, das sich im Geschmack fortsetzt, aber nicht unangenehm wirkt, sondern der Frucht angepaßt ist und gut mit der pikanten Säure harmoniert.

*******Merlot '95** Von nur sieben Jahre alten Rebstöcken! 12 Monate in zweijährigen französischen Barriques. 13,7%vol. Tiefdunkles Rubin. Anfangs in der Nase noch verschlossen. Nach kurzer Zeit im Glas entwickelt sich ein begeisterndes Aroma nach frischgemahlenem Kaffee, Schokolade und Kräutern. Am Gaumen sehr konzentriert mit viel Kraft und feiner Struktur. Die noch recht ungestümen, satten Tannine brauchen aber mindestens noch drei bis vier Jahre, um sich zu harmonisieren.

Bezugsquellen: Bisher noch keine Vertretung im deutschsprachigen Raum.

Villiera Estate

Weinbaugebiet:	*Paarl*
Erste Abfüllung:	*1976 Steen, Dry Red*
Rebfläche:	*205 Hektar*
Besitzer:	*Familie Grier*
Leitung:	*Keller: Jeff Grier*
	Weinberg: Simon Grier

In der Probierstube des Villiera Estates steht seit 1994 ein Kleiderschrank. Man entschied sich damals, ihn auf diese Weise niemandem und allen zugleich zu überlassen und so gerecht mit dem Erbe der im ehrbaren Alter von 102 Jahren verstorbenen Stammesmutter der Grier Familie umzugehen.

Drei Generationen der Familie leben und arbeiten noch Hand in Hand auf der Farm, die sich fortlaufend vergrößert und ausrüstet: Unlängst erwarb man achtzig weitere Hektar Rebfläche, eine Tankpresse ist bestellt und im nächsten Jahr wird es eine außergewöhnliche Kellerführung geben. Die Vettern Jeff und Simon sind für Kellerei und Weinbau zuständig, Cousine Kathy für den Export. Ihnen ist die große Beliebtheit der Produkte zuzuschreiben. Im Dialog mit dem Champagnerproduzenten Jean Louis Denois perfektionierte Jeff Grier seine Methoden der Schaumweinerzeugung und erntet Erfolg auch für die schmeichelnden und preisgekrönten, reell kalkulierten Stillweine. Früh schon zugänglich, weisen sie viel Geschmack und fruchtige Fülle im Mund auf.

Auf Villiera sind auch 500 Enten im Einsatz. Sie durchstreifen die Rebanlage und ernähren sich von unerwünschten Schnecken. An jedem 22. Januar feiert man ein fröhliches Erntefest mit der Grier Familie, «Sankt Vincent Festival» genannt – eine der lustigsten Sommerpartys der Kapregion.

Besuchszeiten:	*Montag bis Freitag:*	*8.30 Uhr bis 17.00 Uhr*
	Samstag:	*8.30 Uhr bis 13.00 Uhr*
Anschrift:	*Villiera Estate*	
	Box 66, Koelenhof 7605	

Telefon: *021/882 2002/3*
Fax: *021/882 2314*
Anfahrt: *Von Stellenbosch etwa zwölf Kilometer die R304 Richtung Kapstadt, links in die R101.*

Weinangebot in Kisten à 12 Flaschen: 96100 Kisten insgesamt, 54000 weiß, 20500 rot, 6000 rosé, Schaumweine 15000, Port 600 .

***Weißer Riesling '96** (B) 7g/l Restzucker und Säure. Strohgelb. Ausgewogene, erfrischende Fruchtigkeit mit lebendiger Säure. Mundfüllend, leicht süßlich. Hat Charakter! Hält sich etwa zwei Jahre.

***Tradition Carte Rouge Brut** (ohne Jahrgang) (C) MCC. Cuvée aus Pinot noir 45%, Pinotage 20%, Chenin blanc 20% und Chardonnay 15%. 18 Monate auf der Flaschenhefe. 10g/l Restzucker. Am Gaumen delikater Hefecharakter – gut zu trinken.

****Carte d'Or Grande Cuvée Tradition** (ohne Jahrgang) (C) MCC. Je zur Hälfte Chardonnay (im Barrique ausgebaut) und Pinot noir. Goldgelb. Voller und komplexer als der Tradition. Im Mund angenehme Hefearomen, feinperlig. Saftig-fruchtig (Ananas und Aprikosen). Mit samtigem Abgang. Beide Schaumweine eignen sich sehr gut als Essensbegleiter.

***Merlot '94** (C) Zwölf Monate in zur Hälfte neuen Nevers-Barriques. Intensives Purpurrot. In der Nase reife Beeren. Zeigt schon jetzt viel Charme. Frische, volle Frucht mit reichlich festem Tannin und gut integriertem Holz. In zwei bis drei Jahren trinkreif. **'95** und **'96** zeigen sich ähnlich fruchtkonzentriert.

***Cru Monro '94** (C) Cabernet Sauvignon 60%, Merlot 40%. Barriqueausbau wie Merlot. Dunkles Rubin. Duftet nach Kirschen vermischt mit Barriquenoten. Am Gaumen intensive Frucht (reife Maulbeeren und schwarze Johannisbeeren) und wie der Merlot bemerkenswert zugänglich. Zu trinken etwa ab 1998. **(****) '95** Faßprobe: Sehr kraftvoll mit fein abgestimmtem Holz.

Bezugsquellen: 11, 26, 30, 33

Von Ortloff

Weinbaugebiet: *Franschhoek*
Erste Abfüllung: *1993 Cabernet Sauvignon*
Rebfläche: *17 Hektar*
Besitzer/Leitung: *Georg und Evi Schlichtmann*

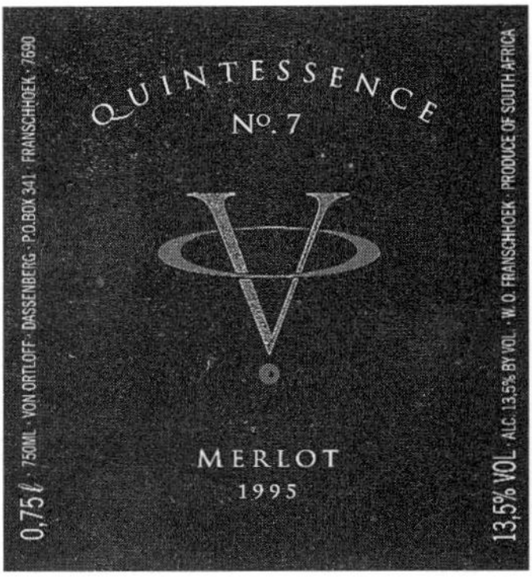

Georg und Evi Schlichtmann sehen sich nicht als Aussteiger. Vielmehr steigen sie in die zweite Hälfte ihres Lebens ein, in die harte Arbeit auf ihrer hübschen Farm im klimatisch begünstigten Franschhoek Tal und in ihre anspruchsvolle Vorstellung von der Erzeugung guter Weine.

1992 reiste Georg Schlichtmann für BMW in Sachen Z3 von Deutschland nach Pretoria. Seine Frau Evi, Enkelin von Max Kurt von Ortloff, bearbeitete derweil die letzten Aufträge ihres Architekturbüros. Im selben Jahr machten sich die beiden zu Besitzern einer Farm am Kap und begannen bald darauf mit deren Bewirtschaftung: Sie restaurierten die Wohnhäuser und das Kellergebäude von 1800 und nahmen Kontakt auf mit La Motte, dem gegenüberliegenden Weingut, dessen routinierte Profis die beiden Deutschen seither mit weinbaulichen Ratschlägen und dem Ausbau der ersten Jahrgänge unterstützen.

Besonders aufwendig war die Vorbereitung des sandigen, kalkreichen Bodens mit seinen Kiesgeröll-Lehmschichten. Ebenso kompromißlos gab sich das Selfmade-Paar bei der Wahl der Rebklone und der Gestaltung des Etiketts, das ein namhafter Designer entworfen hat. Die Weine fanden sogleich reißenden Absatz. Ab 1997, so der sympathische Workaholic Schlichtmann, wird sich zumindest ein Teil der Produktion in vollständig eigener Regie und in der bis dahin fertiggestellten Kellerei abwickeln – Kompliment!

◄ *Enten beim Schneckenfressen im Weinberg, Weingut De Wetshof, Robertson*

Besuchszeiten: *Nach Vereinbarung*
Anschrift: *Von Ortloff*
Box 341, Franschhoek 7690
Telefon/Fax: *021/876 3432*
Anfahrt: *Von Franschhoek die R45 Richtung Paarl, links bei den Dassenberg Cottages abbiegen.*

Weinangebot in Kisten à 12 Flaschen: Cabernet/Merlot 910, Chardonnay 920, Quintessence Merlot 640, Quintessence Sauvignon blanc 700.

Sauvignon blanc Quintessence No. 5 '96 (B) 12%vol. Im Gegensatz zu '95 und '94 leichter und säurebetonter. Dadurch aber angenehm erfrischend und mineralisch.

***Chardonnay '95** (C) (0,2g/l Restzucker) Sieben Monate in zu 60% neuen Barriques. Brillantes helles Goldgelb. In der Nase Fruchtdrops. Am Gaumen von mittlerer Fülle mit Nuancen von tropischen Früchten und feinen Röstaromen. Das Holz ist sehr gut eingebettet, obwohl 20% mehr Neuanteil als in '94 und '93.

***Merlot Quintessence '95** (C) 13,5%vol. Erste Abfüllung. 16 Monate in zu 30% neuen Nevers-Barriques. Dunkles Purpur. Relativ süße Merlotnase. Im Geschmack vollmundig (reife Pflaumen) mit rundem trockenem Tannin. Der hohe Alkohol (13,5%) ist kaum spürbar. Jetzt zu trinken mit zwei bis drei Jahren Lagerpotential.

***Cabernet Sauvignon-Merlot '93** (C) Cabernet Sauvignon 67%, Merlot 33%. Der Cabernet Sauvignon war 18 Monate in zur Hälfte neuen Nevers-Barriques; der Merlot 12 Monate in zu 30% neuen Nevers-Barriques. Dunkles Rubin. Würzig-rauchige Lakritznase. Am Gaumen mittelgewichtig, mit recht kräftigen aber angenehmen, reifen Tanninen. Ziemlich holzbetont. Jetzt trinkreif mit Potential bis 2000.

Bezugsquellen: 33, 62

Vriesenhof

Weinbaugebiet: *Stellenbosch*
Erste Abfüllung: *1981 Cabernet Sauvignon*
Rebfläche: *75 Hektar*
Besitzer/Leitung: *Jan «Boland» Coetzee*

Es ist nicht einfach, aus Jan «Boland» Coetzee etwas herauszubekommen. Zwei Stunden lang stellen wir präzise Fragen – zwei Stunden sieht er alles «ganz anders». Mit Bauernschläue und der Wendigkeit eines Rugby-Nationalspielers versteht es der ehemalige Flügelstürmer der «Springboks» uns weder einen seiner technischen Kniffe zu verraten noch uns zu langweilen.

Daß der alte Hase sich auskennt, weiß man. In den siebziger Jahren verewigte er sich in einer Reihe von Kanonkopweinen, die bis heute nicht verblaßt sind. Als er 1980 den Vriesenhof übernahm, war dies die Erfüllung eines Traums, aber keine Eigenbrötelei: Neben dem Aufbau seiner eigenen Farm, widmete er sich der Beratung einiger namhafter Betriebe wie Graham Beck, Eikendal und Buitenverwachting. «Natürlich habe ich dabei meine Augen nicht völlig verschlossen gehalten», spottet Coetzee listig und weiß mehr, als er uns erzählen will. Wir degustieren in der gemütlichen Probierstube neben dem Gärkeller.

Im schummrigen Licht des Barriquekellers wird die Verkostung fortgesetzt. Die besten Fässer sind für die CIWG reserviert, die Cape Independent Winemakers Guild. Bei einer jährlich veranstalteten Auktion der 1983 gegründeten Vereinigung unabhängiger Weinmacher werden ausgewählte Partien der Mitglieder versteigert. Nur 23 Spitzenerzeuger – auch der clevere Jan «Boland» Coetzee – dürfen sich dazuzählen.

Besuchszeiten: *Nach Vereinbarung*
Anschrift: *Vriesenhof, Box 155, Stellenbosch 7600*
Telefon: *021/880 0284* Fax: *021/880 1503*
Anfahrt: *Von Stellenbosch etwa zwei Kilometer die R44 Richtung Somerset West, gegenüber der Golfplatzeinfahrt links abbiegen, weitere zwei Kilometer geradeaus.*

Weinangebot in Kisten à 12 Flaschen: 30000 Kisten insgesamt, 22500 rot, 7500 weiß. Sauvignon blanc, Chardonnay, Pinotage, Shiraz, Merlot, Cabernet Sauvignon/Franc.

***Talana Hill Chardonnay '95** (C) 11 Jahre alte Bushwines. Vier Monate in französischen Barriques (Alliers, Troncais, Nevers), bewußt oxydativ ausgebaut. Goldgelb. Intensive Nase nach Honig und reifen Aprikosen. Im Mund voll, rund und ausgewogen. Angenehme, feine Firnetöne, zurückhaltendes Holz.

****Paradyskloof Pinotage '95** (B) 12 Monate in gebrauchten Barriques. Dunkles Purpur mit violetten Reflexen. Charakteristisches Pinotage-Bouquet nach frischen Bananen und Pflaumen, rauchig-würzig. Mittlere Dichte. Gut eingebundenes, kompaktes Tannin, komplexe Struktur. Überdurchschnittlicher Pinotage, jetzt schon trinkreif – Potential bis 2001.

****Vriesenhof Cabernet Sauvignon** (C) 24 Monate in neuen und gebrauchten Barriques. **'94 und '95** Faßprobe. Beide zeigen sich sehr konzentriert und voll. Der 95er scheint insgesamt noch üppiger auszufallen. **'93** Nur in zweijährigen Eichenholzfässern. Mittleres Rubin. Schwarze Johannisbeeren. Kompakt im Mund, reichlich feines, lebhaftes Tannin. Intensives und langanhaltendes Finale – hier macht sich Geduld bezahlt. **'92** Tiefdunkles Kirschrot. Im Ansatz schon weich. Süßliche Frucht, doch mit sehr herbem, trockenem Tannin. Vielleicht besser in zwei Jahren. **'91** Dunkles, reifendes Rubin. Komplexe, würzige Nase, Kirscharoma. Wunderbar in die volle Frucht eingebundenes, geschmeidiges Tannin. Trinkreifer eleganter Wein mit Reserven bis 2000.

****Kallista** (C) **'93** Cabernet Sauvignon 50% (höherer Anteil der neuen Klone), Merlot 40%, Cabernet Franc 10%. 24 Monate in französischen Barriques. Dunkles Purpur. Feine Pfeffernase, Schokolade. Am Gaumen sehr rund, konzentriert und fett – vielversprechend! **'92** Merlot 55%, Cabernet Sauvignon 23%, Cabernet Franc 22%. Glänzendes Rubin. In der Nase wieder feine Kaffee- und Schokoladenaromen. Am Gaumen stark holzbetont, kraftvoll, mit strengem Tannin. Gut strukturiert. Harmonischer ab 2000.

Bezugsquellen: 2, 55

Warwick Estate

Weinbaugebiet:	*Stellenbosch*
Erste Abfüllung:	*1985 Cabernet Sauvignon*
Rebfläche:	*70 Hektar*
Besitzer:	*Norma Ratcliffe*
Leitung:	*Keller: Norma Ratcliffe und Marcus Milner* *Weinberg: Williem Burger*

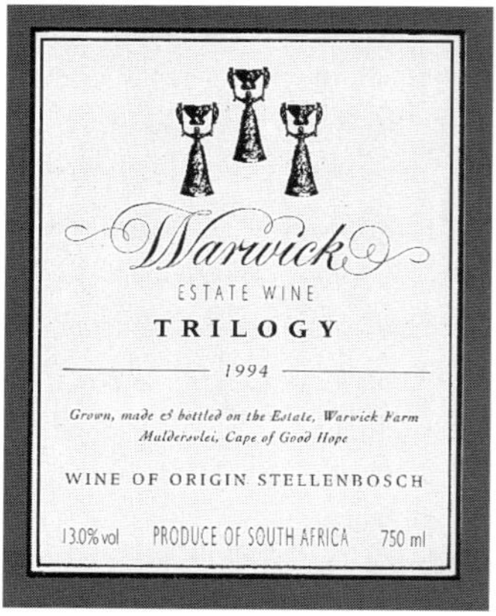

Die Weine des Warwick Estates haben etwas von der zupackenden Art ihrer Erzeugerin Norma Ratcliff. Mit energischem Charme erreicht «Stormin' Norma», was sie anstrebt: Farbintensive, konzentrierte Rotweine im traditionell-haltbaren Stil, der an guten Bordeaux erinnert. Dies verwundert nicht, denn von vielen Bildungsreisen nach Frankreich und einem extra Abstecher zu Château Sénéjac im Haut-Médoc brachte sie genügend Hintergrundwissen mit, um aus klassischen Rebsorten klassische Weine zu erzeugen.

Trotz zehn opulenter Jahrgänge stehen bei Warwick nun Veränderungen ins Haus. Quirlig fiebert Norma Bodenkorrekturen entgegen, effektiveren Laub- und Stockarbeiten und auch neuem Klonmaterial, das trotz höherer Erträge bessere Qualitäten, trotz voller Traubenreife höhere Säurewerte hervorbringt. Sie hat es auf einen früher zugänglichen, weichen Stil abgesehen, will die Weine deshalb mehr mit Luft in Verbindung bringen und die Maischestandzeit verlängern, so daß die Tannine polymerisieren (sich verketten) und an Schroffheit verlieren. Norma bleibt konservativ, wenn es um das Filtrieren geht. Die Weine werden drei- bis viermal im Jahr vom Trub am Boden der Barriques abgezogen und sind nach 18 Monaten auf natürliche Weise geklärt – ohne jemals einen Filter gesehen zu haben. Ein filtrierter Wein wäre vielleicht klarer, aber auch ärmer an Aromastoffen. Kenner wissen das und beklagen sich nicht über ein wenig Sediment.

Mit ihrem Pinotage will Norma ebenfalls hoch hinaus – was ihr zu gelingen scheint. Den Kilimandscharo wenigstens hat sie schon bestiegen!

Besuchszeiten:	*Montag bis Freitag:*	*9.00 Uhr bis 12.00 Uhr*
		13.30 Uhr bis 16.00 Uhr
	Samstag nach Vereinbarung	
Anschrift:	*Warwick Estate*	
	Box 2, Muldersvlei 7606	
Telefon:	*021/884 4410*	
Fax:	*021/884 4025*	
Anfahrt:	*Von Stellenbosch die R44 Richtung Paarl, nach etwa zehn Kilometern links.*	

Weinangebot in Kisten à 12 Flaschen: Trilogy 4000, Pinotage 2000, Merlot 1200, Cabernet Sauvignon 1000, Cabernet Franc 700; sehr kleine Mengen Chardonnay und Chenin blanc.

****Pinotage '95** (C) Trauben von alten Bushvines. Neun Monate in Barriques. 13%vol. Tiefes, dunkles Rubin. Stark ausgeprägte Kirchenfenster. Animalischer Duft. Mittlerer Körper mit noch festen Tanninen. Sehr dicht und lang. Etwas Pfefferminze und Lakritze – darf noch etwa ein bis zwei Jahre reifen.

****Cabernet Franc '94** (C) In diesem Jahr sogar nur 400 Kisten. 13,5%vol. Dunkles Granat mit bräunlichen Reflexen. In der Nase herrliche Veilchen- und Bananenaromen. Mitteldicht, mit fester Säure und guter Struktur. Würzig-beerig, recht fein. Die Tannine sind schon fast glatt. Der Wein endet zur Zeit etwas adstringierend, aber lang mit feinem Kräuternachhall. Sehr vielversprechend.

****Cabernet Sauvignon '94** (C) Tiefes Granat (Opaque). Duftet nach Zimt und Kirsche. Am Gaumen etwas Schmelz, leicht süßliche Frucht. Der lange Abgang wird aber noch von kräftig-herbem, aber reifem Tannin dominiert. Trinkreif ab etwa 1998.

****Trilogy '94** (C) Cabernet Sauvignon 70%, Merlot 20%, Cabernet Franc 9%. Tiefes Rubin mit violettem Rand. In diesem Stadium noch hart und tanningeprägt. Reichlich reife schwarze Johannisbeeren. Mit etwas Luft schon zugänglicher, zeigt Tiefe und Komplexität. Sehr intensiv und ausgewogen – ein Wein nach traditioneller Machart, der noch zwei bis drei Jahre liegen sollte und bis etwa 2005 lagerfähig ist.

Norma Ratcliffe und Marcus Milner, Weingut Warwick, Stellenbosch

Blick vom Weingut Welgemeend, Paarl

Von hoher Qualität ist auch der **Merlot** **** **'94** (C) (mit 5% Cabernet Sauvignon), der aber noch zwei Jahre der Reife braucht.

Bezugsquellen: 16, 63

Welgemeend Estate

Weinbaugebiet:	*Paarl*
Erste Abfüllung:	*1979 Amadé und Welgemeend*
Rebfläche:	*12 Hektar*
Besitzer:	*Billy Hofmeyr*
Leitung:	*Louise Hofmeyr*

Manchmal streift man durch die Kapregion und ist erstaunt, wenn man, auf einem unscheinbaren, flachen Hügel angelangt, plötzlich einen nicht erwarteten, weiten Ausblick genießen kann. Darüber freuten wir uns auf Welgemeend und auch über dessen Rotwein im traditionellen Stil.

Louise Hofmeyr hat kein Verlangen danach, den verführerischen Charakter eines in der Flasche ausgereiften Lagerweins durch den eines vordergründig fruchtbetonten Konsumweins zu ersetzen. Sie baut nach klassischen Prinzipien haltbare, zum Teil bordeauxähnliche Verschnitte seriöser und feiner Art aus. Eine entscheidende Komponente im Verschnitt ist dabei die Rebsorte Petit Verdot. Sie verleiht auch vielen Médoc-Weinen eine zusätzliche Geschmacksnote und unterstützt Tanningerüst und Farbe. Das Problem des unvollständigen Ausreifens dieser Rotweinsorte ist in Südafrika weniger gegeben.

Von der studierten Künstlerin wird der kleine, einfache Keller peinlich sauber gehalten. Ihre Rotweine bleiben zwei bis zweieinhalb Wochen auf den Schalen, dann garantiert eine einfache 900 kg fassende Korbpresse das sanfte Keltern der

Traubenmaische. Der gesamte Preßwein, das sind acht Prozent, wird Bestandteil des Endprodukts. Dieses setzt Louise, nach feinfühligem Holzfaßausbau, wie eine Collage aus jährlich veränderlichen Anteilen diverser Rebsorten zusammen, wobei sie optimale Balance anstrebt – schließlich würde sie, wie sie betont, lieber verdursten, als schlechten Wein zu trinken!

Besuchszeiten:	*Samstag:*	*9.00 Uhr bis 12.30 Uhr* *oder nach Vereinbarung*
Anschrift:	*Welgemeend Estate* *Box 69, Klapmuts 7625*	
Telefon:	*021/875 5210*	
Fax:	*021/875 5239*	
Anfahrt:	*Von Paarl, die R101 Richtung Kapstadt, nach vier Kilometern rechts.*	

Weinangebot in Kisten à 12 Flaschen: 4000 Kisten insgesamt. Welgemeend 1600, Soopjeshoogte 1250, Amadé 700, Douelle 450.

***__Amadé '94__ (B) Shiraz 50%, Grenache 35%, Pinotage 15%. Schon im Jahr der Abfüllung trinkreifer Blend mit Klasse und eigenständigem Charakter – ähnlich einem Wein der südlichen Rhône.

***__Soopjeshoogte__ (B) Zweitwein von Welgemeend. **'94** Cabernet Franc 39%, Merlot 36%, Cabernet Sauvignon 25%. Mittleres Rubin. Lakritze und Gewürznelke in der Nase. Eleganter, mittelkräftiger Wein, mit viel reifem, saftigem Pflaumengeschmack und ausreichend Tannin für weitere zwei Jahre.

***__Douelle '94__ (C) Merlot 30%, Malbec 31%, Cabernet Sauvignon 28% Cabernet Franc 6%, Petit Verdot 5%. Komplexer, gut strukturierter, origineller, vielversprechender Wein – wenn auch noch nicht ganz harmonisch. Sollte bis Ende 1997 liegen.

****__Welgemeend__ (C) **'94** Cabernet Sauvignon 36%, Merlot 32%, Cabernet Franc 31%, Petit Verdot 1%. 25% neue französische und wenig amerikanische Barriques. Dunkles Rubinrot. Duft nach Vanilleschoten und fein geröstetem Holz. Voller und konzentrierter als der 93er. Angenehmer Lakritzegeschmack (vom höheren Merlotanteil). Für eine lange Lebensdauer steht reichlich festes, kräftiges Tannin zur Verfügung. Genußreif voraussichtlich zwischen 1998 und 2005. **'93** Cabernet Sauvignon 62%, Merlot 21%, Cabernet Franc 12%, Petit Verdot 5%. Dunkles Granat. In der Nase mineralisch-erdig, frisches Brot. Trotz fast doppelt so hohem Cabernet Sauvignon-Anteil entfalten sich die Petit Verdot-Aromen in erfreulicher Weise. Vielleicht ein sehr typischer Welgemeend-Wein. Wenn auch nicht so dicht wie der 92er oder 94er, viel Stil und Finesse.

Bezugsquellen: 30

Weltevrede Estate

Weinbaugebiet:	*Robertson*
Erste Abfüllung:	*1975 Colombard, 1976 Muscadel*
Rebfläche:	*120 Hektar*
Besitzer:	*Lourens Jonker*
Leitung:	*Simon Smith*

Das gleich am Eingang von Bonnievale gelegene große Weingut ist einen Besuch wert – ob zum Lunch oder zur Weinprobe. Vor allem werden hier empfehlenswerte gespritete Muskateller zu niedrigen Preisen angeboten.

Der Red Muscadel entsteht so: Die rote Maische wird in offene Zementtanks gegeben und gekühlt. Niedrige Temperaturen von 14 Grad Celsius verhindern, daß sie sofort angärt. Einen Tag lang stößt man den Tresterhut in die Maische, um vor allem Farb- und Geschmackstoffe zu extrahieren. Dann wird abgepreßt. Nun verhindert man jede künftige Aktivität von Hefen, Bakterien und anderen Mikroorganismen dadurch, daß der unvergorene Most durch Zugabe von Industriealkohol auf 17 bis 20 Volumenprozent aufgespritet wird.

Weißer Muskateller wird nach dem Abbeeren und Mahlen sofort abgepreßt und mit Alkohol verstärkt. Die gespriteten Muskateller sind unverwüstlich und in der Flasche viele Jahre lagerfähig. Gut gekühlt auf Eis mit Soda erfrischen die süßen Weine auch an heißen Sommertagen.

Aus der Riege der vergorenen Weine möchten wir den halbtrockenen Gewürztraminer und den guten, lagerfähigen Chardonnay hervorheben.

Besitzer Weltevredes ist Lourens Jonker in dritter Generation. Weltevrede heißt «sehr zufrieden». Das kann Jonker auch mit seiner Position als Vorsitzender der KWV sein.

Besuchszeiten:	*Montag bis Freitag:*	*8.00 Uhr bis 17.00 Uhr*
	Samstag:	*9.00 Uhr bis 15.30 Uhr*
Anschrift:	*Weltevrede Estate*	
	Box 6, Bonnievale 6730	
Telefon:	*02346/2141*	
Fax:	*02346/2460*	
Anfahrt:	*Von Robertson etwa 20 Kilometer Richtung Bonnievale, auf der rechten Seite.*	

Weinangebot in Kisten à 12 Flaschen: 20000 Kisten insgesamt, davon 2500 Muscadel.

***__Gewürztraminer '96__ (B) 12g/l Restzucker. In der Nase aromatisch-würzig. Im Geschmack wird die süßliche Frucht sehr gut durch die frische Säure kompensiert. Hält sich bis 2000.

**__Chardonnay '95__ (B) Zum Großteil in gebrauchten 300-l-Eichenholzfässern ausgebaut. 12,7%vol. Ein bißchen Flaschenreife hat sich gelohnt: Helles Goldgelb. In der Nase reife Birnen. Im Geschmack harmonisch und rund, das Holz ist nun vollständig integriert. Guter Abgang. Potential für weitere zwei Jahre.

****__White Muscadel '95__ (B) 16,9%vol. Vielschichtiges, würzig-fruchtiges Boquet. Am Gaumen weich, voll und fruchtbeladen: reife Aprikosen und tropische Früchte. Hält lange an.

Bezugsquellen: 25

Wetterfahne eines Hauses in Hermanus ►

W

Whalehaven Wines

Weinbaugebiet:	*Overberg, Walker Bay*
Erste Abfüllung:	*1995 Sauvignon blanc*
Rebfläche:	*zugekaufte Trauben*
Besitzer/Leitung:	*Storm Kreusch-Dau*

Vier Herbste war Storm Kreusch-Dau für die vornehmen Weine Anthony Hamilton Russells zuständig, bevor sie sich mit Hilfe von Freunden, ebenfalls im Hemel-en-Aarde Tal, selbständig machte. Die in Deutschland, Italien und bei Delheim/Stellenbosch tätig gewesene Önologin schloss wie Neil Ellis Verträge mit den Besitzern von in günstigen, kühlen Gebieten gelegenen Weinbergslagen, deren Pflege (und Revitalisierung) sie viel Aufmerksamkeit schenkt.

In nur zweieinhalb Monaten wurde die neue Kellerei errichtet und unter leicht chaotischen Verhältnissen kamen 1995 die ersten Trauben zur Verarbeitung: Als die erste Fuhre Chardonnay eintraf, waren die Arbeiten am Boden des Kellers noch immer nicht abgeschlossen. Elektrizität fehlte, so daß man sich einen Generator borgte. Der konnte aber nicht gleichzeitig Presse und Kühlgerät mit Strom versorgen. Auch die Abbeermaschine war noch nicht eingetroffen, weswegen die Chardonnaytrauben ganz gepreßt wurden. Eine Leitung platzte, und Shiraz spritzte durch die Gegend. Ein vollbeladener Traubentransporter rollte versehentlich davon, und als die Abbeermaschine endlich im Einsatz war, spuckte sie die Pinot noir Trauben wieder aus! So ging der Herbst 1995 über die Bühne. Storm Kreusch-Dau trug es mit Fassung. Inzwischen hat sie ruhigere Erntezeiten hinter sich.

Statt irgendeine, wie sie sagt, «abwegige historische Verbindung» auszugraben, bezieht sich Storm Kreusch-Dau bei der Namensgebung ihres neuen Weingutes auf die in der Bucht vor Hermanus häufig zu sehenden Wale.

Besuchszeiten:	*Montag bis Freitag:*	*9.30 Uhr bis 17.00 Uhr*
	Samstag:	*10.30 Uhr bis 13.00 Uhr*

Anschrift: *Whalehaven Wines*
Private Bag X10, Hermanus 7200
Telefon: *0283/215 85*
Fax: *0283/219 17*
Anfahrt: *Von Somerset West die N2 bis Botriver, die R43 Richtung Hermanus. Kurz vor Hermanus links, am Anfang der R320 Richtung Caledon, direkt links an der Ecke.*

Weinangebot in Kisten à 12 Flaschen: Sauvignon 1300, Chardonnay 500, Baleine noir 800, Merlot 1200, Cabernet Sauvignon 1200, Pinot noir 1000.

***__Sauvignon '96__ Verhaltene Nase – etwas Sortencharakter. Im Mund füllig und erfrischend säurebetont mit schönen Passionsfruchtaromen. Zu trinken bis Anfang 1998.

***__Pinot noir '96__ Mittleres Rubin. Duftet nach reifen Kirschen. Im Geschmack leicht süßlich-rauchig, von mittlerer Konsistenz. Guter Abgang. Insgesamt noch ziemlich verschlossen. Öffnet sich in ein bis zwei Jahren.

**__Baleine Noir '96__ Shiraz 80%, Merlot 20%. Kein Barriqueausbau. 12,1%vol. Würzig-fruchtige Nase. Im Geschmack sehr weich mit ausgewogenen Tanninen, aber lebendiger Säure. Einfach und sauber gemacht. Jetzt zu trinken.

Bezugsquellen: Bisher noch keine Vertretung im deutschsprachigen Raum.

Wein-Veranstaltungskalender

Januar
Saint Vincent's Eve Festival auf dem Weingut Villiera.
Infos unter: 021/882 2002

Februar
Cape Classique Challenge (Schaumweinprobe)
Infos unter: 021/808 7598

März
Weintaufe auf dem Weingut Eikendal
Infos unter: 024/551 422
Erntefest in Stellenbosch
Infos unter: 021/886 4867

April
Nederburg Auktion
Infos unter: 021/808 7911
Paarl Wine Route Nouveau Festival
Infos unter: 02211/23605
Paarl-Franschhoek Winelands Train Relay
Infos unter: 02211/73120
Stellenbosch Wine Route, Familientag
Infos unter: 021/886 4310

Mai
Malmesbury Food and Wine Festival
Infos unter: 0224/22332
Kapstadt, Waterfront Winelands Festival
Infos unter: 021/439 2682

Juni
Kapstadt, Winter Red Wine Review
Infos unter: 021/439 2682
Worcester Wine and Food Festival
Infos unter: 0231/28710

Swartland Wine and Food Festival
Infos unter: 0224/211 34

Juli

Paarl, KWV Berg River Kanu-Marathon
Infos unter: 021/807 3119
Paarl Wine Route Winter Festival
Infos unter: 02211/236 05
Calitzdorp Cape-Port Festival
Infos unter: 04437/333 14

August

Paarl, National Young Wine Show
Infos unter: 02211/731 03
Faßprobe des CIWG
Infos unter: 021/883 8625

September

Stellenbosch, CIWG-Auktion
Infos unter: 021/883 8625
Paarl Wine Route: Schaumwein Festival
Infos unter: 02211/236 05
Kapstadt, Waterfront Wine Festival
Infos unter: 021/4341 737
Stellenbosch Young Wine Show
Infos unter: 021/8864 867
Worcester Young Wine Show
Infos unter: 0231/287 10
Robertson Young Wine Show
Infos unter: 02351/3167
Klein Karoo Young Wine Show
Infos unter: 0443/226 065
Orange River Young Wine Show
Infos unter: 0443/226 065
Olifants River Young Wine Show
Infos unter: 0271/331 26

Oktober

Spring Festival auf dem Weingut Eikendal
Infos unter: 024/551 422
Weinverschnitt-Wettbewerb auf dem Weingut Blaauwklippen
Infos unter: 021/8801 108
Robertson Valley Food and Wine Festival
Infos unter: 02351/3167
Robertson Valley Countrywide Tour
Infos unter: 02351/3167
Wellington Wine Festival
Infos unter: 02211/346 04

November

Worcester Bottled Wine Show
Infos unter: 021/287 10
Tulbagh, Church Street Festival
Infos unter: 0236/3002 42

Dezember

Keine offiziellen Feste bekannt.

Auf dem Weg nach Paarl

Glossar

abbeeren: Trennung der Traubenbeeren von den Stielen, vorwiegend bei roten Traubensorten, um die Gerbstoffanteile in Grenzen zu halten.

Abgang: Geschmackliche Eigenschaften eines Weins, die ihn besonders nachhaltig auf der Zunge wirken lassen. Ein langer, guter Abgang ist ein wesentliches Qualitätsmerkmal eines hervorragenden Weins.

Abstich: Trennung des klaren Weines vom Trub, der sich am Faßboden angesammelt hat.

adstringierend: Den Mund zusammenziehender Geschmack (von lat. adstringere «zusammenziehen»), meistens hervorgerufen durch Gerbstoffe und auch durch Säure.

Alkohol: Eine der Hauptkomponenten des Weines, entsteht durch die Vergärung von Zucker und gibt dem Wein Körper und Rückgrat.

alkoholverstärkte Weine: Weine, denen vor, während oder nach der Gärung Alkohol zugesetzt wurde (z.B. Portwein, Sherry, Madeira und die Muskateller aus Südafrika).

Allier: Eichenholz aus den Allierwäldern (Frankreich).

Amerikanerrebe: Aus Amerika stammende Rebe, die reblausresistent ist und auf die Edelrebe (Vitis vinifera) aufgepfropft wird.

amerikanische Eiche: Das Holz wird nicht so gut in den Wein eingebunden wie bei französischer Eiche, es steht mehr im Vordergrund.

anmutig: Nicht kräftig, aber auf unaufdringliche Art harmonisch und ausgewogen.

Anreicherung: Erhöhung des Alkoholgehaltes durch den Zusatz von Zucker oder Mostkonzentrat. Ist in Südafrika nicht erlaubt.

Aroma: Wirkung von Substanzen auf das Geruchsempfinden der Nase. Kann auch als Bukett bezeichnet werden. Man unterscheidet vier Arten: Primärbukett (Aromastoffe wie sie in den unverletzten Trauben vorkommen), Sekundärbukett (Aromastoffe hervorgerufen durch die Verarbeitungsprozesse), Gärbukett (Aromastoffe, die bei der alkoholischen Gärung entstehen), Lagerbukett (Aromastoffe, die bei der Lagerung auftreten).

Aromastoffe: Unter der Gruppe der Aromastoffe läßt sich eine Vielfalt von Stoffgruppen zusammenfaßen. Es sind u.a. Ester, Säuren, Aldehyde, Ketone, Ether, Alkohole usw. Diese Stoffe sind für die unterschiedlichen Aromen verantwortlich. Bei *Weißweinen* finden sich vornehmlich Aprikose, Apfel, Pfirsich, Akazie, Quitte, Zitrone, Honig, Hasel-, Walnuß, feuchte Erde. *Rotweine* sind durch schwarze und rote Johannisbeere, Kirsche, Brombeere, Himbeere, Erdbeere, Zeder, Trüffel, Veilchen, Banane, Zimt, Pfeffer, Fleisch, Kaffee und Schokolade gekennzeichnet. *Schaumweine* erinnern an Birne, Quitte, Apfel, Aprikose, Weißdorn, Lindenblüten, frisches Weißbrot, geröstetes Brot und Haselnuß. Im Laufe der Zeit verändern sich die Aromen: *Junge Weine* sind vornehmlich durch Obst- und Fruchtnoten gekennzeichnet. Nach zwei bis fünf Jahren kommt es zu Blumen- und Blütendüften. *Gereifte Weine* erinnern an Honig, Caramel, geröstete Mandeln, Vanille, Muskat, Tabak, Kaffee, Zimt, Kakao und Nüsse. *Alte Weine* haben Noten von herbstlichem Laub, Pilzen, und Zinn.

aufdringlich: Geruch, der schnell und intensiv in die Nase steigt, eher unangenehm.

ausdruckslos: In der Nase und im Geschmack uninteressant, langweilig.

ausgewogen: Alle Weininhaltsstoffe befinden sich im Gleichgewicht. Ist als Qualitätsmerkmal zu sehen.

Ausbau: Alle Vorgänge, die spontan oder durch kellertechnische Maßnahmen hervorgerufen nach der alkoholischen Gärung bis zur Flaschenfüllung ablaufen.

ausdünnen: Unreife und faule Trauben werden weggeschnitten (etwa Anfang August), so daß die zurückbleibenden Trauben eine wesentlich größere Geschmacksfülle bekommen.

Barbera: Besonders in Italien angebaute rote Rebsorte. Sie ergibt einen säurereichen, nicht zu körperreichen Wein, der sich aber durch eine Lagerung erheblich in der Qualität verbessern kann.

Barrique: Name für die im Bordeaux-Gebiet üblichen —> Eichenholzfässer mit einem Fassungsvermögen von 225–228 Litern. Das Holz der Fässer ist nicht geschmacksneutral und gibt an den Wein Aromen (Vanille, Minze, Gewürznelke, Zimt, Lakritze) und Gerbstoffe ab. Die Intensität der abgegebenen Aromen hängt auch von der Röststärke des Holzes ab.

Battonage: Aufrühren des Hefelagers im Barrique.

Bentonit: Schönungsmittel bestehend aus natürlichen Erden mit dem Hauptbestandteil Montmorillonit. Dient hauptsächlich dazu, Eiweiß aus dem Wein zu entfernen. Hat auch klärende Wirkung.

Biologischer Säureabbau (BSA): Bakterieller Abbau der Apfelsäure zu Milchsäure und Kohlendioxid. Auch malolaktische Gärung genannt.

Biß: bemerkenswerter Säuregehalt

bitter: Zeigt sich am Gaumen, im Abgang. Unerwünschter Geschmackseindruck, der durch Tannine und Stickstoffverbindungen hervorgerufen werden kann.

Blanc Fumé: In Südafrika Synonym für —> Sauvignon blanc. Zum Teil oder vollständig in Eichenholzfässern ausgebaut.

Blanc de blancs: Weißwein, der aus weißen Trauben erzeugt wurde.

Blanc de Noirs: Weißwein, der aus roten (schwarzen) Trauben, die weiß gekeltert werden (ohne Maischegärung, sofortiges Abpressen) erzeugt wird.

Blending: —> Verschnitt

blumig: Wohlriechend, frisches Aroma, an Blumen erinnernd.

Botrytis cinerea: Schimmelpilz, der, wenn er reife Trauben befällt, die Edelfäule hervorrufen kann. Durch die Perforation der Beerenhaut kommt es zu einer Verdunstung des Wassers und somit zu einer Aufkonzentrierung der übrigen Inhaltsstoffe, vor allem des Zuckers. Einige Inhaltsstoffe werden durch den Pilz verändert oder vermehrt. So kommt es zu dem typischen «Botrytiston».

Bouquet: Unter dem Begriff Bouquet kann man die Aromen zusammenfassen, die bei der Weinbereitung und der Lagerung entstehen. Die Begriffe Aroma und Bouquet lassen sich nicht ganz eindeutig voneinander abgrenzen.

brandig: Weine mit einem geschmacklich betonten, hohen Alkoholgehalt. Wirkt unharmonisch.

Brandy: Branntwein, dessen Alkohol ausschließlich durch die Destillation von Wein erzeugt wurde und mindestens 32Vol.-% besitzt. In Südafrika muß der Brandy zu mindestens 30% im traditionellen Alambic (—> potstill) destilliert werden.

brut: Bezeichnung für Schaumwein, der bis 15g/l Restzucker enthält.

Brut Sauvage: Bezeichnung für Schaumwein, der bis 4g/l Restzucker enthält. Der von Clos Cabrière enthält allerdings unter 1 g/l Restzucker.

BSA: Biologischer Säureabbau

Bucher-Pressen: —> Presse der Firma Bucher, die sich durch die Besonderheit auszeichnet, daß der Preßraum von vielen Schläuchen durchzogen wird, wodurch kürzere Saftablaufwege geschaffen werden.

Bukettraube: Aus Deutschland stammende Rebsorte, deren Eltern nicht bekannt sind. Eignet sich vor allem für den Anbau in kühleren Zonen und erbringt einen stark duftenden Weißwein.

buttrig: Aroma, meistens bei Weinen mit BSA, typisch auch für Chardonnays.

Buschweinerziehung: Reben wachsen ohne stützende Vorrichtungen, lediglich ein Rebschnitt erfolgt.

Cabernet franc: Auch aus Bordeaux stammende Rebsorte, die häufig im Verschnitt mit Cabernet Sauvignon und anderen Rotweinsorten verwendet wird. Enge Verwandte der Cabernet Sauvignon mit ähnlichen, vielleicht abgeschwächten Qualitäten, meist aber duftiger.

Cabernet Sauvignon: Rotweinsorte, aus der (besonders im Bordeaux-Gebiet) die größten Rotweine entstehen können. Sie erbringt Weine mit einer granat- bis tiefroten Farbe, sortentypischem Duft und einer fruchtbetonten Geschmackstiefe, wobei die Tannine nicht zu sehr im Vordergrund stehen. Gut geeignet zur Lagerung in neuen Holzfässern. Sie paßt sich gut verschiedenen Bodenbeschaffenheiten und Klimabedingungen an, so daß der Wein durch den Standortwechsel von Europa nach Südafrika nicht seine charakteristischen Merkmale verliert.

Canaan: Weiße Traubensorte minderer Qualität, dient der Herstellung von Branntwein und Industriealkohol.

Canopy Management: Laubwandgestaltung.

Cape Riesling: Synonym für Crouchen blanc —> Riesling

Carignan: Rotweinsorte mit hohen Erträgen, hauptsächlich im Verschnitt.

Cassis: Synonym für schwarze Johannisbeere.

Chaptalisation: Gesetzlich ist die Zuckerung zur Erhöhung des Alkohols von Wein in Südafrika nicht zugelaßen.

Chardonnay: Aus dem Burgund stammende weiße Rebsorte, die in der Lage ist Spitzenqualitäten hervorzubringen. Weiße Grundsorte des Champagners. Biologischer Säureabbau und Ausbau im Holzfaß bzw. Barrique wirken sich positiv aus.

Chenin blanc: Weiße Rebsorte, die in Europa ausschließlich in Frankreich angebaut wird. Erbringt Weine in beträchtlicher Vielfalt, oft körperreich, fruchtig, mit viel Bukett. In Südafrika auch Steen genannt. Gehört zu den ältesten Rebsorten, die am Kap angebaut werden.

Cinsault: Rote Rebsorte, die ursprünglich unter dem Namen Hermitage aus Frankreich nach Südafrika eingeführt wurde. Am Kap weit verbreitet. Erbringt unterschiedliche Qualitäten, je nach Standort, Erziehungsart und Ausbau.

CIWG: Cape Independent Winemakers Guild. 1983 gegründete Vereinigung unabhängiger Weinerzeuger (23) mit dem Ziel der gemeinsamen Qualitätssteigerung. Einmal jährlich findet eine Auktion statt, bei der jedes Mitglied ein bis zwei Fässer seines besten Weines zur Verfügung stellt (ähnlich dem VDP in Deutschland).

Clairette blanche: Eher spätreifende weiße Rebsorte, die relativ leichte Weine hervorbringt, deren Gehalt an Zucker und Säure meist nicht sehr hoch ist. Oxidiert leicht, sollte jung getrunken werden.

Colombard: Weiße Rebsorte, die ursprünglich aus dem Südwesten Frankreichs (Charente) stammt. Zeichnet sich durch eine starke Säure aus. Nachdem sie anfangs in Südafrika nur zu Brandy verarbeitet wurde, wird jetzt auch Wein aus ihr produziert.

Cordon-Erziehung: Erziehungsform am Drahtrahmen, ursprünglich aus Frankreich.

Cottage: Kleines Landhaus.

cremig: Hohe Viskosität, positiver Eindruck.

Cuvée: Mischung verschiedener Moste oder Weine in der Regel mit einer bestimmten Geschmacksrichtung, die zur Erzeugung eines Schaumweins oder Champagners verwendet wird.

delikat: Charme und Gleichgewicht in einem leichten bis mittelvollen Wein von guter Qualität.

Depot: Ausscheidungen des Weins auf der Flasche. Besteht bei Rotwein vorwiegend aus bitter schmeckenden Schwebeteilchen, die durch vorheriges Dekantieren entfernt werden sollten; bei Weißwein hingegen aus Ausfällungen in kristalliner Form wie z.B Weinstein (der geschmacklos ist).

Dessertwein: Ausdruck, der fast ausschließlich für Weine ausländischer Herkunft verwendet wird. Diese Gruppe weist neben einem hohen Alkoholgehalt (oft auch zugesetzt) einen hohen Zuckergehalt auf. Auch Eisweine, Beerenauslesen usw. können als Dessertwein bezeichnet werden.

dicht: Sehr starke und deutliche Aromakonzentration in der Nase und im Gaumen.

dry: —> trocken

duftig: Zarter, wohlriechender Dufteindruck.

Edelfäule: —> Botrytis cinerea

Edel laat oes: —> Noble Late Harvest

Edelreis: Rebtrieb mit einer oder mehreren Knospen, der einer Unterlagsrebe aufgepfropft wird.

Eiche: Geruch, der vom Ausbau in Barriques herrührt. Gibt dem Wein Charakter, Rückgrat und Stil, kann aber bei einem Zuviel auch unangenehm auffallen.

Eiweißschönung: Ziel der Schönung ist es dem Wein ein Zuviel an Gerbstoffen und festen Trubpartikeln zu entziehen. Dies geschieht mit Hilfe von eiweißhaltigen Schönungsmitteln wie z.B. Gelatine, Hausenblase, Eiklar.

elegant: Verfeinerte Geschmacksnuancen, harmonische Ausgewogenheit.

Elsenburg: Ausbildungsstätte für Weinbauingenieure bei Stellenbosch.

entwickelt: Nähere Beschreibung nötig, bezieht sich auf die Trinkfertigkeit.

erdig: Keine genaue Definition möglich. Geschmackseindruck, der an Erde bzw. die unterschiedlichen Böden erinnert.

Erziehung: Wuchslenkung der Reben durch Schnitt, Biegen und Binden der fruchttragenden Zweige, die darauf abzielt, eine möglichst arbeitssparende Bewirtschaftung zu ermöglichen und ein günstiges Verhältnis von Laubmasse und Fruchtbehang zu erreichen.

Estate: Landweingut. Die Trauben für einen Estate Wein müssen zu mindestens 55% von der Rebfläche des Weinguts stammen. Der Wein muß auf dem Weingut ausgebaut worden sein.

Ester: Chemischer Stoff, der sich aus Alkohol und Säure zusammensetzt. Ist in die Gruppe der Aromastoffe einzuordnen.

Eukalyptus: Myrtengewächs aus Australien, wird als Vergleich für ein würziges Bouquet benutzt. Kommt in Rotweinen vor.

extra brut: Bezeichnung für einen Schaumwein, der bis zu 6g/l Restzucker enthält.

Extrakt: Summe aller gelösten Substanzen im Wein. Hierzu gehören folgende Stoffe: Zucker, Glycerin, Säuren, Mineralstoffe, Stickstoffverbindungen, Gerbstoffe.

Fermentation: —> Gärung

Fernáo Pires: Weiße Rebsorte, die in manchen Cape-Portweinen Verwendung findet.

fest: Bezieht sich hier auf die Tannine und drückt aus, daß der Wein noch ziemlich verschlossen ist.

fett: Bezeichnung für einen reichhaltigen, meistens alkoholstarken Wein, ohne mastig oder aufdringlich zu sein.

feuersteinartig: Erdig-mineralischer Eindruck, speziell für kernige, trockene Weißweine (Sauvignon blanc).

Filtration: Abtrennung von Trubstoffen aus Flüssigkeiten mit Hilfe von Filtern. Hierbei werden die unlöslichen Bestandteile in den für die Flüssigkeit durchlässigen Filterschichten zurückgehalten. Ziel ist eine Klärung des Weines.

Finesse: Qualitätsbegriff für den oberen Bereich.

firnig: Weißwein oxidiert beim Alterungsvorgang. Die sich dabei verändernden Inhaltsstoffe des Weins rufen die Firne hervor.

fleischig: Gemeint ist ein fetter, schwerer Wein.

flüchtige Säure: Setzt sich aus Essigsäure und einigen anderen höheren Fettsäuren zusammen. Erhöhte Werte weisen auf längere Lagerung in den Behältern oder auf Tätigkeiten der Bakterien des BSA hin. Weißweine gelten ab einem Gehalt von über 1,1g/l, Rotweine ab 1,2g/l als verdorben. Bei Weinen sehr hoher Qualitäten gelten diese Einschränkungen nicht unbedingt.

frisch: Junger, lebendig wirkender Wein, meist aus gesundem Lesegut hergestellt, kann durchaus noch etwas Kohlensäure enthalten.

fruchtig: Bezieht sich sowohl auf den Geruch als auch auf den Geschmack. Erinnert an verschiedene Früchte (—> Aromastoffe).

frühreif: Ein etwas zu schnell gereifter Wein.

füllig: Ausdruck speziell für Rotweine. Geschmacksreichtum und deutliche Konsistenz. Weiche, glatte Struktur mit sehr wenig Tannin.

Ganztraubenpressung: Trauben werden gepreßt, ohne vorher entrappt und gemahlen zu werden.

Gärung: Die (alkoholische) Gärung ist der für Hefen typische Stoffwechselweg des Zuckerabbaus unter Ausschluß von Sauerstoff. Aus den im Most hauptsächlich vorkommenden Zuckern Glucose und Fructose entstehen durch Einwirkung von Enzymen Ethanol (Alkohol) und Kohlendioxid. Als Gärungsnebenprodukte finden sich außerdem Glycerin, Bernsteinsäure, flüchtige Säuren und Acetaldehyd.

Gamay noir: Rote Rebsorte, die einen leichten, frischen Wein mit fruchtigem Aroma liefert. Früh trinkreif.

Gebinde: Älterer Ausdruck für einen größeren Behälter, Aufbewahrungsgefäß mit mehr als fünf Litern Inhalt.

Geisenheim: Fachhochschule für Weinbau, Önologie und Getränketechnologie.

Gerbstoffe: —> Tannin

geröstet: —> toastig

Gesamtsäure: Summe aller mittels Titration (chem. Bestimmungsverfahren) erfaßbaren Substanzen des Mostes oder Weines. Sie ist abhängig von der Rebsorte, dem Jahrgang (Klima), dem Standort und dem Reifegrad. Liegt i.a. bei 5-8g/l.

Geschein: Blütenstand der Rebe (die spätere «Traube») mit je nach Rebsorte 100–250 Einzelblüten, von denen sich nach der Befruchtung durchschnittlich die Hälfte zu Beeren entwickeln.

geschmeidig: Weichheit in der Struktur (Verbindung von Kraft und Harmonie). Bei Rotweinen die Struktur qualitativ hochwertigen Tannins von reifen Trauben usw.

Gewicht: Leicht-, mittel-, schwergewichtig. Bezieht sich auf den Körper und den Alkoholgehalt.

Gewürztraminer: Variante des «Roten Traminers», der sich durch seinen besonders aromatischen Geschmack auszeichnet. Gilt in Südafrika als Spezialität.

Gleichgewicht: Ideale Verbindung der einzelnen Komponenten eines Weines (—>ausgewogen, harmonisch).

Glycerin: Dreiwertiger Alkohol, der bei der Gärung als Nebenprodukt entsteht. Gibt dem Wein eine höhere Viskosität, hat geschmacksfüllende Eigenschaften. Bei Botrytis-Befall vermehrte Bildung.

Gobeleterziehung: Buschartige Erziehung der Reben ohne Unterstützung (Buschwein).

Grad Balling: Entspricht Grad Brix. Maßeinheit für die in Wasser gelösten Extraktstoffe von Most. Diese Einheit bezeichnet g/100g (Most). Ein Grad Balling entspricht etwa vier Grad Oechsle.

Grad Oechsle: Maßeinheit für das Mostgewicht. Es gibt an, um wieviel Gramm ein Liter Most schwerer ist als ein Liter Wasser (bei 20°C). Das Mostgewicht ist weitgehend abhängig vom Zuckergehalt.

grasig: Bezeichnung für unreife Weine, die meistens einen hohen Säure- und Gerbstoffgehalt aufweisen. Allerdings sortentypisch und positiv für die Rebsorte Sauvignon blanc.

grün: Junger, unreifer Wein, —> grasig.

Hanepoot: Synonym für Muscat d'Alexandrie

harmonisch: —> ausgewogen, —> Gleichgewicht

Hárslevelü: Aus Ungarn stammende Weißweinsorte

hart: Ausgeprägt feste Struktur aufgrund des Tannins und/oder der Säure. Besonders bei jungen Weinen.

Hefe: Mikroorganismus (Pilz), der sich besonders durch die Fähigkeit auszeichnet, Alkohol aus Zucker bilden zu können. Die bei der Weinbereitung auftretenden Hefen gehören zur Gattung Saccharomyces der Art cerevisiae. Sie ruhen im Weinbergsboden in Form von Sporen, werden durch Wind, Regen und Insekten auf die reifenden Weinbeeren übertragen. Beim Einmaischen der Früchte tritt dann eine spontane Gärung ein. Man unterscheidet zwischen «natürlichen» bzw. «wilden» Hefen wie eben beschrieben und zwischen Reinzuchthefe. Diese wird künstlich hergestellt und kann dem Most zur Einleitung der Gärung zugegeben werden. Darüber, welche der beiden Hefen vorteilhafter ist, bestehen Meinungsverschiedenheiten.

Herbizide: Unkrautvernichtungsmittel

Jerepigo: Alkoholverstärkter, meist sehr süßer Wein. Auch Jerepiko genannt.

Kelter: Vorrichtung zum Auspressen des Saftes aus den Beeren.

kernig: Lebendige, reizvolle Säure.

Klone: Vegetativer Nachkomme bester, gesunder, weitgehend virusresistenter und meist sehr ertragsstarker Mutterstöcke, die die höchste Stufe der Selektion im Pfropfrebenanbau darstellen. Die Selektion kann sowohl unter dem Gesichtspunkt der Quantität als auch der Qualität erfolgen.

kompakt: Alle Elemente passen gut zusammen, gute Struktur.

Körper: Gewicht eines Weines im Mund, zusammengesetzt aus Alkohol und Extraktstoffen.

körperreich: Hoch in Alkohol und Extrakt. Im negativen Sinne mit Begriffen wie mastig (fett) oder plump verwendet, im positiven mit samtig und kraftvoll.

Laat oes: —> Late Harvest

Late Harvest: Spätlese

lebhaft: Erfrischender Wein mit gut passendem Säuregehalt. Häufig bei trockenen Weißweinen.

ledern: Gefühl im Mund, das an feines Wildleder erinnert, hervorgerufen durch Tannine.

Likörwein: Alkoholreicher, süßgehaltener Obstwein. Kann auch eine Weinart sein, die aus Trauben hergestellt ist (Gesamtalkoholgehalt mindestens 17,5%vol. und höchstens 22%vol.) Alkohol kann zugesetzt werden. Muß nicht unbedingt süß sein.

Limousineiche: Eichenholz aus den Limousinwäldern Frankreichs.

Macération carbonique: Gärverfahren bei dem die Trauben möglichst unverletzt in einen mit Kohlendioxid gefüllten Gärbehälter zur sogenannten interzellulären Vergärung gegeben werden. Man hat zwar eine geringere Farbstoffausbeute, doch man erhält fruchtige und frische Weine.

madeirisiert: Geschmack oxidierter, überreifer Weine, muß nicht unangenehm sein.

Maische: Bezeichnung für die zerkleinerten Früchte.

Maischegärung: Vergärung vor dem Abpressen. Verarbeitungsmethode bei roten Traubensorten, um die in den Schalen sitzenden Farb- und Aromastoffe auszuwaschen.

Malbec: Rote Rebsorte, meist im Verschnitt mit Cabernet Sauvignon und Merlot, da sie sehr fruchtige Aromen und eine hohe Farbintensität besitzt.

MCC: Méthode Cap Classique. Ausdruck Südafrikas, um die Schaumweinherstellung nach der französischen Champagnermethode zu beschreiben.

Merlot: Sehr wichtige, gehaltvolle rote Traubensorte, die ursprünglich aus St.-Emilion/Bordeaux stammt.

milchig: Geruch, der an Milch erinnert. Milchsäure. Kein gutes Zeichen, aber noch trinkbar.

mineralisch: Geschmackseindrücke, die meistens durch verschiedene Bodentypen hervorgerufen werden.

Minimalschnitt: Rebstöcke werden nur grob, meist maschinell vorgeschnitten (minimum pruning).

mittelgewichtig: —> Gewicht

Muskateller: Sehr bukettreiche Traubensorte, von der es mehrere Variationen gibt: Muscat d'Alexandrie (in Südafrika Hanepoot), Muscat de Frontignan, Muscat Ottonel, Morio Muscat. Meistens zur Herstellung von süßen, mit Alkohol verstärkten Weinen benutzt.

Mühle: Vorrichtung, um Trauben zu zerkleinern, zu zerquetschen.

Most: Bezeichnung für den beim Keltern anfallenden Saft.

Nachgeschmack: —> Abgang, Geschmack, der am Gaumen zurückbleibt.

Nase: Allgemeiner Geruch des Weines.

nervig: Wein mit guter Konstitution bedingt durch seine Säure und seinen Extrakt, die eine längere Lagerung erlaubt.

Neverseiche: Eichenholz aus dem Neversgebiet (Frankreich).

Noble Late Harvest: Süßer Wein, ähnlich Beeren- oder Trockenbeerenauslese.

Nuance: Bezeichnung für eine Komponente, die an ganz spezifische Gerüche erinnert.

nussig: Erinnert an Nüsse, sowohl in der Nase als auch im Geschmack. In Chardonnays, Sherries und in eichenholzausgebauten Weinen zu finden.

Önologie: Wissenschaft von der Weinbereitung

Oxidation: Chemische Reaktion von Sauerstoff, die im Most oder Wein meist unerwünschte Veränderungen hervorbringt. Dies kann zum Teil durch Zugabe von Schwefel verhindert werden. Prozesse setzen ein, sobald die Trauben gemahlen werden und sind natürlicher Bestandteil der Reifungsprozesse in der Flasche.

oxidativ: Brauntönung in der Farbe, Geruch nach altem Stroh, Geschmack ist flach und verbraucht. Diese Veränderungen kommen durch zu hohe Luftzufuhr im Faß oder in der Flasche zustande.

Petit Verdot: Klassische Rotweinsorte aus dem Médoc, meist im Verschnitt mit Cabernet Sauvignon und Merlot, um ihm eine längere Lebensdauer zu geben. Bringt mehr Tannin, Farbe und zusätzliche Aromen.

pfeffrig: Würziges, manchmal scharfes Aroma. Vor allem bei Jahrgangsportweinen bemerkbar.

pflaumig: Weiches Fruchtaroma der Pflaume.

Pfropfreben: Vinifera-Sorten werden auf Wurzeln reblausresistenter amerikanischer Wildreben aufgepfropft. Die veredelten Reben besitzen so die Reblausresistenz der amerikanischen Unterlage und tragen die Frucht der Vinifera.

Pinotage: Südafrikanische Züchtung (Pinot noir x Cinsault), die dunkelfarbige, mittelschwere bis schwere, intensiv duftende Weine erbringt.

Pinot noir: Synonym für Blauer Spätburgunder. Rote Traubensorte aus dem Burgund. Erbringt große, feine Rotweine, die besonders durch ihr Bouquet bezaubern.

Pipe: Ein in Portugal gebräuchliches Maß und Faß, das vor allem für die echten Douro-Portweine benutzt wird. Menge etwa 523 Liter.

Polyphenole: Sammelbezeichnung für eine Gruppe von organischen Verbindungen. In der Natur treten freie und gebundene Polyphenole als Farbstoffe (Anthocyane) und Gerbstoffe (Tannin) auf.

Potstill: —> Alambic, ursprünglicher Brennapparat der Charente.

Portwein: Eigentlich ein portugiesischer, aus roten Trauben hergestellter süßer, gespriteter Dessertwein. Die Erzeuger in Südafrika gehen mehr und mehr dazu über, das Wort Port in den verschiedenen Bezeichnungen durch Cape zu ersetzen (Bsp.:Vintage Port wird zu Cape Vintage).

Preßwein: Der bei der Kelterung der Rotweinmaischen unter Druck gewonnene Anteil des mehr oder weniger vergorenen Rotweins.

Rappen: Gesamtheit der Trauben- und Beerenstiele.

Rasse, rassig: Abstrakte Qualitätsbezeichnung. Unter Rasse versteht man eine Kombination von Finesse und aufregender Geschmacksentfaltung. Elegantes Empfinden.

Ratafia: Traubensaft mit Tresterschnaps gemischt, weit verbreitet in der Champagne.

reduktiver Ausbau: Weine, die möglichst ohne Luftberührung unter Vermeidung von Bukett- und Kohlensäureverlusten, hergestellt werden.

Reinzuchthefe: —> Hefe

Restzucker: Ausdruck für unvergorenen Zucker. Entweder als «Rest» aus der unvollständigen Gärung vorhanden oder durch Zusatz von Süßreserve/Traubenmost.

Riesling: Weißer Riesling/Rhine Riesling entspricht dem in Deutschland bekannten Riesling. Diese Rebsorte gehört zu den edelsten weißen Sorten. Cape Riesling/SA Riesling (wahrscheinlich ein Abkömmling von der Rebsorte Crouchen blanc aus Frankreich) hat nichts mit dem ursprünglichen Riesling gemein außer den Namen. In den relativ neutralen Weinen kommt dies zum Ausdruck.

Ruby Cabernet: Kreuzung aus Cabernet Sauvignon und Carignan. Erbringt besonders farbintensive Weine. Meist nur im Verschnitt.

Rütteltechnik: Rütteln der Flaschen bei der Schaumweinherstellung, um die abgesetzte Hefe nach der zweiten Gärung zum Flaschenhals zu bewegen.

saftig: Bezeichnung für einen Wein mit Fülle, angenehmer Säure und schönem Traubenaroma.

sahnig: Speziell bei Champagner. Die Struktur und der Duft frischer Sahne, das Aroma von Zucker mit Vanille-Schoten.

samtig: Reicher Geschmack, üppige Struktur. Eine Steigerung von weich.

sauber: Fehlerfrei.

Sauvignon blanc: Weiße Rebsorte ursprünglich von der Loire stammend. Erbringt Weine mit leicht grasigen Noten begleitet von Fruchtaromen (Stachelbeere). Bei Botrytisbefall können goldene likörartige Weißweine entstehen.

Säuerung: In Südafrika erlaubt durch den Zusatz von Weinsäure oder Zitronensäure.

Schmelz: Auf hohen Alkohol- und Extraktgehalt zurückzuführen —> cremig

Schönung: Behandlungsmethode mit verschiedenen Schönungsmitteln durchführbar, um unerwünschte Inhaltsstoffe aus dem Wein oder Most zu entfernen wie z.B. Eiweiß. Dient auch der Klärung. Schönungsmittel wirken meist durch elektrostatische Wechselwirkungen, indem sie entgegengesetzt geladene Teilchen anziehen und ausfüllen.

Schwefel: Zugabe zum Wein mit den Zielen, ihn vor Oxidation zu schützen, Mikroorganismen an ihrer Vermehrung zu hindern, Enzyme zu hemmen und Acetaldehyd (Substanz, die während des Gärprozesses gebildet wird) zu einer geschmacksneutralen Verbindung abzubinden.

schwer: Wein mit zuviel Alkohol, dem dadurch die Feinheit fehlt. Zu ausladender Körper, schon unangenehm (—> brandig).

seidig: Eine besonders glatte, einhüllende Struktur eines Weines.

Sémillon: Typischste weiße Rebsorte von Bordeaux. Meistens im Verschnitt mit Sauvignon blanc, in Südafrika auch mit Cape Riesling. Erbringt exzellente süße und trockene Weine.

Separator: Zentrifuge durch die der Trubgehalt des Mostes oder Weines vermindert wird.

Shiraz: Qualitativ hervorragende Rotweinsorte, die einen tieffarbigen Wein mit hohem Extrakt- und Tanningehalt und einem eindringlichen Bouquet liefert.

Souzao: Rebsorte aus Portugal vor allem für die Portweinherstellung.

Spätburgunder: —> Pinot noir

Spesiale laat oes: Special late harvest, Spätlese.

spritzig: Wein, der noch Kohlensäure enthält. Frisch, lebendig.

stahlig: Fester, eher noch harter Wein mit guter Säure.

streng: Harter Wein, verschlossen.

Sultana: Weiße Rebsorte, dient der Produktion von Rosinen, Tafeltrauben und der Destillation.

Sylvaner: Früher weit verbreitete weiße Rebsorte, die neutrale, unkomplizierte Weine hervorbringt. Das Gegenteil beweist das Overgaauw Estate.

Syrah: —> Shiraz

Tannin: Gerbstoffe. Oberbegriff für verschiedene Polyphenole aus den Schalen, Stielen und Kernen der Trauben.

Terroir: Wörtlich «Erdboden». Bezeichnet aber die Gesamtheit aller Standortfaktoren, die sich auf den Charakter des Weines auswirken.

tief, Tiefe: Kann sich auf Farbe, Aroma und Geschmack beziehen. Die Farbe ist sehr intensiv, die Nase ebenso, der Geschmack ist vollmundig und komplex, meist verbunden mit einem langen Abgang.

Tinta barocca: Eine der Hauptrebsorten für den Portwein. In Südafrika werden daneben auch Rotweine aus ihr erzeugt.

Tinta roriz: Rebsorte für Portweinherstellung.

toastig: Aromen, die an Geröstetes erinnern. Kommt von Ausbrennen der Barriques.

Touriga Nacional: Wie auch Tinta barocca eine der Hauptrebsorten für Portwein.

Trester: Zurückbleibende Festbestandteile der Trauben nach dem Auspressen.

trocken: Wein ist vollständig durchgegoren. Ein Wein kann auch dann als trocken bezeichnet werden, wenn er neben einem geringen Restzuckergehalt genügend Säure besitzt und so einen trockenen Geschmackseindruck hinterläßt.

Trub: Feste Bestandteile, die sich am Boden der Behälter absetzen wie z.B. auch die Hefe.

Unterlage: —> Amerikanerrebe

Vanille: Aroma, das aus dem Barriqueausbau stammen kann.

Veredelung: —> Pfropfreben

verschlossen: Wein öffnet sich noch nicht. Die Aromastoffe entfalten sich nicht, es bedarf noch der Lagerung.

Verschnitt: Verfahren der «Mischung» von Wein, Most oder Trauben, um eine höhere Qualität zu erreichen. Üblich für die Schaumweinherstellung (Cuvée) sowie für die Weine des Bordeaux, Chianti, Rioja usw.

vielfältig: Vielzahl an Duft- und Geschmacksstoffen, Nuancenreichtum.

Vintage: Jahrgang

Weinsberg: Staatliche Lehr- und Versuchsanstalt für Wein- und Obstbau.

White French: Weiße Rebsorte, auch Palomino genannt, findet ihre Verwendung für die Erzeugung von Sherry.

Winery: Weingut

wohlausgewogen: —> ausgewogen. Meist verwendet bei jungen Weinen, bei denen die Geschmackskomponenten noch nicht miteinander verbunden sind. Nicht zu verwechseln mit harmonisch.

W.O.: Abkürzung für Wine of Origin. Amtlicher Begriff für Wein mit Ursprungsbezeichnung, zirka 10 Prozent der südafrikanischen Weine sind bisher als Wines of Origin anerkannt.

wurzelecht: Nicht auf Unterlagen aufgepfropfte Reben, sondern solche mit echten Wurzeln.

würzig: Aromen, die an Lakritze, Anis, Gewürznelken und schwarzen Pfeffer erinnern.

zart: Mittelgewichtig, feine Struktur eines Weines.

Zedernaroma: Merkmal vor allem großer Rotweine, kann auch mit dem Duft einer Zigarrenkiste einhergehen.

zurückhaltend: Junger Wein, noch verschlossen, hat aber Potential.

Zinfandel: Am meisten in Kalifornien verbreitete rote Rebsorte. Am Kap einzig von Blaauwklippen Estate an- und ausgebaut.

Bezugsquellen: Wein-Importeure und Wiederverkäufer in Deutschland, Schweiz und Österreich

- 1. Agentur Heinz Reverchon, D-80331 München
  Tel: 089/795929 – Fax. 089/794633
  Hamilton Russell
- 2. Alexander Baron von Essen, Weinhandelsgesellschaft mbH,
  Schwaighofstr. 89, D-83684 Tegernsee
  Fax: 08022/65749
  Fairview, Vriesenhof
- 3. Alois Dallmayr, Dienerstr.14, D-80331 München,
  Tel: 089/2135130 – Fax: 089/2135167
  Louisvale, L'Ormarins, Middelvlei, Saxenburg, Uitkyk
- 4. Andrä Vergeiner Ausgesuchte Weine, Am Markt 1, A-9900 Lienz
  Tel: 04852/6680 – Fax: 04852/668085
  Neil Ellis
- 5. Anita Michel Weinimport, Postfach 1109, D-65521 Niedernhausen
  Tel: 06127/2760 – Fax: 061 27/5503
  Avontuur, Beyerskloof, Eikendal
- 6. Arnold Dettling, Olympstr. 10, CH-6440 Brunnen
  Tel: 041/8202424 – Fax: 041/8202618
  Allesverloren, Alto, Bergkelder, La Motte, L'Ormarins, Meerlust, Middelvlei, Uitkyk
- 7. Barossa Weinhandels AG, Dorfstr. 40, CH-8596 Scherzingen
  Tel: 071/6868844 – Fax: 071/6868855
  Beyerskloof, Bouchard Finlayson, De Wetshof, Mulderbosch, Muratie, Neil Ellis, Steenberg
- 8. C. August Egli AG, Leinbachstr. 5, CH-8041 Zürich
  Tel: 01/482 2666 – Fax: 01/4818933
  Bellingham, Graham Beck
- 9. Carl Tesdorpf GmbH, Postfach 2136, D-23509 Lübeck
  Tel: 0451/799270 – Fax: 0451/7070726
  Klein Constantia
- 10. Carlean Wine Import, Ermreuther Str. 31, D-90411 Nürnberg
  Tel: 0911/523958 – Fax: 0911/523966
  Backsberg, Bouchard Finlayson, Clos Cabrière, Kanonkop, Muratie

- 11. Champagner und Wein Distributions GmbH,
  Hamburger Str. 14–20, D-25436 Tornesch,
  Tel: 04122/504504 – Fax: 04122/504499
  De Wetshof, Hamilton Russell, Villiera
- 12. Clos Cabrière Vertriebsgesellschaft GbR, Hirsekamp 13,
  D-22175 Hamburg
  Tel/Fax: 040/64940121
  Cabrière
- 13. CPS International, A-Wien
  Tel/Fax: 1440/4310
  Longridge
- 14. Devia, Bunsenstr. 3, D-24145 Kiel-Wellsee
  Tel: 0431/71 801 03
  Buitenverwachting
- 15. Die Weinrebe, Krummbogen 18, D-35039 Marburg
  Tel: 06421/62244 – Fax: 06421/67767
  Simonsig
- 16. Eggers & Franke, Töferbohmstr. 8, D-28195 Bremen
  Tel: 0421/30530 – Fax: 0421/30531 10
  KWV-Cathedral Cellars, Delheim, Fairview, Groot Constantia, Warwick, Rust-en-Vrede
- 17. EWS Warenhandels GmbH, Sulzbacher Str. 79, D-90489 Nürnberg
  Tel: 0911/5305320 – Fax:0911/557097
  Neil Ellis
- 18. Feinkost Käfer GmbH, Abteilung Wein,
  Prinzregentenstr. 73, D-81675 München
  Tel: 089/41681 – Fax: 089/4168622
  Bergkelder, L'Ormarins, Meerlust
- 19. Fine Wine Brigitte Brüning, Fichtenstraße 75, D-40233 Düsseldorf
  Tel: 0211/7308442 – Fax: 0211/7308443
  Somerbosch
- 20. Fischer & Rihs, CH-Bienne
  Tel: 032/3224741 – Fax: 032/3239637
  Hamilton Russell, Klein Constantia
- 21. Friedrich Kroté, Am Wöllershof, Fischelstr. 38, D-56068 Koblenz
  Tel: 0261/12140 – Fax: 0261/16765
  Buitenverwachting, Glen Carlou,Louisvale, Morgenhof, Saxenburg

- 22. FUB - Fegers & Unterberg & Berts, Postfach 800311, D-51003 Köln
Tel: 0221/9693590 – Fax: 0221/96935925
Allesverloren, Alto, (Bergkelder), L'Ormarins, Meerlust, Middelvlei, Stellenryck, Uitkyk
- 23. Gute Weine, Heiner Lobenberg, Am Dobben 82, D-28203 Bremen
Tel: 0421/705545 – Fax: 0421/705688
Allesverloren, Hamilton Russell, Meerlust, Thelema
- 24. H.M. Witt & Co.GmbH Weinimport,
Oberneulander Heerstr. 7, D-28355 Bremen
Tel: 0421/253641 – Fax: 0421/253642
Altydgedacht, Bellingham, Bloemendal, Clos Cabrière, Dieu Donné, Graham Beck, Kanonkop, Eikehof
- 25. Hans-Werner Andreae GmbH, Blütenweg 9a, D-9198 Schriesheim
Tel: 06203/692070 – Fax: 06203/692073
Boschendal, Neethlingshof, Rozendal, Rustenberg, Weltevrede
- 26. Hawesko GmbH, Hamburger Str. 14–20, D-25436 Tornesch
Tel: 04122/504433 – Fax: 04122/51068
Allesverloren, Buitenverwachting, Glen Carlou, Hamilton Russell, Meerlust, Morgenhof, Villiera
- 27. Heinrich Sanders, Schlossgarten 59, Postfach 701624,
D-22016 Hamburg
Tel: 040/6522288 – Fax: 040/684399
Simonsig
- 28. Impala Wines, Benrather Rathausstr. 10, D-40597 Düsseldorf
Tel: 0211/7103888 – Fax: 0211/7103899
Bouchard Finlayson, Avontuur
- 29. Innomage, Christian Friese. Dijonstr. 20, D-12167 Berlin
Tel/Fax: 030/7931468
Blaauwklippen, Bouchard Finlayson
- 30. Intervins, Kriegackerstr. 91, CH-4132 Muttenz
Tel: 061/4669533 – Fax: 061/4617036
Backsberg, Boschendal, Eikendal, Fleur du Cap, Kanonkop, L'Ormarins, Meerlusf, Rozendal, Villiera, Welgemeend
- 31. Isabelle Köpke Weinimport, Sögestr. 54, D-28195 Bremen
Tel: 0421/15142 – Fax: 0421/1654854
Neil Ellis, Kaapzicht, Rozendal

- 32. Jaques Roullet & Co, Pyrkerg 31, A-1190 Wien
Tel: 1/365196 – Fax: 1/3692406
Simonsig
- 33. Kap der guten Weine, Mahlerstr. 11, A-1010 Wien
Tel: 1/5127474 – Fax: 1/5131714
Altydgedacht, Beyerskloof, Boplaas, Bouchard Finlayson, Klein Constantia, Lievland, Villiera, von Ortloff
- 34. L. Derksen & Co, Laubeplatz 34, A-1101 Wien
Tel: 1/6043339 – Fax: 1/6023957
Kanonkop
- 35. Landolt Weine, Brandschenkstr. 60, CH-8039 Zürich
Tel: 01/2832626 – Fax: 01/2832696
Simonsig
- 36. Linke Weinhandelsgesellschaft,
Cramer-Klett Str. 24a, D-85579 Neubberg
Tel: 089/6018072 – Fax: 089/604762
Jordan
- 37. Ludwig von Kapff GmbH, Hollerallee 24, D-28205 Bremen
Tel: 0421/346380 – Fax: 0421/3463811
Bouchard Finlayson, Clos Cabrière, Landskroon, Mulderbosch, Thelema
- 38. Max Piehl,Hartenstr. 51, D-20539 Hamburg
Tel: 040/781313 – Fax: 040/782149
Neetlingshof, Stellenzicht
- 39. O. Frey & Cie, CH-3000 Bern
Tel: 031/3812661 – Fax: 031/3822867
Longridge
- 40. Oechsle's Weinhandel, In der Haide 20, D-71063 Sindelfingen
Tel: 07031/806306 – Fax: 07031/806306
Allesverloren, Alto, Beyerskloof, Dieu Donné, Fleur du Cap, L'Ormarins, La Motte, Le Bonheur, Meerlust, Pongracz, Stellenryck, Uitkyk
- 41. Oliver Conradi, Graumannsweg 15, D-22087 Hamburg
Tel: 04122/5538 – Fax: 04122/5598
Backsberg
- 42. Peter Gebler, Berlingerstr. 30, D-54570 Berlingen
Tel: 06591/3929 – Fax: 06591/5193
Neetlingshof, Stellenzicht

- 43. Repsa Weine AG, Postfach 234, CH-6340 Baar
  Tel: 041/7601636 – Fax: 041/7617993
  Nederburg, Veenwouden
- 44. Schäffer & Ettl KG, Keplerstr. 114, A-8020 Graz
  Tel: 0316/915660 – Fax: 0316/911350-90
  KWV-Cathedral Cellars, Groot Constantia, Neetlingshof, Stellenzicht
- 45. Schlumberger KG, Buschstr. 20, D-53340 Meckenheim
  Tel: 02225/9250 – Fax: 02225/9251-51
  Allesverloren, Alto, Bergkelder, Jacobsdal, La Motte, L'Ormarins, Le Bonheur, Meerlust, Middelvlei, Uitkyk
- 46. Schlumberger Wein- und Sektkellerei AG,
  Heiligenstätterstr. 43, A-1190 Wien
  Tel: 0222/31874400 – Fax: 0222/31874409-40
  Bergkelder
- 47. Schuler & Cie AG, St. Jakobskellerei,
  Franzosenstr. 14, CH-6423 Seewen
  Tel: 041/8193131 – Fax: 041/8193264
  Nederburg
- 48. Schuler & Cie AG, St. Jakobskellerei,
  Kanderstr. 3, D-79574 Weil am Rhein
  Tel: 0130/844774
  Bergkelder, Boschendal, SFW-Zonnebloem, Saxenburg
- 49. Segnitz & Co, Postfach 101506, D-28015 Bremen
  Tel: 04203/81300 – Fax: 04203/81309-9
  Clos Malverne, De Wetshof
- 50. Sunwines, Weidholz 1, CH-6343 Rotkreuz
  Tel: 041/7903083 – Fax: 041/7903093
  Jordan, Simonsig
- 51. Unicom S.A., Bach Moosstrasse 15, CH-8816 Hirzel
  Avontuur
- 52. W. Benz Söhne, Industriestr. 51-61, D-70565 Stuttgart
  Tel: 0711/788020 – Fax: 0711/7880222
  Springfield, (Bergkelder), Stellenryck
- 53. Wein & Co, Maculangasse 6, A-1220 Wien
  Tel: 1/25055600 – Fax:1/25055650
  De Wetshof, Simonsig

- 54. Wein für Freunde, Langgasse 1, D-83512 Wasserburg
  Tel: 089/3292736
  Bouchard Finlayson
- 55. Wein Wolf Import GmbH & Co.KG,
  Königswinterer Str. 552, D-53227 Bonn
  Tel: 0228/4496230 – Fax: 0228/4496239
  Buitenverwachting, Fairview, Vriesenhof
- 56. Weinagentur Lutz W. Zeter, Im Klausental 24, D-67434 Neustadt
  Tel: 06321/88558 – Fax: 06321/34411
  Buitenverwachting, Louisvale, Morgenhof
- 57. Weincontor Anita Pfeffermann, Pfarrgarten 6, D-35390 Gießen
  Tel: 0641/37660 – Fax: 0641/35899
  Allesverloren, Louiesenhof
- 58. Weindepot Kauffmann, Unterau 5, D-65520 Bad Camberg
  Tel: 06434/5332 – Fax: 06434/37343
  Backsberg, Delheim, Simonsig
- 59. Weingalerie Vineritas, Heinz Cordes,
  Sophienstr. 26, D-76530 Baden-Baden
  Tel/Fax: 0202/61154
  Blaauwklippen, Cabrière, Veenwouclen
- 60. Weinhandel Reimers, Postfach 304168, D-20324 Hamburg
  Tel: 040/311266 – Fax: 040/31 92709
  Buitenverwachting, Glen Carlou, Louisvale, Morgenhof, Saxenburg
- 61. Weinhandel Semmler, Kapellengasse 4, D-63785 Obernburg
  Tel: 06022/7038
  Longridge
- 62. Weinimport Nold, Kapellenweg 6, D-83626 Valley
  Tel: 08024/3154 – Fax: 08024/48522
  Altydgedacht, Beyerskloof, Boplaas, Bouchard Finlaysson,
  Klein Constantia, Lievland, Villiera, von Ortloff
- 63. Weinimport Scherer & Bühler AG, Bahnhofstr. 12,
  CH-6045 Meggen
  Tel: 041/3771122 – Fax: 041/3772976
  KWV-Cathedral Cellars, Overgaauw, Fairview, Groot Constantia,
  Neetlingshof, Stellenzicht, Warwick
- 64. Weinkeller "3 Kapuziner" AG, Spitalweg 6, CH-8853 Lachen
  Tel: 055/4423603 - Fax: 055/4424704
  Boplaas

- 65. Weinland Keiler, Brennaborstr. 5, D-44149 Dortmund
  Tel: 0231/65388 – Fax: 0231/650585
  Bellingham, Kanonkop, Nederburg
- 66. Weinversandhandel "barbara's wine-yards",
  Postfach 3071, D-68739 Plankstadt
  Tel/Fax: 06202/25388
  Allesverloren, Alto, (Bergkelder), Boschendal, Glen Carlou, Hamilton Russell, Meerlust, Middelvlei, Nederburg, Pongracz, Rozendal, Rustenberg, Uitkyk
- 67. Weinwelt Mack & Schühle GmbH, Neuestrasse 45, D-73277 Owen
  Tel: 07021/570134 – Fax: 07021/83243
  Klein Constantia, Muratie, Nederburg, Plaisir de Merle, Zonnebloem
- 68. Wyhüsli Etter, Hauptstr. 22, CH-3425 Koppigen
  Tel: 034/4131177 – Fax: 034/4131178
  Simonsig